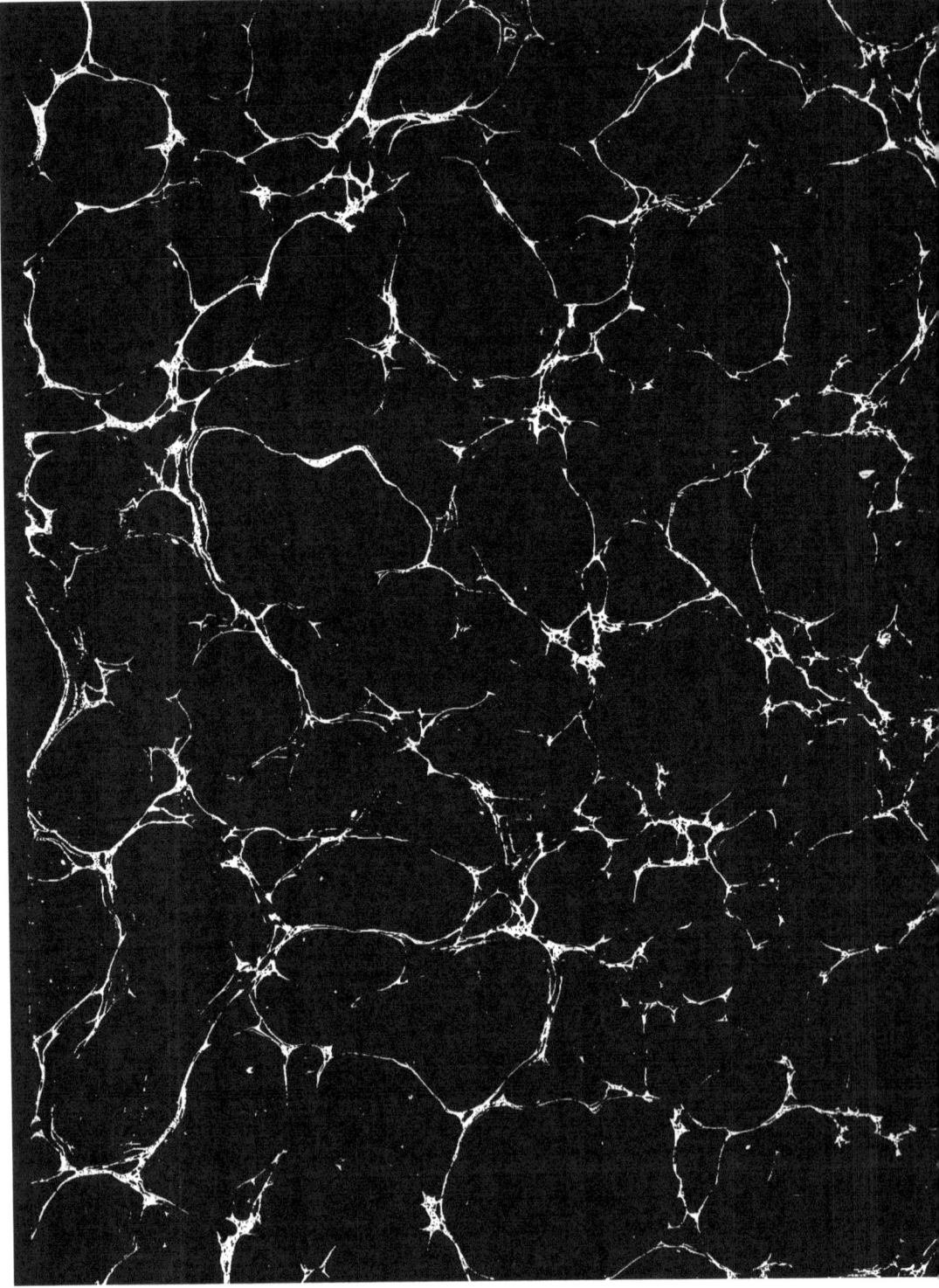

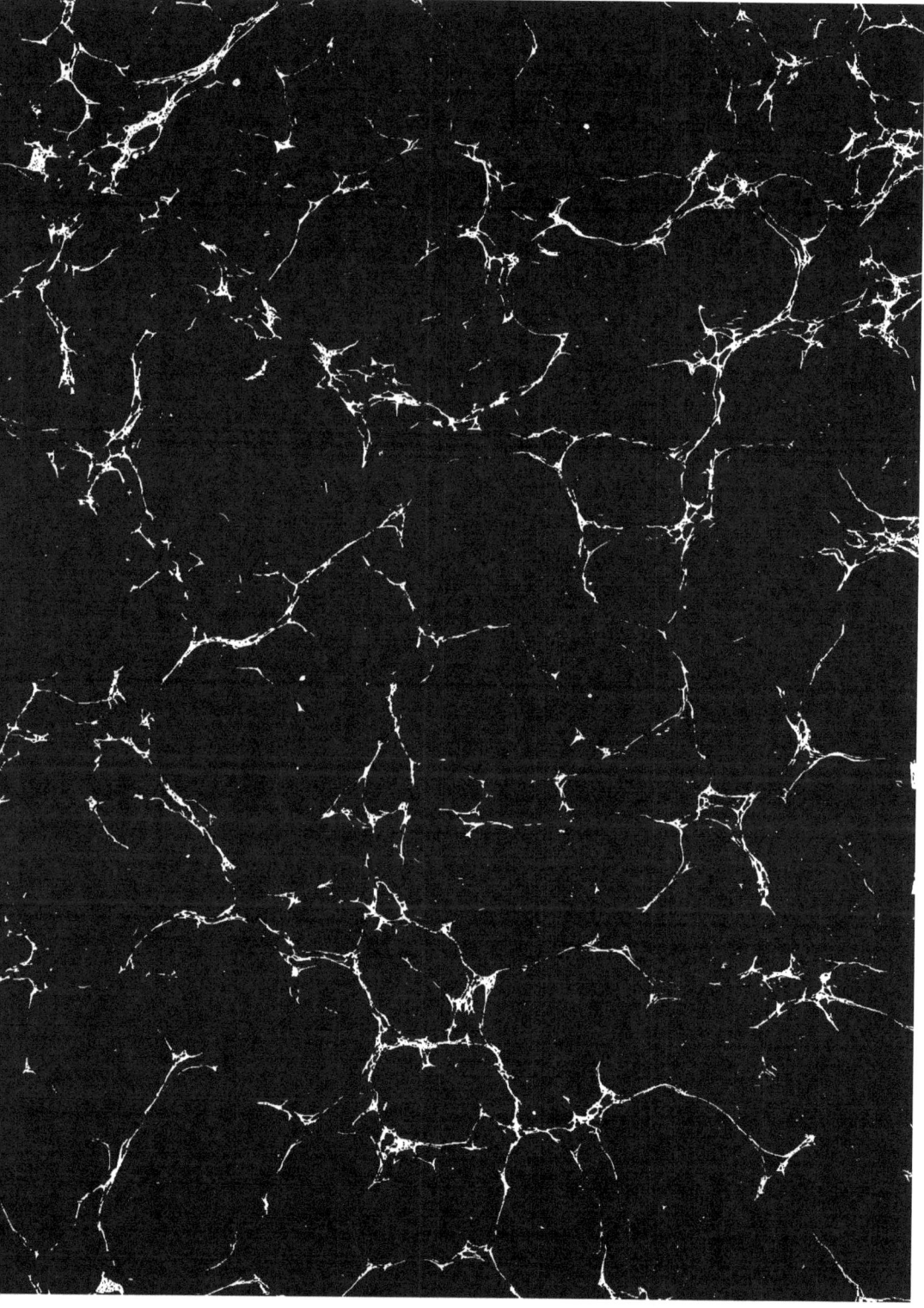

ÉTUDES PRÉHISTORIQUES

L'INDUSTRIE HUMAINE

ÉTUDES PRÉHISTORIQUES

# L'INDUSTRIE HUMAINE

## SES ORIGINES

### SES PREMIERS ESSAIS ET SES LÉGENDES

DEPUIS LES PREMIERS TEMPS JUSQU'AU DÉLUGE

PAR

## A. DAUX

CHEVALIER DE LA LÉGION D'HONNEUR, COMMANDEUR DU NICHAN-IFTIKAR

Ouvrage illustré de 20 gravures hors texte et de 258 dessins

Par Émile BAYARD

PARIS

EUGÈNE BELIN, LIBRAIRE-ÉDITEUR

RUE DE VAUGIRARD, N° 52

1877

Droits de traduction et de reproduction réservés.

SAINT-CLOUD. — IMPRIMERIE DE M<sup>me</sup> V<sup>e</sup> ELG. BELIN.

# INTRODUCTION

## I

Pour nous qui vivons au centre de tous les perfectionnements, dans le raffinement de la civilisation et de l'industrie, le tableau des premiers essais du travail, de l'outillage, de l'armement, de la vie de *l'homme avant le déluge,* pourrait sembler un rêve, une invention fantastique, si les récits des navigateurs qui arrivent des îles lointaines de la mer Pacifique, ou des voyageurs qui ont pénétré dans le cœur des grands continents n'offraient, en plein xix° siècle, l'image des temps antédiluviens. Ces récits attestent une barbarie qui ne rappelle souvent que de loin celle des temps primitifs, car on rencontre surtout de nos jours des *sauvages civilisés;* nous pouvons cependant concevoir, en portant nos regards sur les misères dont notre globe donne encore de trop nombreux exemples, ce que fut l'humanité, ce que furent les premières sociétés, dans les âges préhistoriques. Si l'homme ne descend pas de la bête, comme quelques auteurs le prétendent, il faut convenir qu'il paraît quelquefois digne de cette origine!

Notre pensée, en écrivant ces réflexions, se reporte à ce que nous racontait, il y a quelque temps, un de nos amis, Schmitz, le hardi et savant ingénieur qui a vécu au milieu des tribus de l'Amérique du Nord. Les détails qu'il nous donnait avaient pour nous, qui préparions alors cette étude, un intérêt particulier. Cette vie barbare, ces mœurs, ces coutumes qui, à côté même d'un grand peuple, ont persisté, malgré ce qu'on pourrait appeler les infiltrations de la civilisation, sont, en effet, dans les temps actuels, comme des spécimens perfectionnés des premiers types. On dirait que certaines peuplades des âges primitifs se sont endormies, ainsi que dans les contes de fée, pendant des centaines de siècles, et qu'elles se réveillent en présence d'un monde transfiguré par la science.

C'était le 10 décembre 1872, pendant la tempête qui se déchaîna sur Paris avec tant de violence. Il y avait là, dans la grande salle de la villa Récamier où nous étions réunis, des peintres, des poëtes, des voyageurs, des savants. La maison craquait comme un navire en détresse.

— C'est la fin du monde, fit l'un de nous. La nature, dans un accès de fureur, va détruire ce qu'elle a créé.

L'ouragan venait en effet d'arracher et de tordre plusieurs arbres séculaires dont les débris jonchaient le sol. Nous avons gardé quelques-uns de ces curieux échantillons : la tranche de l'un de ces arbres mesure plus d'un mètre de diamètre.

Excepté Marcel, que nous avons surnommé l'*antiquaire*, et qu'on est toujours sûr de trouver impassible quand il n'est pas question d'un bibelot ou d'un objet d'art, — excepté Marcel qui venait, au plus fort de la tempête, de découvrir, dans la boiserie, deux médaillons de l'époque du Directoire, Hercule et Omphale, Hercule avec la quenouille, Omphale avec la massue, ce spectacle d'un cyclone au sein de l'Éden parisien nous tenait tous dans une émotion contemplative.

Le plus ému était le commandant Diaz, qu'on peut cependant appeler le chevalier sans peur. Il pensait à ses marins, c'est-à-dire à ses enfants, à son navire qu'il aime comme sa patrie, au danger qu'il sait si bien conjurer et qu'il se reprochait de ne pas courir. Ses yeux jetaient des éclairs et l'on devinait sur ses lèvres des paroles de commandement et de salut.

— Capitaine, lui dit Max, le chroniqueur d'une de nos Revues, la foudre vient de briser le grand mât; le vent déchire nos voiles... Nous périssons!

Diaz ne put s'empêcher de sourire.

— Ne vous moquez pas de moi, mes amis; la tempête m'exalte et m'enivre. C'est la grande lutte : celle de l'homme et des éléments... Je ne puis voir un tel spectacle, sans me reporter par la pensée aux temps où nos premiers aïeux osèrent, sur leurs coquilles de noix, braver ces puissances infernales!

— Nobles ancêtres! interrompit Schmitz avec ironie. C'est ce que je m'écriais un jour, en l'accentuant un peu vivement, chez les Indiens du Nouveau-Monde, dans une tempête d'un autre genre, sous une grêle de pierres et de flèches que nous envoyaient ces dignes fils de nos aïeux. Je me demandais si je ne remontais pas le cours des âges; si je vivais bien au XIX$^e$ siècle; et je glorifiais, à ma façon, ces représentants de la perfection humaine à l'origine des espèces!

— Une histoire d'Indiens! fit Max, curieux comme doit l'être tout bon chroniqueur.

— Oh! prenez garde; une histoire sans suite, reprit Schmitz; les observations que j'ai pu faire ne sont ni celles d'un auteur qui prend des notes pour composer une étude de mœurs, ni celles d'un touriste avide d'émotions. Je voyageais, non pour mon plaisir, mais pour mes affaires, et, dans la vie d'un ingénieur en mission, les incidents, les aventures n'apparaissent que comme des retards, des embarras et des ennuis.

— N'importe, racontez-nous cela, dit Max. Aussi bien, le ciel est noir; le vent redouble; le feu pétille dans l'âtre. C'est un vrai temps à histoires de revenants ou de sauvages...

— Vous le voulez?

— Nous le voulons.

Et l'on se rangea en cercle autour de la cheminée.

## II

— Vous connaissez, nous dit Schmitz, la hardiesse des Américains. C'est un peuple neuf, vigoureux, entreprenant, croyant tout possible, ennemi de la routine, ayant par conséquent dans ses mains les destinées du monde moderne. L'Europe meurt de vieillesse, comme une douairière exténuée de ridicules et de préventions.

Ils avaient, en ce temps-là, je parle d'une vingtaine d'années, conçu le projet d'une vaste entreprise. Ils organisaient une société au capital d'un milliard — une misère pour eux — devant donner un revenu de plusieurs centaines de millions.

L'Amérique est le réservoir de ressources incalculables qui, tirées des entrailles de la terre et jetées sur les marchés du monde, en transformeraient la face. Il y a là de l'argent, de l'or, du cuivre, d'immenses nappes de houille; de quoi alimenter l'industrie, de quoi entretenir le travail et la prospérité universels. Les richesses des *Mille et une Nuits* ne sont rien, auprès de ces trésors de métaux et de charbon!

J'avais mission de reconnaître ces gisements, leurs directions et leur puissance; de dresser l'état des valeurs qu'ils représentent; de fouiller le sol, et d'établir, de l'Atlantique au Pacifique, un réseau de chemins de fer destinés à verser, sur les rives des deux océans, de quoi suffire au chargement de tous les vaisseaux du monde.

Morel m'accompagnait; — Morel qui est là, qui se tait, mais que je vous dénonce comme la science et l'intrépidité mêmes. — Il avait le commandement militaire de l'entreprise et devait, par un système de forts échelonnés, protéger nos mines et nos exploitations contre les peuplades que nous aurions à traverser.

New-York avait été notre point de départ. A l'époque dont je vous parle, nous nous trouvions (je saute les préliminaires de notre expédition) au cœur des États-Unis, à Jefferson-City, sur les bords du Missouri. J'avais rassemblé sous le plus petit volume possible mes cartes et mon outillage géologique. Morel s'était muni d'armes, de chevaux, de tentes, de matériel de cuisine, de guides, d'interprètes et d'une lettre précieuse qui devait nous servir d'introduction et de sauvegarde. Le Président des États-Unis y était appelé le *Père des Indiens*.

Il s'agissait pour nous d'une fortune; mieux que cela, de gloire peut-être. Je connaissais le sol; je devinai le sous-sol. Nous étions en plein sur le terrain houiller. Des affleurements, identiques sur tous les points, même à de grandes distances, attestaient la régularité et l'étendue du gisement. Les bancs sur lesquels nous marchions auraient suffi, à eux seuls, pour couvrir les frais de l'entreprise. Que nous importait après cela que les Indiens, comme l'affirmaient nos guides, regardassent d'un mauvais œil les hommes blancs qui venaient sonder leurs mines de pierres noires, destinées, de temps immémorial, à l'éternel entretien des feux sacrés?

La richesse houillère une fois constatée, nous avions à chercher la puissance des filons métalliques. En première ligne, on nous avait recommandé l'étude des mines d'argent.

Pour les atteindre, il fallait gagner la rivière de la Plata dont les sources partent du pied des monts Laramie, contreforts de la grande chaîne des montagnes Rocheuses. Un beau matin, notre caravane se mit en marche de ce côté.

Je vous ferai grâce des détails de ce voyage. Nous campions tous les soirs à la belle étoile, vivant comme nous pouvions, le plus possible de notre chasse, pour ménager nos provisions. Nos guides veillaient sur nous, et ils avaient fort à faire, tant nous étions absorbés par nos recherches; ils dirigeaient notre course à travers les solitudes, évitant toute rencontre avec les Indiens Osages, Kansas ou Delawares. Nous touchions au territoire des Sioux.

Les Sioux composent une tribu guerrière que contient le fort Laramie, élevé par l'Union au confluent de deux rivières, sur le versant de la montagne. La contrée qu'ils habitent est une vaste plaine, d'une fertilité merveilleuse, arrosée par de petits cours d'eau qui vont tous se jeter dans la Plata. A l'horizon, vers l'ouest, se dressent de hautes montagnes formant une chaîne imposante, entre le *Long-Pic* au sud et le *Pic-Laramie* au nord. Ce dernier, ou plutôt la forteresse qui y est établie, était notre objectif.

— Avant de nous engager davantage, dit un des guides, il serait sage de traiter avec ces tribus, sauf à aviser, si faire se peut, au moyen de les tenir en échec. Éviter leur rencontre, dans cette traversée en pays plat qui demande bien une semaine, est impossible.

On tint conseil. L'un de nos hommes, Indien lui-même, s'engageait à aller prévenir de notre arrivée le commandant du fort américain.

— J'irai en avant, nous dit-il; je me cacherai pendant le jour et, la nuit, je marcherai dans les hautes herbes, en côtoyant la rivière.

Un autre eut mission de se rendre auprès du chef des Sioux et de lui faire savoir que des blancs venaient lui apporter des présents et un message. En attendant du renfort, nous tentions de recourir à la diplomatie.

Chacun de nos envoyés partit de son côté.

A la fin du jour, nous vîmes accourir une troupe d'hommes aux vêtements et aux parures extraordinaires. Ils allaient sans ordre et brandissaient des objets qui pouvaient bien être des armes. Le soleil couchant éclairait de ses derniers rayons cet étrange tableau qui ressemblait à une vision.

Singulière bienvenue! ils nous saluèrent en nous envoyant une nuée de traits.

Je me jetai en avant et fis des signes que je crus de nature à les calmer : je leur montrais la terre, je leur montrais le ciel. Je jetai au loin mes armes, pour témoigner de nos intentions pacifiques. Je détachai d'un arbre voisin une branche verte, la présentant à la main comme un symbole de paix.

Un homme plus grand que les autres et dont la tête portait une plume rouge, se retourna vers la bande qui accourait sur nous et, l'arrêtant d'un geste, poussa, d'une voix stridente, quelques sons que l'un des guides traduisit ainsi :

— Le grand Esprit est avec nous... Malheur à qui troublera nos demeures !

Puis, s'avançant vers moi :

— Que viennent faire les *Visages-pâles* sur la terre des Sioux ?

— Ne craignez rien, répondis-je ; ils viennent en amis ; nous ne sommes pas gens de guerre, mais gens de commerce. Nous vous apportons des présents et un message du Père des Indiens.

Le chef des Sioux, car c'était lui, prit la lettre que je lui présentais. J'étalai sous ses yeux les verroteries, les oripeaux et les bijoux dont nous nous étions munis.

Il resta un moment indécis, puis, ayant pris connaissance du message :

— Que le *Père,* qui nous paye fidèlement un tribut, soit exaucé, dit-il ; vous pouvez franchir notre territoire ; mais veillez bien sur vos actes et retenez bien vos langues, ou redoutez la colère des Manitous.

Les Indiens se précipitèrent alors sur les hochets que nous leur avions jetés. La nuit était venue ; ils allumèrent des branches d'arbres résineux et nous conduisirent, à la lueur pétillante de ces torches, jusqu'à un lieu qui nous fut désigné pour campement.

Le lendemain, nous allâmes rendre visite au Grand-Chef. Il avait pour palais une hutte en branchages, couverte de terre et d'herbes sèches. La porte de ce palais consistait en un trou par lequel on ne pouvait pénétrer qu'en se traînant sur les genoux. A l'intérieur, les murs étaient tapissés d'écorces d'arbres et ornés de planches sur lesquelles étaient grossièrement représentés les principaux combats qui avaient illustré la tribu. Des armes de toutes sortes étaient suspendues çà et là : haches de pierre, lances garnies d'os pointus à leurs deux extrémités et se maniant par le milieu, massues incrustées de silex et rappelant par leur forme le *patou-patou* des indigènes de la Nouvelle-Zélande. Parmi ces armes était le bâton de commandement que le maître portait à la main dans les cérémonies.

Le chef des Sioux fut sans doute touché de notre visite, car il nous plaça sous la protection d'une escorte qu'il composa lui-même. L'un des guerriers désignés portait l'étendard de plumes, emblème de la tribu.

Il nous fallut, comme l'avaient dit nos guides, huit jours environ pour traverser ces plaines immenses, et, plus d'une fois, malgré l'étendard du Grand-Chef, nous recommandâmes nos âmes à Dieu. Des sauvages, aux allures d'animaux féroces, sortaient on ne sait d'où et nous barraient le chemin, en poussant des cris sinistres. Notre guide alors levait la hampe de plumes. Une sorte de remous se produisait aussitôt dans les rangs de nos ennemis; les hurlements cessaient, et tout disparaissait comme par enchantement.

Enfin, nous arrivâmes en vue du fort Laramie. Dès que les Sioux qui nous accompagnaient en aperçurent la silhouette, ils s'arrêtèrent.

— Maintenant, nous dit l'un d'eux, que le grand Esprit vous protége! Ici s'arrête notre puissance.

Nous les remerciâmes, et, après leur avoir offert de nouveaux présents, nous continuâmes notre route en prenant la forteresse pour point de mire.

Notre guide indien avait réussi à nous y précéder. A une lieue environ du fort, nous trouvâmes une troupe de soldats de l'Union qu'il amenait à notre rencontre; protection moins pittoresque, mais plus sûre.

Notre temps était compté. Sans perdre un instant, nous commençâmes nos recherches. Les filons argentifères n'étaient pas aussi voisins que je le croyais; il fallut, pour les découvrir, nous avancer dans les montagnes. En revanche, ils étaient d'une richesse inespérée.

Vers l'ouest est un des plus puissants contreforts des montagnes Rocheuses. Les filons étaient situés dans une haute vallée de forme triangulaire, entre ce contrefort et la grande chaîne au midi des gorges appelées la *Passe-du-Sud,* seul débouché entre la Nebraska et l'Orégon, par où passe aujourd'hui le chemin de fer de New-York à San-Francisco. Nous établîmes nos campements dans cette vallée déserte qui offre l'image d'un bouleversement indescriptible.

Au pied des escarpements, entre des masses énormes de porphyres, entremêlés de schistes argileux et de grauwakes, se trouvaient les mines que nous cherchions. Il y avait là des galènes et des chlorures semés d'énormes pépites d'argent natif. Sur presque tout le parcours de nord en sud de la vallée, des affleurements indiquaient la continuité des veines. C'était un vrai labyrinthe d'argent dont je levai le plan, tandis que Morel cherchait des pentes accessibles, sans courbes trop prononcées, pour le chemin de fer de l'exploitation et l'établissement bastionné qui devait un jour la protéger.

— All's right, mon cher Morel, lui dis-je, quand tout fut terminé. Inscrivez ceci sur vos tablettes : la houille et l'argent sont trouvés!

— Eh bien! s'écria-t-il, aux mines d'or!

## III

Les mines d'or étaient, comme le jardin des Hespérides, placées sous la garde d'un dragon à cent têtes. D'abord elles se trouvaient à plus de 250 lieues du point où nous étions; long voyage, quand il s'agit de le faire à travers les tribus!

Nous fîmes nos adieux aux hommes de l'escorte et, sans regarder derrière nous, nous mîmes le cap sur le mont Hooker. Quelques semaines avaient suffi pour nous rompre à notre vie aventureuse; nous marchions gaiement vers l'inconnu.

Recherchant les solitudes, nous arrivâmes sans trop d'infortunes, en chassant le bison et le pécari, aux versants des montagnes neigeuses. Les ayant franchis, nous nous trouvâmes dans les grandes tribus.

— Il faut ici redoubler de vigilance, nous dirent les guides. Les peuplades que nous allons traverser sont barbares, et, malgré notre talisman, nous avons de grandes précautions à prendre.

Nous organisâmes un système d'éclaireurs. Avant de nous aventurer dans une direction, nous envoyions quelques-uns de nos hommes à la découverte. Ils se glissaient dans les bois, à travers les broussailles, se cachant derrière les plis du terrain, rasant le sol, quelquefois marchant à plat ventre, pour arriver plus près des habitations, et observer.

— Maître, me dit un jour l'un d'eux (c'était, je m'en souviens, le 13° jour après notre départ du fort Laramie), il y a là-bas une espèce de village où paraît se préparer une grande fête. La forêt dans laquelle nous campons se prolonge jusqu'à ce village. De l'autre côté sont des régions désertes.

— Le Ciel soit loué! dit Morel, il y a longtemps que nous sommes privés de tout plaisir. Je demande à voir ce divertissement antédiluvien.

— J'allais vous le proposer, lui répondis-je.

Marchant avec précaution dans la forêt, coupant les lianes pour nous frayer un passage, nous allâmes dans la direction indiquée.

Nous arrivâmes, en effet, à un village composé d'une centaine de wigwams. Chacune de ces huttes, de forme conique, était construite avec des morceaux de bois plantés debout et noués à la partie supérieure. Des peaux de bisons, unies ensemble, formaient, sur cette charpente, une toiture impénétrable. Les huttes étaient rondes, et, par les orifices, on voyait le sol creusé intérieurement à un demi-mètre de profondeur. Quelques peaux de bêtes accrochées aux poutres ou étendues par terre, quelques instruments de cuisine, des armes en pierre, en os, en métal, en composent d'ordinaire l'ameublement. Les wigwams étaient épars, sans alignement, sans ordre, sous les arbres, dans les taillis.

## INTRODUCTION.

Le bruit et les préoccupations de la fête nous avaient protégés. A genoux dans les broussailles, nous voyions tout sans être vus.

Au milieu d'une clairière, la tribu était assemblée. Au centre, se trouvait une pierre dressée et, à quelques pas de là, un homme attaché à un pieu, nu, les mains nouées derrière le dos, se débattant avec rage et tentant de rompre ses liens. Des femmes, des enfants, d'horribles vieillards assis ou couchés assistaient, la bouche béante, à cet odieux spectacle.

Les hommes de la tribu, Indiens Mandans, avaient leurs costumes de cérémonie : une ceinture de cuir dont les bouts pendaient par devant; des morceaux de peau autour des jambes, utile précaution dans un pays infesté de serpents; des plumes sur la tête. On reconnaissait leur chef à son aigrette rouge qui, partant du front, descendait par derrière. Un cercle de plumes plus courtes formait son diadème. Devant lui était planté l'étendard de la tribu, sorte de hampe flexible garnie de plumes de toutes les couleurs. Les armes consistaient en lances munies les unes d'une pierre d'obsidienne, les autres d'un fer; en arcs, flèches, haches, massues incrustées de silex, etc.

A un moment donné, les guerriers se mirent à courir devant la pierre debout, sorte d'autel dressé pour les sacrifices. Ils frappaient en passant cette pierre de leurs massues. Chaque coup était répété, avec des couteaux aigus, par les exécuteurs, sur le corps de la victime, chef sans doute d'une tribu récemment vaincue, dont on allait arracher les entrailles, pour les offrir, sur la table sacrée, à la divinité tutélaire de la nation Mandane.

Un flot de sang me monta au visage. Morel, de son côté, me regardait en grinçant des dents; une même pensée, rapide comme l'éclair, nous était venue.

— Feu! sur ces brutes, fit-il à voix basse.

Vingt détonations retentirent... Chef et bourreaux roulèrent dans la poussière.

La foule des sauvages resta un moment stupéfaite. Elle

regardait le ciel et se demandait si la foudre venait de tomber sur elle. Ce fut ensuite un grand tumulte.

Mais la fumée de nos armes nous avait trahis. Les guerriers, poussant des cris rauques que répétaient les échos de la forêt, se précipitèrent dans notre direction.

Nous nous enfonçâmes dans l'épaisseur des bois. La crainte d'une mort terrible avait centuplé nos forces, et nous passions à travers les lianes et les branches entrelacées, comme un boulet que rien n'arrête.

Combien de temps dura notre fuite? Je l'ignore. Quand nous nous arrêtâmes, on entendait encore, dans le lointain, comme un bruit de vagues furieuses qui se brisent, en mugissant, au pied des falaises. C'étaient les hurlements de ces bêtes fauves... Nous étions à la lisière des bois.

— Et nos tentes, et notre campement, et nos provisions, et nos chevaux, dit Morel?

— Et notre peau, et nos mines d'or, lui répondis-je! Voici là-bas, si j'ai bonne vue, un des forts de l'Union. C'est le fort Mac-Kensie. Marchons ou plutôt courons de ce côté...

Quand nous racontâmes au commandant du fort ce drame où nous avions vengé les lois de l'humanité outragée, il nous prit les mains avec effusion, nous embrassa, et pâle d'indignation :

— Cet homme dont vous avez vu le supplice était un de mes meilleurs, un de mes plus chers officiers. Nul n'avait pu me renseigner sur son sort, et j'ignorais où étaient ses ravisseurs. Je sais maintenant où trouver les coupables, et ma vengeance, je veux dire ma justice, sera terrible.

Le soir, en effet, d'effroyables détonations se firent entendre à l'horizon. Des gerbes de feu montant jusqu'au ciel nous apprirent le châtiment des sauvages et l'incendie du village et de la forêt maudite.

Le commandant nous fit escorter jusqu'à la frontière canadienne. Là, nous trouvâmes les soldats envoyés à notre rencontre par la Compagnie de la baie d'Hudson. Ils nous attendaient avec anxiété. Nous prîmes quelque repos et, vingt jours plus tard, nous étions au mont Hooker.

L'or abonde dans cette région. Au milieu des schistes des terrains de transition, il court en épais filons dans du quartz mélangé de pyrites et d'hydroxydes de fer. On le trouve encore, au-dessus des granites, dans des schistes talqueux et amphiboliques, contenant des amas de carbonate de manganèse qui servent de gangue à des pépites d'or massif. Au pied des versants, dans les alluvions anciennes, les sables renferment de l'or, du platine, du palladium et même du diamant. Des ruisseaux descendant des montagnes fournissent, nouveau trésor pour l'exploitation, les eaux nécessaires au lavage des métaux et des pierres. L'essai de ces sables nous donna 254 grammes d'or par mètre cube de minerai. C'était un des plus riches rendements connus.

## IV

On nous avait signalé, dans la partie septentrionale des territoires de l'Union, d'abondantes mines d'étain et de cuivre. Elles étaient situées, nous disait-on, au sud du lac Supérieur. Les vieillards du pays racontaient sur ces mines des choses merveilleuses. « Elles avaient été exploitées par les dieux, du temps où les dieux vivaient sur la terre! »

Nous nous dirigeâmes vers les grands lacs. Deux mois s'écoulèrent, pendant lesquels nous fûmes témoins de scènes bizarres.

Ici, dans une tribu, de hideuses matrones pétrissaient la tête d'un nouveau-né, s'accompagnant d'un chant monotone, dont chaque stance célébrait une des vertus communiquées à la pauvre petite créature. La tête, comme un corps élastique, tendait à reprendre sa forme primitive; mais elles en maintenaient la déformation au moyen d'éclisses adroitement appliquées et retenues par des fils en boyaux de poisson. L'enfant protestait par des cris auxquels personne ne prenait garde, pas même la mère, couchée près de là sur une natte. Quand le crâne s'était suffisamment allongé et avait pris la forme d'un pain de sucre, on avait atteint l'idéal.

Là, dans une autre tribu, nous assistâmes à la mort d'un Indien et aux pratiques qui l'accompagnent. La coutume ne permettait pas qu'il expirât dans le wigwam, de peur que le wigwam ne fût hanté par les esprits. On porta donc le moribond hors de la hutte. On l'adossa contre une pierre; et, quand on jugea qu'il allait rendre le dernier soupir, on l'attacha de manière à ce que son corps et ses membres eussent la position qu'occupe l'enfant dans le sein de sa mère. Tout Indien, s'il veut être admis dans le séjour des Manitous et habiter les régions voisines du soleil, doit quitter la vie dans l'attitude où il y est entré.

Nous vîmes aussi comment, dans certaines tribus, se pratique l'initiation à la science sacrée. Les adeptes étaient enfermés dans un enclos d'où il leur était interdit de sortir, sous peine de mort. La même peine attendait quiconque tentait d'y entrer. Il paraît que, dans ces enceintes, on apprenait à réciter les stances rythmées qui contiennent le secret de l'origine des mondes et de leurs bouleversements, les traditions de la tribu, l'histoire des guerres passées, des grands chefs et des migrations. Dans les intervalles consacrés au repos, les initiés devaient garder le silence. Quiconque ouvrait la bouche était puni de mort. Plus d'un, nous dit-on, mérita ce supplice. Chez les sauvages comme chez nous, il est plus difficile de se taire que de parler.

Une scène émouvante, parmi celles qu'il nous fut donné de voir, fut ce que les Indiens appellent la *chasse des fiançailles*.

Au milieu de gorges situées dans de hautes montagnes, un sauvage poursuivait une Indienne, comme une bête fauve poursuit sa proie. La jeune femme fuyait éperdue, sautant de rocher en rocher, dans de périlleux escarpements; l'amour du sauvage paraissait lui causer une horrible épouvante. Cependant, au bout d'un certain temps, elle s'arrêta. Personne ne lui était venu en aide; elle se résignait à son sort. Atteinte, elle devenait fiancée. Le sauvage l'entraîna sur un étroit plateau. Mais à peine y avait-il mis le pied, qu'il se trouva en face d'un autre Indien, qu'on aurait dit tombé du ciel. Celui-ci, selon la coutume, ne pouvait attaquer son rival qu'après avoir tenté de lui enlever sa fiancée, sans le toucher. Il saisit donc la jeune femme par un bras, tandis que le premier la tirait par l'autre. Ils semblaient ne pas voir le précipice ouvert sous leurs pieds. Enfin, le premier ravisseur allait triompher, quand l'Indien du plateau, bondissant comme une panthère, planta dans le cœur de son rival, la lame d'obsidienne de son poignard. L'Indienne fut le prix de la victoire. Elle-même poussa le corps de la victime dans le précipice, où il se déchira aux angles des rochers aigus.

Enfin nous arrivâmes à la baie de Kowenaw, dans la région dite du cuivre.

Cette région est digne du nom qu'elle porte. Au-dessus des granites sont superposées des roches dites Kyllas. Ce sont des schistes talqueux et amphiboliques qui contiennent, avec de l'oxyde d'étain, de l'hématite brune, et surtout des carbonates de cuivre et du cuivre natif mêlé de sulfures.

Quant à la légende des *dieux mineurs,* nous en trouvâmes bientôt l'explication.

D'antiques travaux d'extraction laissent à jour des tranchées considérables, à ciel ouvert, que couvre en partie une végétation plusieurs fois séculaire. En opérant nos fouilles pour tâter les filons, nous mîmes à découvert, sous les racines d'arbres immenses, à 6 mètres de profondeur, un assez grand nombre d'outils : coins en diorite, ciseaux et racloirs, masses ou marteaux en roche, dont l'attache au manche s'était en partie conservée dans les argiles. Sous la terre, gisaient des monceaux de scories, rejets encore très-riches des roches autrefois exploitées. L'examen de ces roches révélait la méthode d'exploitation mise en usage. Elles avaient visiblement subi l'action du feu. L'abatage en tranchée s'opérait en désagrégeant les roches porphyriques, au moyen d'un feu ardent qu'on maintenait contre les parois inégales; puis on arrosait d'eau la roche rougie à blanc. Avec les coins et les marteaux de pierre, on abattait les parties désagrégées; on triait le minerai, et on le fondait ensuite. Nous emportâmes ces outils et quelques débris, instruments et témoins de l'art métallurgique dans des temps reculés.

Notre mission sur ce point était terminée. Il nous restait maintenant à aller explorer d'autres pays, où la Compagnie voulait étendre son exploitation. Il était désormais évident pour nous que la vaste entreprise conçue par les capitalistes de l'Union donnerait, non-seulement le produit annoncé, mais un résultat fantastique. J'avais hâte de revenir à New-York pour en annoncer la nouvelle.

Morel joint, comme vous le savez, à des connaissances militaires très-étendues, un grand amour de l'archéologie.

— Nous sommes en veine de découvertes, me dit-il; profitons-en : poussons une pointe jusqu'à Milwaukie. Il y a là, dit-on, les ruines d'une ville indienne, découverte par les colons américains. Milwaukie est d'ailleurs la tête de ligne d'un chemin de fer; à bien prendre, c'est notre chemin.

— Mon cher ami, lui dis-je, votre amour de l'art vous perdra. Voyez la carte : la voie ferrée est en construction, il est vrai; mais elle ne fonctionne pas encore jusqu'aux pays que vous voudriez connaître. De grands intérêts nous rappellent à New-York. La première station est à Water-Town. C'est à Water-Town qu'il faut aller.

— Vous êtes un barbare, me dit-il en riant, mais non sans quelque dépit; vous serez puni de votre dédain des merveilles du passé, vil amoureux des choses du présent!

Vous vous rappelez sans doute cette menace, mon cher Morel, et, à la suite, l'attaque des Indiens Hurons.

Nous avions quitté notre dernier campement et nous nous

# INTRODUCTION.

dirigions vers le fort de Water-Town. Notre expédition touchait à sa fin. C'est souvent au port que l'on périt.

Les Indiens Hurons représentent, dans l'état sauvage, un certain degré d'industrie. Ils se servent encore de massues, de lances, d'arcs et de flèches; mais ils connaissent l'usage des armes à feu. Nous étions à deux lieues environ du fort, quand une de leurs bandes nous assaillit.

Nous avions, dans l'une de nos stations, reconstitué notre matériel, et, pour emporter les échantillons des roches que nous avions trouvées dans notre exploration, nous nous étions munis de chariots.

La vue de ces chariots avait frappé les Indiens; ils étaient persuadés qu'ils contenaient des trésors. Nous cherchâmes à parlementer; mais toutes nos tentatives furent vaines : des coups de feu et, comme toujours, une nuée de flèches furent la seule réponse que nous pûmes obtenir.

Nous avions avec nous un vieux domestique, j'allais dire un vieil ami, car, depuis longtemps, il partageait nos fatigues et nos périls, avec un grand courage et un rare dévouement. C'était une âme d'élite jetée par le sort dans une condition au-dessous de ses vertus, et que nous nous efforcions de relever, en le traitant, non comme un serviteur, mais comme un fidèle compagnon. Il s'appelait Étienne.

Le pauvre garçon était à quelque distance de nous, et, dès la première attaque, nous l'avions vu de loin s'affaisser sur lui-même.

Aux balles et aux flèches de nos ennemis, nous opposions un feu roulant de nos carabines et de nos revolvers. Nos chariots nous servaient de remparts. Les Indiens tombaient comme des mouches. Effrayés de leurs pertes, convaincus que nos armes tiraient à jet continu, sans avoir besoin d'être rechargées, ils se décidèrent enfin à battre en retraite.

Notre première pensée, dès qu'ils se furent éloignés, fut de courir au point où Étienne était tombé. Le malheureux avait disparu. Nous fouillâmes les broussailles; ce fut en vain. Nous l'appelâmes; l'écho seul nous répondit.

— Mon cher Schmitz, me dit Morel, je ne quitte pas ces lieux avant d'avoir des nouvelles de notre compagnon. Il me le faut mort ou vif. Je l'aurai, ou j'y laisserai ma peau. Envoyons nos chariots à Water-Town. Si nous mourons, tout ne sera pas perdu; d'autres sauront ce qu'on trouve sur la route que nous avons suivie. Un devoir impérieux nous retient à présent sur ce territoire de bandits.

Je vous serrai la main, mon cher ami, car vous aviez encore une fois deviné ma pensée.

Nos chariots partirent comme l'avait proposé Morel. Quant à nous, après nous être soigneusement orientés, nous attendîmes la nuit, qui devait nous révéler le repaire des Hurons.

Des feux s'allumèrent, en effet, dans l'ombre, nous indiquant le chemin qu'il fallait suivre pour retrouver nos ennemis. Les sabots de nos chevaux furent enveloppés de cuir, afin qu'aucun bruit ne prévînt les Indiens, car il s'agissait de les surprendre.

A quelque distance des feux, se trouvait un épais fourré.

— L'embuscade est bonne, dit Morel; que nul ne bouge d'ici jusqu'à mon retour.

Et il partit en rampant à travers les broussailles.

Une heure s'écoula; un siècle. J'avais caveçonné les chevaux, pour les empêcher de hennir.

Enfin un léger froissement se fit entendre dans le hallier. C'était Morel.

— Étienne est vivant, dit-il; je l'ai vu, près de leur pierre maudite, attaché à un poteau, pour être scalpé au petit jour. On dort dans les wigwams; les gardiens du prisonnier sont ivres; nul ne songe à une surprise. Près d'ici est une allée couverte, par où peuvent passer les chevaux. Assurez-vous de l'état de vos armes et suivez-moi; mais surtout que personne, quoi qu'il arrive, ne fasse feu avant que j'en donne le signal. Il y va de notre salut à tous.

Nous touchions au village, quand les chiens des wigwams se mirent à donner de la voix. Nous étions découverts. Heureusement une faible distance nous séparait du menhir; nous lançâmes nos montures. En quelques bonds, nous fûmes près du prisonnier. Sauter à terre, couper les liens d'Étienne, fut l'affaire d'un instant. Je le pris en croupe, avant qu'il eût le temps de se reconnaître, et je rebroussai chemin avec mes compagnons. Les chevaux étaient repartis à fond de train.

Le malheureux Étienne me tenait à bras-le-corps, poussant des hurlements de douleur, car ses blessures étaient graves.

— Maître, me disait-il, au milieu de ses cris, laissez-moi là et sauvez-vous; je me meurs.

— Courage, lui répondis-je; quelques minutes encore et nous sommes sauvés.

Les Hurons se mirent à notre poursuite. Quelque brusque qu'eût été notre attaque, ils s'étaient promptement remis. Ils avaient saisi leurs armes, rassemblé leurs chevaux, et s'étaient élancés sur nos traces. Balles et flèches sifflaient autour de nous. Heureusement la nuit était sombre et nous avions mis à profit l'avance que nous avions.

La lutte de vitesse, qui seule pouvait nous sauver, était inégale. Les chevaux des Indiens étaient frais; les nôtres, exténués. Nous enfoncions nos éperons dans leurs flancs, espérant gagner les approches du fort, lorsque subitement le cheval de Morel s'abattit.

— Prenez ma monture, lui dis-je, et fuyez. Dans la tempête, on jetait autrefois un passager à la mer!

— Fuyez vous-même, dit Morel; le sort me désigne; je reste ici.

Tout le monde mit pied à terre. Étienne s'était évanoui, les mains crispées autour de ma ceinture. Près de là, entre des rochers, un torrent roulait ses eaux bruyantes. Nous y transportâmes à la hâte le blessé et nous lui jetâmes de l'eau sur le visage. Il revint à lui, et, d'un ton de doux reproche :

— Qu'avez-vous fait? nous dit-il. Les Hurons sont cruels. Vous avez prolongé ma vie de quelques instants; mais vous êtes perdus.

On entendait, en effet, se rapprocher de plus en plus le galop de leurs cavaliers.

Le jour commençait à poindre. A l'horizon se détachait, dans les premières lueurs, le profil du fort de Water-Town, quand les Hurons se montrèrent.

— Abritons-nous derrière ces rochers, dit Morel, et que chacun vise son homme.

Tous nos coups portaient. Nous fîmes dans leurs rangs de nombreux vides; mais la lutte ne pouvait durer, car nos munitions s'épuisaient et le cercle des sauvages se rétrécissait autour de nous.

Le jour était venu. Le ciel était clair; pas un nuage n'obscurcissait les premiers rayons du soleil. Un éclair cependant sillonna l'espace; un bruit pareil à celui du tonnerre se fit entendre, puis un effroyable sifflement et, près de nous, une détonation formidable comme celle de la foudre. Un nuage de poussière et de fumée nous enveloppa...

Quand le nuage se dissipa, nous vîmes les Hurons s'enfuir à toute bride. Un cri d'allégresse s'échappa de nos poitrines :

— Un obus! nous sommes sauvés!...

C'était, en effet, le fort de Water-Town qui venait d'accomplir ce miracle et d'arrêter nos ennemis à 8 kilomètres de distance. Nos chariots avaient pressé leur marche; nos hommes avaient averti le commandant du fort du danger que nous courions; la fumée de notre fusillade lui avait servi d'indice, et il rappelait à la tribu que l'Union veille sur ses enfants.

En même temps, dans les dernières lignes de l'horizon, nous vîmes apparaître le panache blanc d'une locomotive qui volait vers les régions que nous avions hâte de toucher. On eût dit que la Providence, qui avait veillé sur nous, voulait nous donner, à la fin de notre expédition, le spectacle de ces deux états extrêmes de l'humanité : l'état sauvage, triste souvenir des premiers âges, et, frappant contraste, les prodiges de la science moderne!

Nous n'arrivâmes pas tous vivants à Water-Town. Etienne

L'obus du fort de Water-Town.

ne devait plus être des nôtres. Il expira dans nos bras. Nous emportâmes sa dépouille jusqu'au fort. Là, dans un des fossés, il repose sous une pierre sur laquelle nous avons gravé son nom!

— Et votre Société au capital d'un milliard, me direz-vous, et vos mines, et votre fortune?

— Hélas! mes amis, la guerre de la sécession a détruit ce beau rêve. Les capitaux se sont dissipés en fumée meurtrière; les hommes ont disparu dans la tourmente; nous avons vieilli... Mais vous, qui représentez l'avenir, souvenez-vous! Il y a là-bas des trésors que nous avons touchés du doigt! Poëtes, chantez-les; voyageurs, retournez à leur recherche; ingénieurs, allez sur nos données dresser de nouveaux plans et ouvrir les entrailles de la terre. Levez-vous pour cette croisade, vous qui avez comme nous la foi, et de plus que nous, la vigueur et la jeunesse!

Les auteurs de ce livre avaient écouté attentivement le récit du voyageur, tableau de mœurs que l'on rencontre, non pas dans une île perdue de l'Océan, mais à côté même de la civilisation américaine. L'habillement, les armes, les abris, les coutumes de ces Indiens offraient, sans aller plus loin, l'image d'instruments et d'usages qu'on trouve en quelque sorte à l'état vierge, en remontant le cours des âges.

— Merci, mon cher Schmitz, dirent-ils ensemble; vous venez d'écrire notre introduction.

# CHAPITRE PREMIER

LA TERRE ET L'HOMME.

# I

L'AGE D'OR ET LA VIE SAUVAGE.

L'idée du bonheur et de l'innocence de l'humanité à son berceau a été comme un thème favori sur lequel l'antiquité s'est jouée avec complaisance. La plupart des poëtes ont chanté les délices de la vie primitive. A l'origine, disent-ils, tout sourit à l'homme, le ciel et la terre. Son âme est pure; il vit dans une sorte de béatitude; sans travail, il possède tous les biens [1]. Virgile raconte le bonheur du genre humain, sous le règne de Saturne, et l'oppose à sa nouvelle destinée, sous le sceptre de Jupiter.

> Avant lui, point d'enclos, de bornes, de partage.
> La Terre était de tous le commun héritage;
> Et, sans qu'on l'arrachât, prodigue de son bien,
> La Terre donnait plus à qui n'exigeait rien.
> C'est lui, qui proscrivant une oisive opulence,
> Partout de son Empire exila l'indolence :
> Il endurcit la terre, il souleva les mers,
> Nous déroba le feu, troubla la paix des airs,
> Empoisonna la dent des vipères livides,
> Contre l'agneau craintif arma les loups avides,
> Dépouilla de leur miel les riches arbrisseaux,
> Et du vin, dans les champs, fit tarir les ruisseaux [2].

---

1. Hésiode. Les *Travaux et les Jours.*
2. Les *Géorgiques*, traduites par J. Delille, livre I.

Ovide reprend ce thème traditionnel et célèbre à son tour les douceurs de l'âge d'or [1]. — Un printemps éternel règne sur la terre; le lait et le nectar coulent dans les ruisseaux; l'yeuse, toujours verte, distille les rayons dorés du miel. Le sol, sans être déchiré par le pic ou sillonné par la charrue, prodigue de lui-même tous les trésors; il est commun à tous, comme l'air et la lumière. Le casque et l'épée n'existent pas; les peuples vivent, au sein de la sécurité, dans le bonheur et dans la paix. Pas de châtiments, point de crainte, nul besoin de lois; les hommes gardent spontanément la bonne foi et la justice.

Sous les voiles de la théogonie égyptienne, on retrouve des croyances analogues rappelant cette félicité primitive, dont l'antique cosmogonie de Manou, « fils de Brahma, » conserve également le souvenir.

Si l'on voulait se faire une idée de cet âge d'or, représentation symbolique de quelque heureux épisode de notre douloureuse histoire, il faudrait se transporter dans je ne sais quelle île de l'Océan, favorisée du ciel, épargnée par les éléments. Taïti est le point que l'on choisit ordinairement comme terme de comparaison. Tous les végétaux de la Polynésie y croissent en liberté. Des montagnes boisées dominent l'île et une large bande de terre, d'une admirable fertilité, qui l'entoure comme une ceinture, est couverte d'arbres à pain, de gouyaviers, de manguiers, de cocotiers, d'orangers, de citronniers; magnifiques végétaux qui, en même temps qu'ils fournissent à la population une nourriture savoureuse, semblent plantés pour le plaisir des yeux, pour l'ornement de l'île. Des ruisseaux, descendant du flanc des collines jusqu'à la mer, contribuent à entretenir cette fertilité, et un grand lac, profond et poissonneux, creusé par la nature au flanc des montagnes de la plus grande presqu'île, semble un inépuisable réservoir de fraîcheur [2].

Tout va bien jusqu'ici; l'île est riante et semble une riche corbeille de fruits et de fleurs, où l'homme peut vivre des produits naturels de la terre et des coquillages qui abondent

---

1. Ovide. *Métamorphoses*, I.
2. Nous empruntons cette peinture de Taïti à une intéressante description faite dans le *Magasin pittoresque*. Un de nos amis, le commandant Miot, la confirme dans ses notes de voyage, qu'il a obligeamment mises à notre disposition.

Un paysage à Taïti.

sur les brisants. Malheureusement, il y a des ombres au tableau : les coutumes ne répondent pas toujours à la beauté du site ; quelquefois elles s'éloignent singulièrement de la douceur des mœurs de l'âge d'or. Les habitants de la *Nouvelle-Cythère* sont en guerre avec les îles voisines ; guerre féroce, dans laquelle on ne fait point de quartier. Le vainqueur se précipite sur sa victime, lui arrache la peau du visage et s'en fait un hideux trophée. — Je croyais les Taïtiens inoffensifs, dit un navigateur célèbre ; je me les figurais égaux entre eux, leur liberté n'ayant d'autre limite que les lois établies pour le bonheur de tous. « Je me trompais ; la distinction des rangs y est fort marquée, et la disproportion, cruelle. Les rois et les grands ont droit de vie et de mort sur leurs esclaves et valets. Je serais même tenté de croire qu'ils ont aussi ce droit barbare sur les gens du peuple, qu'ils nomment *tataeinou*, c'est-à-dire *hommes vils*. Toujours est-il sûr que c'est dans cette classe infortunée qu'on prend les victimes pour les sacrifices humains [1] ! »

Au surplus, dans le concert des écrivains de l'antiquité sur le bonheur sans mélange de l'humanité à son enfance, quelques voix discordantes se font entendre. La scène change d'aspect, quand on lit, dans Lucrèce, la vie des premiers hommes. Suivant le vieux poëte latin, les débuts du genre humain sur la terre ne sont que luttes et misère. L'homme part de la condition de l'animal, et de l'animal le plus misérable, le plus désarmé, le plus exposé aux privations et aux souffrances. Il ne sort de cet état primitif que par les prodiges de son intelligence et de sa volonté.

« Lucrèce, dit M. Martha, s'est bien gardé de placer à l'origine du monde les aimables félicités de l'âge d'or. Ce n'est pas une idylle que la vie de ces premiers hommes... abandonnés par la nature à leur ignorance et à leur dénûment, cherchant leur nourriture sous un chêne, se couchant nus sur une terre nue, comme des sangliers ; vigoureux, mais sans autres armes que des pierres et des branches arrachées aux arbres, surpris pendant leur sommeil, au fond de leurs cavernes, par quelque monstre plus puissant, dévorés, engloutis, « se sentant descendre

---

[1]. Édouard Charton. *Voyageurs anciens et modernes*, Bougainville.

vivants dans un sépulcre vivant, » ou bien, échappés à la griffe de leur ennemi, courant à travers la plaine avec d'horribles cris, leurs mains tremblantes appliquées sur leurs horribles blessures qu'ils ne savaient guérir !... S'il est permis de peindre avec brutalité une scène brutale, si ce que nous appelons la couleur locale est un charme, on ne peut qu'admirer ces scènes si hardiment dépeintes, auxquelles d'ailleurs conviennent si bien, par une heureuse rencontre, une langue encore rude, une versification peu polie. C'est une consonnance et une vérité de plus.

« Cette vérité de couleur se retrouve dans les scènes plus douces où paraissent les plaisirs et les amusements des premiers hommes. Lucrèce ne prête pas à ces premiers-nés de la nature les sentiments raffinés des bergeries. Ces rudes humains ne se livrent à la joie que quand ils sont bien repus. Si le ciel est serein, s'ils ont trouvé un doux gazon près d'un ruisseau frais, ils ne désirent plus rien, ils se rassemblent, ils s'essayent à la musique et à la danse [1] :

> D'harmonieux oiseaux l'homme imitait les sons,
> Bien avant de former ces savantes chansons,
> Ces vers, enfants de l'art, délicates merveilles
> Dont il aima depuis à charmer ses oreilles.
> Le zéphyr, qui soupire à travers les roseaux,
> Leur apprit à souffler dans les creux chalumeaux...
> Et, tressant feuille et fleur sur leur front, à leur buste,
> Tous essayaient sans ordre une danse robuste,
> Heureux et fiers de battre, en sauvages enfants,
> La terre, leur nourrice, au bruit des pas pesants.

« Chose rare dans l'antiquité, Lucrèce éprouve déjà ces émotions variées et profondes que le spectacle de la nature peut donner à l'homme et que notre poésie contemporaine se plaît à exprimer. Il reste confondu, devant l'accablante immensité des espaces infinis et des temps éternels ; il est quelquefois saisi de ces frissons poétiques que ressent l'esprit à la pensée

---

1. C'est une idée antique que la musique et la danse doivent suivre le repas. Homère est de cet avis. Amyot, traduisant Plutarque, dit, dans son langage spirituellement enfantin : « De la panse, comme l'on dit, vient la danse. » *Les causes naturelles*, 21.

des grands mystères. Il comprend la beauté des lois ou leur horreur ; il reconnaît et célèbre tour à tour, avec douceur ou avec amertume, les bienfaits maternels de la nature et ses duretés de marâtre... Il en demeure toujours le viril contemplateur, et, s'il en est souvent ému, sa mélancolie est celle, non d'un poëte qui se délecte de ses rêves, mais d'un philosophe qui médite et s'afflige [1]. » Avec une confiance intrépide, il traverse, ajoute M. Martha, les plus difficiles problèmes posés par la science moderne. Il nous montre l'homme, nu et désarmé, en face de la nature hostile. Partout des ennemis : les éléments, les animaux, la nature entière. Il faut livrer d'incessants combats ; il faut détruire ces ennemis pour n'être pas détruits par eux, les désarmer ou les dompter pour s'en faire des auxiliaires ou des esclaves. Point d'outils pour le travail, si ce n'est la main nue ou quelque branche d'arbre ; pour instrument d'attaque et de défense, une pierre ou un bâton ; (l'arc et la flèche représentent déjà un certain degré de perfectionnement) ; pour vêtement, des feuilles, une peau de bête fauve, la dépouille d'un poisson ou d'un reptile ; pour abri, l'épaisseur des forêts peuplées d'animaux féroces, les anfractuosités des rochers, un trou, une caverne !

L'entrée d'une caverne.

Nous avons pu citer une île fortunée qui permet, dans une

---

1. Le *Poëme de Lucrèce*, par C. Martha, professeur à la Faculté des lettres de Paris, membre de l'Institut.

certaine mesure, de concevoir l'âge d'or. Mais est-il, dans les temps historiques, un point du globe où la vie soit comparable à celle des premiers hommes? Les tribus sauvages postdiluviennes ont relativement une existence somptueuse. On sent qu'elles ont reçu des bannis ou des fugitifs de la civilisation. Il y a cependant certaines descriptions dans Tacite, qui reportent la pensée vers ces tristes temps. Tel est le sombre tableau par lequel il termine son livre sur les *Mœurs des Germains*.

« Les Finnois, dit-il, vivent dans le dernier état de sauvages, dans une misère affreuse. Point d'armes, point de chevaux, point de maisons. Ils broutent l'herbe, se vêtissent de peaux, se couchent sur la terre. Toute leur ressource est dans leurs flèches qu'à défaut de fer ils arment d'os pointus. Les femmes subsistent de la chasse ainsi que les hommes; elles les accompagnent toujours et partagent la proie. Les enfants n'ont d'autre refuge, contre les bêtes féroces et contre la pluie, que des branches d'arbres entrelacées sous lesquelles on les cache. C'est là le gîte où les jeunes gens reviennent, où restent les vieillards [1]. »

Où trouver de nos jours une peuplade dont l'état rappelle la misère des premiers âges? Et cependant, quelle existence que celle des Esquimaux, des Hottentots, des habitants de la Terre de Feu! Là surtout, dans cet archipel composé d'une infinité d'îles et d'écueils, dans ce pays effroyable, tout hérissé de montagnes volcaniques, couvert de neiges éternelles et de glaciers qui descendent jusque dans la mer, vit ou plutôt meurt, dans la détresse et l'abrutissement, une population dont l'aspect inspire le dégoût en même temps qu'une profonde pitié. Elle se nourrit de chairs crues qu'elle mange avec une gloutonnerie toute bestiale : poissons pourris, mollusques échoués, poulpes en pleine décomposition!

Si abjecte que soit l'existence des Fuégiens, elle est moins épouvantable que ne fut celle des premières races humaines qui, par surcroît de misère, virent les grands cataclysmes, les révolutions du globe, augmenter encore l'horreur de ces temps de désolation. Le sol alors se tordait dans de terribles convul-

---

[1]. Tacite, *Mœurs des Germains*. Traduction de Dureau de Lamalle, membre de l'Académie française.

La Terre de Feu.

sions et ouvrait tout à coup des gouffres où des portions de continents étaient englouties.

Déchirement du sol.

L'homme lui-même se joignait, contre l'homme, aux éléments déchaînés. Au milieu de ces convulsions occasionnées par les éruptions volcaniques, par l'invasion des eaux, par l'effondrement du sol, il se précipitait sur son semblable et déchirait de ses mains ceux que le feu et l'eau avaient épargnés !

# II

LA NAISSANCE ET LA MORT DES MONDES.

Jetons un coup d'œil sur le théâtre où s'accomplissent ces bouleversements et ces drames et, pour en comprendre les péripéties, pour nous rendre compte des batailles que l'homme a dû livrer et des conquêtes de son génie, ne craignons pas de remonter trop haut. Prenons l'univers à l'origine des choses ; assistons pour ainsi dire à la création ; voyons comment se sont formés les corps célestes répandus dans l'espace, et notre globe, magasin où sont enfouis les éléments, les matériaux, les trésors de l'industrie humaine.

La croyance la plus répandue, dans l'antiquité et jusqu'au moyen âge, est que la terre n'est pas ronde ; que l'univers a la forme d'un coffre dont elle est en quelque sorte le fond et sur lequel le ciel repose, comme un couvercle arrondi ; que plusieurs cieux sont superposés à la manière des étages d'une maison, et qu'au moyen des réservoirs dont quelques-uns sont pourvus, des cataractes d'eau diminuent, en tombant, la chaleur terrestre [1]. Idées bizarres, dans lesquelles on rapporte tout à la terre, centre et support de l'univers.

---

1. Giraudet, *Nouveau traité de géologie.*

# LA NAISSANCE ET LA MORT DES MONDES.

Notre orgueil doit en rabattre; la terre n'est, selon l'expression de Humboldt, qu'une parcelle infiniment petite d'une île perdue dans l'océan des mondes. Un astre lui donne la lumière,

La Terre dans l'espace.

la chaleur et la vie, le soleil. Elle gravite autour de cet astre, et, en même temps, elle tourne sur elle-même autour d'un axe incliné; double mouvement d'où résultent la diversité des saisons et la succession des jours et des nuits.

Le soleil qui la tient ainsi en laisse et ne lui permet de se mouvoir que dans un orbite déterminé, n'est à son tour qu'un point dans l'infini. Toutes les étoiles qui peuplent le firmament sont autant de soleils auxquels obéissent d'autres astres secondaires, enchaînés dans leur sphère d'attraction.

Comment se sont formés ces astres, poussières de l'espace? Grand problème que le génie humain n'a pas désespéré de résoudre!

Au commencement, l'univers était rempli d'une matière homogène, chaotique, dont la température était extrêmement élevée et, par suite, la densité très-faible. Abandonnée à elle-même, cette matière se refroidit, et, en se refroidissant, elle s'anima d'un mouvement moléculaire incessant, comme cela se produit, dans nos laboratoires, lorsque des cristaux prennent naissance au milieu d'une masse amorphe. Les atomes gravitèrent les uns autour des autres, et, çà et là, il se forma des groupes qui, en s'accumulant, devinrent des *centres d'attraction*. La masse chaotique se disloqua; l'immensité se remplit d'amas séparés, de *nébuleuses*.

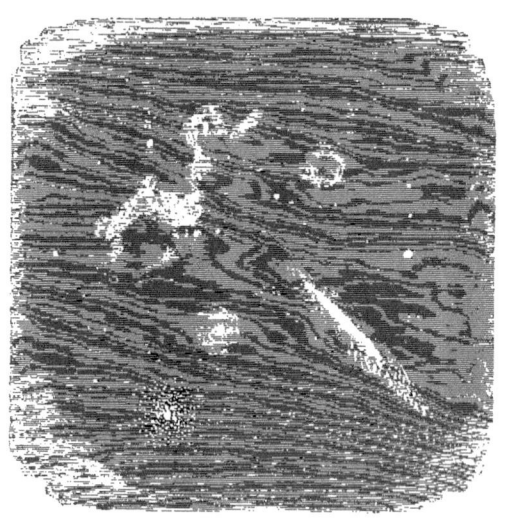

Nébuleuses.

L'action qui s'était manifestée dans la matière diffuse se reproduisit dans les nébuleuses; il y eut, dans leur sein, de nouveaux centres d'attraction, et ainsi, de proche en proche, se préparèrent les *systèmes solaires*.

Tel fut celui dont la terre fait partie. C'était d'abord une masse sphéroïdale, tournant sur elle-même comme une toupie, et décrivant sa courbe de translation autour d'un centre de gravité. Le refroidissement continuant, l'immense boule se rétracta. Par suite du mouvement de rotation, le noyau central, soleil en voie de formation, s'entoura d'une sorte de bourrelet équatorial qui, au bout d'un certain temps, se détacha de la masse et donna naissance à un anneau; plus tard, nouveau bourrelet, nouvel anneau. L'anneau, à un moment donné, n'étant plus capable de former une ceinture continue, se rompit en fragments, et ceux-ci, en se concrétant comme leur noyau d'attraction, devinrent des sphères qui se mirent en mouvement autour de la masse centrale, en tournant sur elles-mêmes. De là les *planètes*.

Dans les planètes, les mêmes phénomènes eurent lieu sur une échelle plus petite. Ainsi se formèrent l'*anneau de Saturne*, les *satellites* de Jupiter, et la *Lune* qui, par réflexion, éclaire les nuits terrestres. — Nous voilà loin de la théorie de Buffon, sur l'origine des planètes et de leurs satellites. Il supposait qu'une comète, en tombant sur le soleil, en avait chassé un torrent de matière, qui, s'étant réunie dans l'espace, avait formé divers globes, plus ou moins grands, plus ou moins éloignés de cet astre.

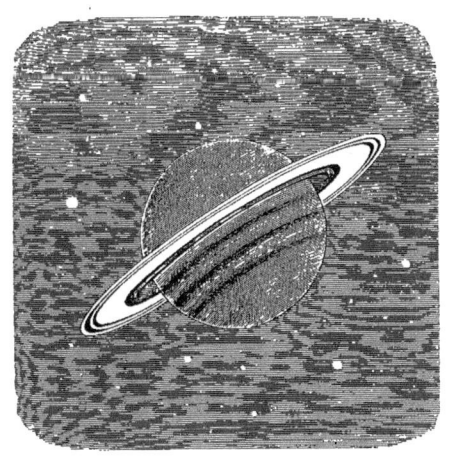
L'anneau de Saturne.

L'hypothèse qui explique la formation des mondes, sous l'œil de Dieu, par la condensation de la matière éthérée, trouve une éclatante confirmation dans ces ingénieuses expériences qui permettent de créer à volonté des *systèmes solaires de laboratoire* [1], et dans les découvertes d'Herschell. « En observant les nébuleuses, au moyen de ses puissants télescopes, il a suivi les progrès de leur condensation, non sur une seule, ces progrès ne pouvant devenir sensibles pour nous qu'après des siècles; mais sur leur ensemble, comme l'on suit, dans une vaste forêt, l'accroissement des arbres, sur les individus des divers âges qu'elle renferme [2]. »

[1]. Une goutte d'huile, soustraite à l'action de la pesanteur, est animée d'un mouvement de rotation. On la voit s'aplatir vers les pôles. Si la vitesse augmente, la région équatoriale se renfle de plus en plus, un anneau se forme, s'agrandit, se brise. Sa matière se réunit alors en un petit sphéroïde, planète microscopique qui se met à tourner autour de la miniature de soleil d'où elle est sortie. — *Expérience de Plateau.*

[2]. Laplace, *Exposition du système du monde*, 1796.

36  LA TERRE ET L'HOMME.

Le refroidissement continuant toujours, les matières cosmiques durent cesser d'exister à l'état gazeux et se résoudre en une pluie massive. Cette pluie forma autour du noyau central une

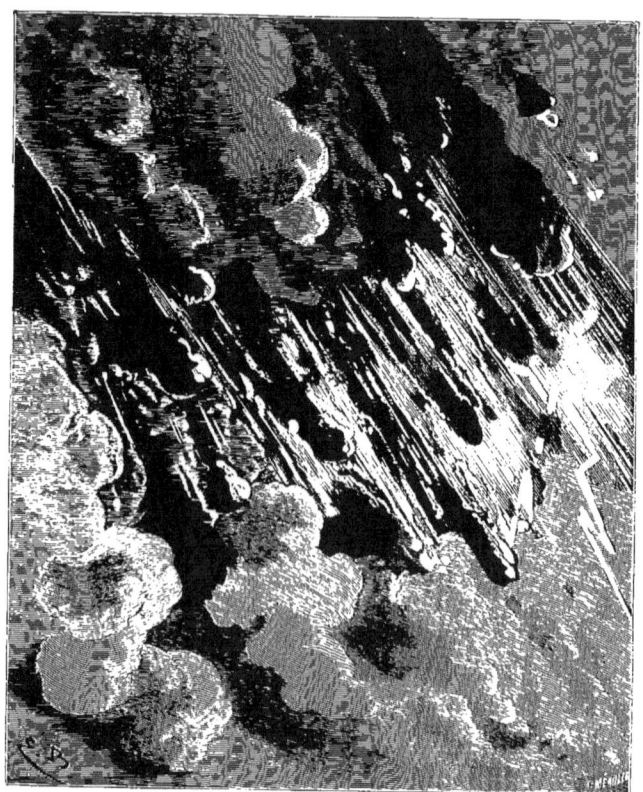

Pluie de matières cosmiques.

sorte de bain métallique au-dessus duquel demeurèrent, à l'état de vapeurs, les matières plus volatiles. Sous la pression et par le refroidissement de cette lourde atmosphère, dans laquelle se firent des mélanges et des combinaisons de toutes sortes, la masse fluide augmenta d'épaisseur.

Les matières lourdes s'étant figées à la surface, l'eau se précipita à son tour. Alors se produisirent de nouvelles réactions chimiques, de nouveaux phénomènes de vaporisation, de volatilisation. L'enveloppe se souleva, se boursouffla, se plissa, se déchira, préparant les immenses bassins dans lesquels devaient se réunir les flots acides d'une mer bouillante.

Après les océans, se formèrent les grands lacs, les rivières, les fleuves, etc. Le sol s'imbiba de leurs eaux; les végétaux, les animaux apparurent et se multiplièrent. Puis vinrent les grandes convulsions; puis les périodes d'apaisement, de repos, d'équilibre relatifs. Notre terre en est là.

Voilà son passé et son présent. Faut-il parler de l'avenir?

L'eau ruisselle de toutes parts, formant des nuages, des mers, des fleuves, des glaciers, pénétrant la masse solide jusqu'à une grande profondeur. « Cette imbibition des roches par l'eau, dit un jeune savant, a deux conséquences capitales : d'abord la manifestation des phénomènes volcaniques; ensuite, et surtout, la diminution incessante du volume des océans. La quantité de l'eau ainsi bue par la croûte solide allant constamment en augmentant, il arrivera un moment où toute l'eau, dont le volume est très-faible par rapport à celui du globe qu'elle recouvre, sera absorbée, et où la vie cessera d'être

Un coin d'un astre mort vu au télescope.

possible. A partir de ce moment, la diminution du volume des liquides se solidifiant n'étant pas compensée par le volume de

## 38   LA TERRE ET L'HOMME.

l'eau absorbée, les solides se fendilleront comme l'argile qui se dessèche; d'immenses crevasses se déclareront à la surface du globe et l'atmosphère s'y précipitera. La terre sera alors véritablement un astre mort[1] ! »

D'autres auteurs pensent que la vie cessera, à la surface de la terre, par suite de l'épuisement de son calorique, la dépense, par voie de rayonnement, continuant sans cesse, et le refroidissement intérieur accumulant toujours ses effets.

Quoi qu'il en soit, on peut, ajoute M. Stanislas Meunier, aller plus loin encore et prévoir ce qui arrivera ensuite.

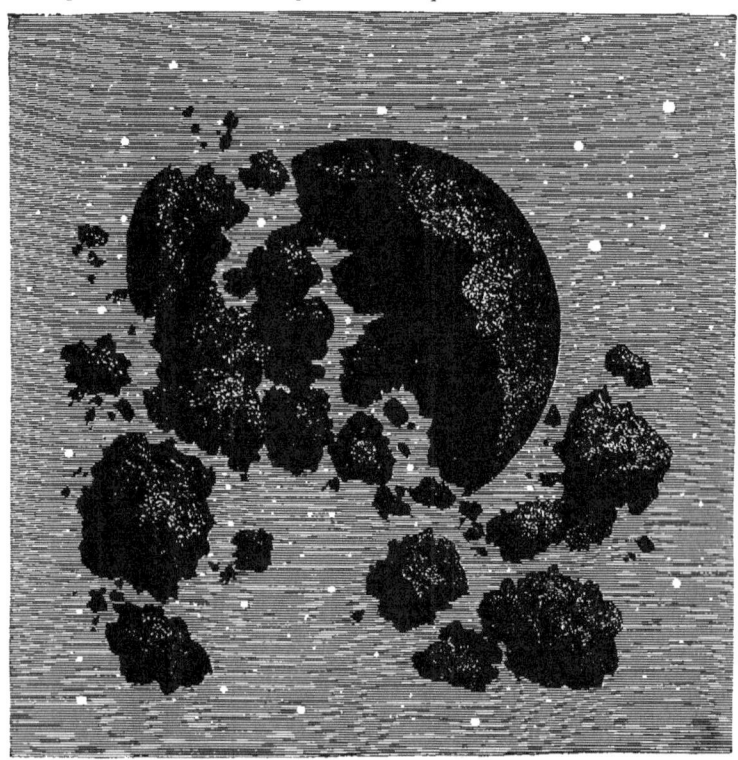

La Terre tombant en morceaux.

Le travail moléculaire, cause des crevasses, des fractures, des orifices béants, continuera; il produira de nouveaux déchirements,

---

(1) Stanislas Meunier, *Géologie appliquée*.

de nouvelles dislocations, et le globe terrestre, après avoir subi, depuis sa formation, une série de métamorphoses représentant la naissance, la jeunesse, la maturité, la vieillesse, la décrépitude et la mort, finira par tomber en morceaux. Ses fragments se distribueront le long de l'orbite que décrivait la masse; ils tourneront pendant des siècles autour du centre d'attraction, et ils finiront par se précipiter sur ce centre [1].

Nous avons, dans l'univers, des échantillons de tous ces états de la matière cosmique : des nébuleuses en train de former des étoiles; des soleils en ignition; la terre et les planètes dans la période de vie; la lune frappée de mort, et des météorites, fragments de sphères détruites, qui rentrent, à l'état de poussière, dans le grand tourbillon!

[1]. On trouvera, dans un ouvrage publié récemment par le même auteur, le *Ciel géologique*, d'ingénieux développements de cette théorie.

# III

### L'ANATOMIE DE LA TERRE

Procédons maintenant, pour étudier la Terre, comme le fait le chirurgien qui veut connaître le corps humain : faisons l'anatomie du globe; voyons de quelles parties il se compose, comment ces parties se distribuent, quels métaux, quelles roches, quels débris, quelles richesses il recèle dans son sein, et comment la vie s'y est peu à peu développée.

La croûte de la terre dut affecter à l'origine une forme cristalline conservant la trace de sa fluidité primitive.

Cette *assise cristallisée* se montre au jour dans un grand nombre de contrées. On y reconnaît généralement les caractères de la fusion ignée et d'une influence aqueuse. Elle paraît avoir été formée par l'action simultanée de ces deux puissances : le feu et l'eau. Ici, point de ciment, de sable, de cailloux roulés; nulle trace de vie; nous sommes dans la première pellicule solidifiée, dont la formation est antérieure à toute création organique.

Les terrains sédimentaires, ceux qui ont l'eau pour origine, s'accroissent en épaisseur par la superposition de couches successives, c'est-à-dire de bas en haut. Les terrains d'origine ignée augmentent au contraire de haut en bas. C'est dans cet ordre que le refroidissement et la solidification s'y poursuivent. Les volcans qui vomissent les entrailles du globe, nous indiquent la profondeur croissante de la lésion par laquelle leurs produits s'échappent, et nous fournissent des échantillons des masses qui continuent à se figer. C'est même ainsi qu'on a pu établir l'âge relatif de leurs roches, dont les principales sont, dans l'ordre chronologique : le granite, le porphyre, les trachytes, les basaltes et les laves modernes.

L'assise cristallisée, dite aussi *terrain primitif*, — mot inexact, si on l'applique à toute son épaisseur, puisque les roches les plus profondes sont les dernières endurcies, — l'assise cristallisée comprend trois étages, savoir, en allant de haut en bas : l'étage des talcschistes, celui des micaschistes et celui des gneiss. Au dessous vient le granite.

Les matières minérales s'étant superposées dans l'ordre de leurs densités, l'*étage des talcschistes* doit être riche en métaux. On y trouve en effet des minerais de fer et de plomb, des filons de nature argentifère, du platine, et, comme le prouvent certains dépôts de l'Amérique septentrionale, de l'or.

L'étage inférieur, celui des *micaschistes,* est dans le même cas. Il affleure chez nous en Bretagne et en Auvergne. Comme le micaschiste se divise facilement en feuillets ou en tables fort minces, on s'en sert pour couvrir les toits des maisons et pour daller le sol. Il s'étend sur tout le revers méridional des Alpes, depuis le Mont-Rose jusqu'au Mont-Blanc. Il est également très-abondant dans les Pyrénées et dans le nord de l'Europe.

Quant à l'étage des *gneiss* qui, suivant le géologue Cordier, peut aller jusqu'à former le quart ou le cinquième de l'écorce de la terre, il renferme des masses minérales d'une grande puissance : de l'or, comme à la Gardette, en Dauphiné ; de l'argent, comme en Saxe ; du cuivre, comme en Suède ; de l'oxyde d'étain et de riches gisements d'oxyde de fer magnétique.

Le terrain primitif et les roches d'origine ignée forment le squelette de la terre ; la chair est représentée par les dépôts d'origine aqueuse ; le derme et l'épiderme, par les couches superficielles. Si l'on veut étudier ces dépôts, il faut remonter à l'étage des talcschistes, dont la partie supérieure est le support des *terrains de sédiment*.

Ceux-ci ont tous un caractère commun : ils se sont invariablement déposés en couches horizontales, aussi vastes que les immenses bassins dans lesquels ils se sont produits. Pour se faire une idée de leur structure, il suffit de regarder les murailles

Une gorge alpestre.

à pic de l'une des gorges alpestres. On y voit, on pourrait y compter les joints superposés de ces blocs cyclopéens qui semblent toucher le ciel. Si, dans certains endroits, les dépôts sont diversement contournés, ou même verticaux, c'est que le sédiment a subi, depuis sa formation, une dislocation, un redressement ultérieurs.

Les *terrains de sédiment* ne sont pas, comme les terrains primitifs, exclusivement formés par l'accumulation de matières minérales ; ils renferment des débris organiques, vestiges de végétaux ou d'animaux, dont quelques parties ont défié le temps et les révolutions du globe. Qu'on prenne, aux environs de Paris, un morceau de pierre à bâtir, et l'on verra qu'il est pétri de coquilles. C'est le champ des grandes révélations.

Les *fossiles* ou restes organiques sont en quelque sorte des témoins qui nous racontent la vie des plantes, des animaux, les prodigieuses créations des temps passés. — Aux mines de Treuille, à Saint-Étienne, des troncs d'arbres, encore debout,

Arbres fossiles dans les mines de Treuille.

sont incrustés dans le gisement de charbon. A Parkfield-Colliery, en Angleterre, Lyell rapporte qu'on a mis à découvert, en 1854, sur une surface de quelques centaines de mètres, une couche de houille qui a fourni un grand nombre de troncs encore garnis de leurs racines. Au-dessous de cette forêt se trouvait une autre forêt. Majestueux entassement qui témoigne de l'accumulation des siècles !

Souvent, il ne reste que des empreintes. Tantôt, c'est celle d'un poisson dont le squelette est si nettement gravé, qu'on peut l'étudier et le définir ; tantôt, celle d'un reptile amphibie, comme l'empreinte d'*archegosaure* trouvée, en 1847, dans le bassin houiller de Saarbrück, image si saisissante de l'un des monstres de ce temps, que les ouvriers qui la mirent à nu

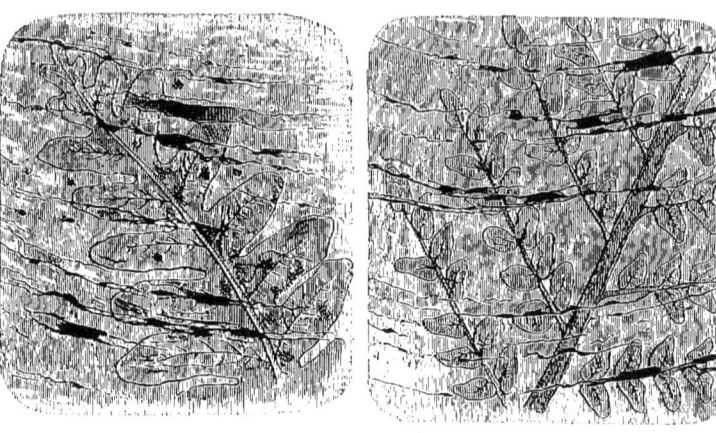

Empreinte de Pecopteris.   Empreinte de Nevropteris.

furent frappés de stupeur et crurent voir le spectre de quelque géant fabuleux. D'autres fois, ce sont des empreintes de fou-

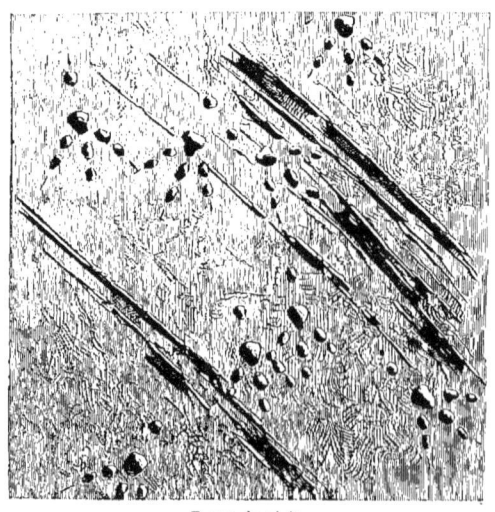

Traces de pluie.

gères, *pecopteris, nevropteris,* etc., dont nous donnons ici le dessin. Ailleurs, c'est la trace de quelques gouttes de pluie.

Ainsi la vie, impossible, sous l'action du feu, dans les terrains primitifs, commence avec les terrains de sédiment. Suivons-la dans ses principales évolutions, jusqu'au moment où l'homme apparaîtra sur la terre.

Les plus anciens terrains de sédiment sont, dans l'ordre de la formation, c'est-à-dire cette fois de bas en haut (nous insistons à dessein sur ce point), les terrains qu'on a appelés *cambrien, silurien* et *devonien,* parce qu'ils sont très-développés dans le Cumberland (Cambria); dans les lieux qu'habitaient les Silures, à l'époque de l'invasion romaine (pays de Galles), et dans le Devonshire. Le devonien forme l'ancienne limite des *terrains de transition.*

Les roches principales du *terrain cambrien* sont des schistes luisants, satinés, bleus, noirs ou verdâtres. Des masses granitiques interrompent leur continuité. Les roches de ce terrain couvrent un assez grand espace, en France, entre Pontivy et Saint-Lô. Elles se montrent dans les Pyrénées, en Catalogne, en Bohême et au Canada.

« A une époque plus ancienne que le terrain cambrien paraît devoir être rapportée la formation que les géologues du Nouveau-Monde ont appelée *Laurentienne,* parce qu'on la rencontre près du fleuve Saint-Laurent, et qui répond aux formations des gneiss de certaines parties de la Bohême et du nord-ouest de l'Écosse. Elle constitue, au nord de ce fleuve, un vaste ensemble de roches cristallines de gneiss, de micaschiste, de quartzite, de calcaire, atteignant une épaisseur parfois de 10,000 mètres et occupant un espace d'environ 200 milles anglais carrés. Le terrain cambrien, correspondant aux deux systèmes appelés en Amérique *Huronien* et *Taconien,* se compose, dans sa partie inférieure, de schistes alternant avec des couches arénacées, des grès dits de *Harlech;* dans sa partie supérieure, de roches micacées et de schistes d'un noir foncé, caractérisés par des globules pierreux ou pisolithes [1]. » C'est dans le terrain laurentien qu'on trouve, sous forme de masses mamelonnées, les plus

---

[1]. Du latin, *pisum,* pois, et du grec λίθος, pierre. — Alfred Maury, *La Terre et l'homme.* — On trouvera d'intéressants renseignements sur le *laurentien* dans le rapport fait par les membres du Geological Survey du Canada, sous la direction de Sir William Logan, à la suite de l'exploration de 1859.

anciens fossiles, l'animal aurore, l'*Éozoon* [1], que les naturalistes rangent parmi les foraminifères. Les animalcules qui sont les producteurs et les architectes des madrépores et des polypiers vivent et pullulent au sein des eaux. L'isolement leur fait peur; ils se collent, se soudent les uns aux autres et s'agglomèrent en masses grossissantes, futures îles, au milieu de mers encore chaudes.

L'époque cambrienne n'est pas une : elle se subdivise en phases nombreuses, dont chacune est marquée par l'apparition de quelques formes nouvelles. Des animaux fossiles ont été découverts dans le cambrien inférieur de l'Angleterre; des végétaux, que l'on suppose avoir été des cryptogames vasculaires, ont été trouvés dans le cambrien inférieur de la Suède et inscrits sous le nom d'*Éophyton* [2]. On commence à connaître les fossiles de ces terrains; ce sont de rares cryptogames, des mollusques, des trous de vers, quelques articulés. Des traces particulières, ou *protichnites* [3], semblent révéler des crustacés supérieurs à ceux qu'on désigne sous le nom de trilobites. L'ensemble de ces fossiles indique une nature encore peu avancée; ils sont loin cependant d'occuper les degrés les plus bas de l'échelle animale. Il est permis de penser, avec M. Hicks, qu'au-dessous de ces terrains on rencontre encore des couches fossilifères plus anciennes.

Le *terrain silurien*, que le géologue peut étudier en Normandie et en Bretagne, offre une grande ressemblance avec le précédent. Il provient des dépôts d'un vaste océan, la mer silurienne, qui baigna les îles de ce temps-là. Ses roches, poudingues [4], grès et quarztites, alternent avec des calcaires compactes et sont accompagnées de schistes ardoisiers qu'on exploite, par exemple, aux environs d'Angers.

Ici encore, les époques géologiques comprennent des phases multiples; la vie a changé successivement. Les plantes appartiennent principalement à la famille des fucus. Parmi les ani-

---

1. De ἠώς, aurore, et ζῶον, animal.
2. De ἠώς, et φυτόν, plante.
3. De πρῶτος, le premier, et ἴχνος, vestige.
4. De l'anglais *pudding*, boudin. Pierres formées de morceaux arrondis et liés par un ciment.

maux, on trouve des mollusques qui représentent, à certains égards, l'état embryonnaire du type gastéropode; on trouve aussi quelques poissons. Les trilobites, déjà nombreux dans l'âge précédent, atteignent leur maximum de variété et de richesse. La fin de l'époque silurienne est marquée par le règne de certains crustacés, chez lesquels on constate une curieuse économie de la nature : les mêmes membres servent à la fois de pattes et de mâchoires. « Si l'on cherche à se rendre compte de l'aspect que l'ensemble du monde organique offre à cette époque, on remarque que les êtres sont petits, chétifs. Les plus grands sont des orthocères longs de 2 mètres. Ils sont moins bien organisés pour l'attaque que pour la défense : la plupart des médusaires, des crinoïdes, des brachyopodes sont privés de la liberté de se déplacer et incapables de poursuivre une proie; les gastéropodes n'appartiennent pas au groupe de ceux qui sont aujourd'hui carnivores; la plupart des céphalopodes devaient avoir des bras moins redoutables que ceux de nos poulpes, et des mandibules moins dures que celles des nautiles actuels. Les pinces des trilobites ne sont pas aussi puissantes que celles de nos homards et de nos crabes. En revanche, ces animaux sont protégés d'une manière spéciale : plusieurs des polypes rugueux ont un opercule; les cystidés sont renfermés dans une boîte; les trilobites ont sur leur dos une cuirasse. Il semble que, dans ces temps, la conservation des êtres soit le but principal de leur organisation. Les créatures des anciens âges ont eu sans doute une vie plus passive qu'active; elles avaient moins d'animation et d'indépendance que celles des faunes actuelles [1]. »

Ce qui caractérise surtout l'*étage devonien,* c'est la présence de l'anthracite, au milieu de schistes, de grès et de calcaires qui alternent ensemble. L'*anthracite,* est le plus ancien de nos combustibles fossiles. Il résulte de la décomposition de fougères arborescentes et d'arbres verts ou conifères dont on reconnaît les traces dans les principaux gîtes. Le *vieux grès rouge,* l'*old red stone* des Anglais, ainsi nommé à cause de son antiquité et de sa couleur, fait partie de ce terrain auquel se rapportent les amas

---

[1] Albert Gaudry, *Cours de paléontologie* fait au Muséum d'histoire naturelle de Paris.

de minerai de zinc de la Vieille-Montagne, en Belgique, et le marbre des Pyrénées connu sous le nom de Campan.

A l'époque devonienne, les poissons sont nombreux. Quelques-uns se rapprochent des types actuels; ils se trouvent principalement dans le devonien supérieur. D'autres, au contraire, ont un caractère très-archaïque et diffèrent de tous les genres qui existent de nos jours; ils se rencontrent particulièrement dans le devonien inférieur et moyen. Tel est le *pterichthys* [1]. « Quelques naturalistes, dit Agassiz, ont voulu reconnaître des insectes gigantesques ou un type particulier de crustacés voisins des trilobites dans leurs larges cuirasses fossiles, tandis que d'autres y voyaient de petites espèces de tortues marines. J'espère que je parviendrai à démontrer que ce sont des poissons, quelque bizarres qu'ils soient. Je dois cependant faire l'aveu que j'ai été plusieurs années à examiner ces débris, avant d'oser me prononcer positivement sur leur nature. » Ces animaux ont si peu l'aspect de poissons, ajoute M. Albert Gaudry, qu'il est difficile de supposer le type vertébré apparaissant sous une forme plus simple. On peut donc penser qu'ils ont été des descendants peu modifiés des prototypes vertébrés.

C'est dans le terrain devonien qu'apparaît le premier reptile, le *sauropteryx* [2]. C'est là encore, dans le devonien du Nouveau-Brunswick, qu'on a trouvé les premiers insectes [3]. L'un d'eux, quand il étalait ses ailes, ne devait pas avoir moins de 5 pouces de largeur. Plusieurs de ces insectes ont ce qu'on appelle un caractère synthétique : à une conformation générale de névroptères, ils joignent un appareil stridulant, comme plusieurs de nos orthoptères. « Des bruits analogues à ceux de nos criquets semblent avoir été les premiers concerts de la nature organique. »

A la formation devonienne succède un temps de repos, ou plutôt une longue période de féconde tranquillité. La flore et la faune se développent et prennent de prodigieux accroissements. D'immenses forêts, enchevêtrées de lianes, couvrent le sol; les eaux se peuplent de sauroïdes dont on retrouve jusqu'aux

---

1. De πτερὸν, aile, et ἰχθύς, poisson.
2. De σαῦρος, lézard, et πτερὸν ou πτέρυξ, aile.
3. Dawson.

concrétions phosphatiques ou coprolithes [1]; c'est l'âge des créations gigantesques; nous entrons dans le terrain houiller.

Le *calcaire carbonifère* en occupe le rez-de-chaussée. Les nombreuses coquilles qu'il renferme, orthocératites, bellérophons, productus, spirifères, etc., montrent qu'il constituait le fond des mers. Les marbres noirs de Namur et de Dinan, les marbres des Écaussines, près de Mons, en Belgique, ceux des environs de Theux, dans le Hainaut, dits marbres de Sainte-Anne, appartiennent à cette formation. En Angleterre, le calcaire carbonifère constitue des montagnes assez élevées, riches en substances métalliques : sulfure de zinc, galène, peroxyde de fer globulaire, etc. De là son nom de *mountain limestone*.

A l'entresol est le *mill stone grit* ou *grès pierre à moulin*, avec ses psammites [2], roches à base composée de quartz et d'argile, qu'on emploie comme pierres à bâtir, à paver ou à aiguiser, etc., — et ses arkoses, commune, granitoïde ou milliaire, dont on fait des mortiers, des cheminées de fourneaux, des carreaux de dallage ou des meules.

Au-dessus, le *grès houiller*.

A l'époque de la formation houillère, la terre était baignée par une mer peu profonde et parsemée d'îles. Des marécages et des lacs tempéraient la chaleur d'une atmosphère embrasée. Là croissaient des plantes, d'une structure encore très-simple : fougères, prêles et lycopodes; conifères, qui rappellent de loin nos araucarias; cycadées, comprenant des sigillaires aux tiges cannelées. Ces plantes, surtout dans les couches supérieures, avaient des proportions énormes, dont la végétation tropicale ne donne qu'une faible idée! On retrouve des lépidodendrons [3], cryptogames d'un ordre élevé, dont les troncs atteignent jusqu'à 20 mètres de longueur.

« Au centre de l'Afrique, sous les tropiques, il existe encore quelques forêts dont les arbres offrent une analogie frappante avec ceux de la période houillère. Livingstone a décrit ces végétaux singuliers, qu'il a découverts au milieu des régions inexplorées du vaste plateau africain... Là est écrite, pour ainsi

---

1. De κόπρος, fiente, et λίθος, pierre.
2. De ψάμμος, sable.
3. De λεπίς, λεπίδος, écaille, et δένδρον, arbre.

dire, l'histoire des forêts de la houille ; on y voit les derniers vestiges d'un monde anéanti. Mais l'atmosphère de ces contrées modernes n'est plus le reflet de l'air antédiluvien, si propre à

Un paysage houiller.

donner aux végétaux une force et un développement exceptionnels... Il était saturé d'humidité, chargé de gaz acide carbonique. La température très-élevée favorisait l'accroissement des végétaux. Des pluies abondantes et torrentielles se déversaient sur les continents et fécondaient les forêts qui s'élevaient au bord des estuaires, sur le rivage des lacs et au milieu des fiords verdoyants. Sous l'influence des rayons solaires, les plantes de ces temps reculés réduisaient l'acide carbonique ; elles s'assimilaient le carbone qui s'y trouve contenu et purifiaient ainsi l'atmosphère, en la préparant à donner la vie à d'autres êtres plus perfectionnés. Cette réduction de l'acide carbonique s'opérait avec une absorption de chaleur de la part du végétal ; chaleur emmagasinée, devenue latente, qui ne devait apparaître que le jour où l'homme brûlerait le noir combustible. Quand on échauffe le charbon de terre, il brûle, il se combine avec l'oxygène de l'air et dégage de la chaleur. On peut dire, sans être paradoxal, que cette chaleur n'est autre que celle des rayons solaires antédiluviens, concentrés pendant des siècles dans la houille... Pour quels regards et pour quelle pensée se développaient ces forêts majestueuses? Pour quel but et pour quelles fins prospéraient ces ombrages solitaires [1]? »

Ensevelie sous les dépôts ultérieurs, cette flore a fourni des matériaux à nos mines de houille. Tantôt les bassins se sont formés par l'écroulement des roches environnantes dont les débris ont comblé des marécages et des lacs; tantôt, par une accumulation de végétaux que les courants marins ont apportés sur le littoral : bassins lacustres, disposés par îlots, et bassins de formation marine, présentant en général une longue continuité.

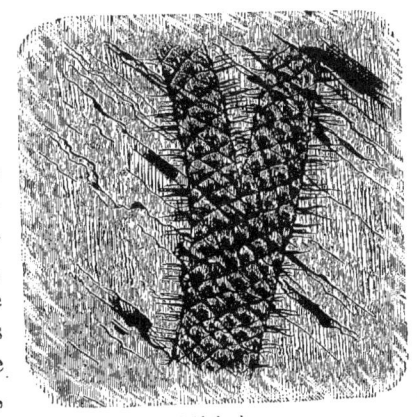

Lépidodendron.

« Pour se faire une idée du degré de développement que la vie végétale avait pris, dans le monde primitif, et de la masse de végétaux accumulés en certains lieux par les courants et transformés ensuite en charbon par la voie humide, il faut se rappeler les houillères de Saarbrück, où l'on voit 120 lits de charbon superposés, sans compter un grand nombre d'autres couches moins épaisses, dont la puissance ne dépasse pas un tiers de mètre; il faut se rappeler qu'il y a des lits de charbon de terre de 10 mètres, et même de 16 mètres de puissance, par exemple à Johnstone (Écosse) et au Creuzot (Bourgogne); tandis que les arbres qui couvrent une surface donnée, dans les régions forestières de nos zones tempérées, formeraient à peine, en 100 ans, sur cette surface, une couche de carbone de 16 milli-

---

[1]. G. Tissandier. *La Houille.*

mètres d'épaisseur. Près de l'embouchure du Mississipi et sur les bords de la mer Glaciale, où l'amiral Wrangel a vu et décrit les *montagnes de bois,* on trouve encore aujourd'hui des amas considérables de troncs d'arbres charriés par les fleuves et par les courants de la mer. Ces couches de *bois flotté* peuvent donner une idée de ce qui a dû se passer dans les eaux intérieures et dans les baies insulaires du monde primitif. Ajoutons que les couches carbonifères doivent une partie considérable de la matière dont elles sont formées, non pas à de grands arbres, mais à des masses de gazon, d'arbustes rameux et de petits cryptogames [1]. »

La terre ne semble pas avoir été divisée, à cette époque, en un aussi grand nombre de climats qu'aujourd'hui, puisque, comme le fait observer M. A. Maury, la flore et la faune paléozoïques [2] des deux grands continents actuels, l'ancien et le nouveau monde, ont un caractère frappant d'analogie.

Les anciens volcans qui ont succédé aux épanchements granitiques et nous ont donné les porphyres, sont généralement postérieurs à la formation houillère, ainsi que le prouvent les enclaves transversales ou produits éruptifs qu'ils ont formés.

La houille est le pain de l'industrie contemporaine. Il ne serait pas sans intérêt de rechercher quelles ressources la terre nous offre à cet égard, en attendant le combustible de l'avenir; de voir comment elle se distribue en continents et en îles; de décrire ces continents et les archipels houillers; mais ce serait nous écarter de notre sujet.

Au-dessus du terrain houiller, vient le *terrain permien* (ainsi nommé parce qu'il se trouve dans le pays de Perm, en Russie), avec ses couches superposées de nouveau grès rouge, de calcaire permien ou zechstein et de grès vosgien.

Au point de vue lithologique, au point de vue paléontologique, (nous prononçons avec intention ces grands mots, afin que le lecteur fasse une fois pour toutes connaissance avec eux [3]), le *nouveau grès rouge,* qui a fourni à l'architecture de

---

1. Humboldt, *Cosmos,* tome I.
2. De παλαιός, ancien, et ζάω, je vis, d'où ζῶον, animal.
3. La *lithologie* est la connaissance des roches; de λίθος, pierre, et λόγος, discours, traité.
— La *paléontologie* est cette partie de l'histoire naturelle qui traite des animaux et des

magnifiques matériaux, n'offre en soi rien de bien remarquable. Le château d'Heidelberg, la cathédrale de Bâle sont construits avec cette roche, qui, en France, se cache ordinairement sous le grès vosgien.

Dans le *zechstein*, calcaire compacte divisé par des marnes au milieu desquelles existent des dépôts salifères, la faune se développe ; les sauriens proprement dits, dont on avait à peine trouvé quelques vestiges jusque-là, sont nombreux. On observe des empreintes de pattes d'oiseaux. Il ne nous manque plus que des mammifères, pour toucher au degré le plus élevé de l'échelle animale.

Vient ensuite le *grès vosgien*, avec ses paillettes de cuivre, ses grains de feldspath, quelquefois transformés en kaolin, et ses filons d'oxyde de fer. Les roches du grès vosgien sont souvent escarpées et inaccessibles. De loin, elles ressemblent à des ruines du moyen âge. C'est le sentiment qu'éprouve, à première vue, le voyageur qui visite, près de Saint-Dié, les roches de Saint-Martin et du Kamberg.

Ici se termine, dans les classifications récentes, le groupe des terrains de transition.

En résumé, à la fin des temps primaires, la nature organique a fait bien des progrès. L'époque silurienne est plus riche que l'époque cambrienne ; l'époque devonienne, avec ses poissons, marque un pas en avant ; l'époque carbonifère, avec ses reptiles, un nouveau progrès.

Une coupe théorique de l'écorce du globe montrerait maintenant le trias, reposant sur le terrain permien et commençant le groupe des *terrains secondaires*.

Le *trias* est très-développé en Allemagne et s'étend, en Amérique, du Mexique à la Colombie anglaise. Trois étages, comme son nom l'indique, s'y succèdent : le grès bigarré et le muschelkalk, que des géologues résument sous le nom d'étage conchylien [1], et les marnes irisées.

---

végétaux dont les débris sont ensevelis dans les anciennes couches du globe terrestre, et qui n'existent plus de nos jours. — De παλαιός, ancien, ὄν, être, et λόγος.

1. De *conchylia*, coquille. — Muschelkalk vient de l'allemand, *muschel*, coquillage, et *kalk*, chaux.

A la base, dans le *grès bigarré*, les plus anciens fossiles consistent généralement en de simples empreintes : pattes d'échassiers gigantesques et d'énormes batraciens. On y trouve

Un batracien restauré (le Labyrinthodon).

aussi des dents de poissons et quelques mollusques, tels que les cératites, les avicules, etc. Quant à la flore, elle comprend surtout des fougères, des équisétacées [1] et des conifères.

Dans les *marnes irisées,* comme fossiles caractéristiques, les premières cornes d'Ammon et les plus anciens débris de mammifères imparfaits. Les salines de l'est de la France sont situées dans ces terrains ; mais c'est surtout en Pologne que le sel gemme abonde. On estime que le dépôt de Willizcka forme une masse de 400 kilomètres de longueur, sur 125 de largeur. Il y est déposé par couches stratifiées, sur des lits de grès et d'argile. Les travaux d'exploitation vont jusqu'à une profondeur considérable et s'étendent sur plus d'une lieue de longueur. « On y trouve des salles taillées carrément, soutenues par des piliers de sel, et qui ont 100 mètres environ d'élévation. L'intérieur de ces souterrains si extraordinaires présente des chapelles ornées d'autels, de colonnes, de statues, de bancs en substance saline. Des écuries, habitées par des chevaux, un escalier de plus de 1,000 degrés, sont également taillés dans le sel [2]. »

---

1. De *equi seta*, crin de cheval, à cause de l'analogie qu'offrent les rameaux verticillés avec une queue de cheval.

2. Giraudet. *Nouveau traité de géologie.*

L'ANATOMIE DE LA TERRE.

Au-dessus du trias, le *terrain jurassique*. Les terres s'étendent par un mouvement presque régulier. La vie animale, la vie végétale se développent. On sent un travail de transformation.

L'Ichthyosaure.

Des êtres bizarres apparaissent : l'*ichthyosaure*, poisson-reptile qui atteint une longueur de plus de 7 mètres; le *plésiosaure*, sorte de serpent dont le long col s'élance d'une sorte de carapace

Le Plesiosaure.

de tortue; le *mégalosaure*, long de 15 à 20 mètres, et qui tient du crocodile et du monitor. Le développement de ces animaux accuse une grande chaleur, dans des régions aujourd'hui tempérées. Le dragon volant, dont la fable trace la figure fantastique, le *ptérodactyle,* au corps couvert d'écailles, à la tête d'oiseau, aux ailes armées de griffes, comme une chauve-souris, existait à cette époque.

Le Ptérodactyle.

Ces étranges représentants de la faune secondaire vivent à l'âge le plus ancien du terrain jurassique, à l'époque du *Lias,* dont les roches principales sont des grès, des calcaires et des marnes, et où se rencontrent des dépôts métallifères : oxyde de manganèse (Bourgogne et Périgord), oxyde vert de chrôme (environs d'Autun), etc. Beaucoup d'insectes ont laissé leurs traces dans les roches liasiques. Parmi les mollusques, à côté des ammonites, sont des gryphées, des diadèmes, des bélemnites, dont l'encre fossile est si bien conservée qu'on peut encore s'en servir.

La partie supérieure du terrain jurassique constitue le *système oolithique,* ainsi nommé à cause du grand nombre de petits grains, ressemblant à des œufs de poisson, qu'on y rencontre. Trois étages le composent. — L'étage inférieur comprend la *grande oolithe,* avec ses calcaires madréporiques et conchyliens, ses marnes, ses sables, ses argiles, etc.; dépôts divers que les

Anglais appellent bradford-clay, forest-marble et cornbrash. — Dans l'étage moyen se trouvent l'argile de kelloway, le terrain à chailles et le coral-rag, rempli de polypiers d'une structure saccharoïde ou passés à l'état siliceux. — Enfin l'*oolithe supérieure* est formée d'argiles bitumineuses passant parfois au schiste et renfermant çà et là des houilles impures, auxquelles s'entremêlent les assises de Portland et de Purbeck.

De nombreux fossiles caractérisent les diverses époques de la période jurassique. Dans le lias abondent les araucarias; puis viennent diverses variétés de conifères, des fougères arborescentes, des prêles en colonne. L'aspect de ces végétaux, leur groupement, indiquent une température analogue à celle de nos contrées tropicales.

La faune comprend, outre les grands sauriens, d'innombrables espèces de polypiers, des crustacés dont on retrouve les empreintes dans la pierre lithographique de Solenhofen et de Pappenheim, des insectes dont les traces sont nombreuses sur les schistes de Stonesfield (Oxfordshire). Les mêmes schistes ont fourni une mâchoire de mammifère, appelé le *didelphe de Buckland*. « Il semble donc que ce soit par les marsupiaux que la création mammalogique ait débuté; car, dès le trias, apparaît le *microlestes antiquus*, animal de cette même classe, où la nature s'est en quelque sorte essayé à former des êtres pourvus de mamelles et à génération vivipare, le petit des marsupiaux ne se séparant pas encore complètement du sein de sa mère, durant la période de la lactation [1]. »

Nous arrivons ainsi aux dépôts qui terminent le groupe des terrains secondaires, aux *couches crétacées*, à découvert dans les plaines de la Picardie et de la Champagne.

Si l'on prend pour point de départ la Normandie, on peut voir que ces dépôts rayonnent dans presque toutes les directions : vers le nord, ils traversent la Manche et s'épanouissent en Angleterre et en Irlande; par la Touraine, la Saintonge et le Périgord, ils s'étendent au delà des Pyrénées, dans les îles Baléares; par la Picardie et l'Artois, ils gagnent la Belgique, le Danemark et la Suède; enfin, par la Champagne, l'Auxerrois

---

[1]. A. Maury, *La Terre et l'Homme.*

et le Blaisois, ils complètent la ceinture du bassin de Paris.

La formation crétacée comprend plusieurs assises. Le *terrain néocomien* (de Neocomium, Neufchatel) est à la base; il marque la fin de l'époque jurassique et le commencement de l'époque crétacée. Il comprend d'abord un calcaire mince, de couleur bleuâtre, alternant avec des couches d'argile schisteuse. C'est là que se trouve ce saurien aux dents sans alvéoles et au museau surmonté d'une corne osseuse, l'*iguanodon de Mantell*. Viennent ensuite les sables d'Hastings, où les reptiles gigantesques sont abondants. Dans le dépôt Wealdien qui succède, sont des lignites provenant de conifères charriés par les eaux.

Après le terrain néocomien, se montre le *grès vert*, ou *green sand* des Anglais. Au-dessus, l'étage de la craie proprement dite, d'abord mêlée à des argiles qui lui donnent une couleur sale, la *craie marneuse;* puis, plus pure, renfermant des rognons de silex, la *craie blanche*.

A partir du grès vert, les squales ou requins, apparus, pour la première fois, dans le terrain silurien, se multiplient. Ils remplaceront peu à peu les fossiles sauroïdes et les sauriens nageurs des premiers âges. Ces squales ont de 20 à 25 mètres de longueur; leur gueule ouverte mesure 3 mètres de diamètre. Ils ont

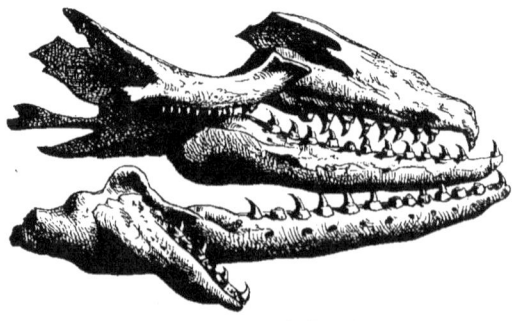

Tête du Mosasaure de Maëstricht.

encore pour contemporains d'énormes reptiles. Telle est l'espèce d'iguane gigantesque découvert dans les couches de craie de Maëstricht, près de la Meuse, et qu'on désigne ordinairement sous le nom de *Mosasaure*. Sa bouche est armée de dents formidables et sa tête a un mètre et demi de longueur!

Sur les rivages vivent des palmipèdes de grande taille et de hauts échassiers. Les airs sont peuplés d'insectes de toutes sortes : hannetons, libellules, mouches et papillons. Enfin, dans les mers supérieures, on trouve des mammifères cétacés, analogues à nos lamantins et à nos dauphins.

La période crétacée correspond, comme la formation houillère, à une accalmie. La nature semble se préparer à quelque apparition nouvelle, à quelque grande création.

# IV

## LA PÉRIODE TERTIAIRE.

Les terrains primitifs représentent, avons-nous dit, le squelette de la terre. Certains points de cette grande ossature sont restés à nu; dans d'autres endroits, les os ont, pour ainsi dire, percé la peau ou produit d'immenses gibbosités.

Sans ces difformités qui font la beauté et la richesse de la terre, il n'y aurait pas de continents à sa surface; la terre serait enveloppée par l'Océan; elle ne serait pas habitable. « Si elle n'avait jamais subi aucun bouleversement, toutes les couches sédimentaires, dont se compose son écorce solide, seraient rigoureusement concentriques; elles se recouvriraient toutes successivement, et la dernière, enveloppant toutes celles qui l'ont précédée, se trouverait elle-même sous les eaux qui s'étendraient, en une mer sans bornes, occupant toute la surface du globe. Il n'y aurait dès lors aucune terre visible et le genre humain n'existerait pas; d'où il suit, qu'avant toute création terrestre, il est d'absolue nécessité que le globe ait été le théâtre d'un certain nombre de catastrophes, pour élever successivement les terres au-dessus des eaux, et établir un ordre de choses plus ou moins analogue à celui que nous voyons. Il fallait que l'*aride parût*[1]. »

Les premières convulsions du globe remontent à l'époque la plus reculée, aux temps où se forma l'écorce de la terre.

---

1. Beudant, *Géologie*.

# LA PÉRIODE TERTIAIRE.

Lorsqu'on étudie, par exemple, le sol de la France, on voit qu'à l'origine, sous la poussée des forces intérieures, il se forma des soulèvements de micaschites, de gneiss et de granit. Les falaises des côtes de l'Océan sont autant de témoins qui l'attestent. Ces murailles, au pied desquelles les flots se brisent depuis tant de siècles, se rattachent aux premiers reliefs qui constituent une partie de la Bretagne, la Vendée, notre massif central, et la bande orientale des Pyrénées.

Pendant la période de transition, d'autres bouleversements se produisent : l'île de Bretagne s'agrandit, la bande des Pyrénées s'allonge vers l'ouest, les Ardennes surgissent et les ballons des Vosges se dessinent.

Le repos, dans la nature, n'est qu'un intermède; d'autres soulèvements [1], ceux du Hainaut, des monts de Thuringe, de la Côte-d'Or, du mont Viso, etc., succèdent aux premiers; l'île de Bretagne s'étend jusqu'en Écosse; le massif central de la France se relie au massif pyrénéen; l'île de Provence, qui comprenait alors la Corse, se montre; les Ardennes

Une falaise sur les côtes de l'Océan.

---

[1]. On sait qu'un de nos illustres contemporains, Elie de Beaumont, a appris à déterminer l'âge relatif des chaînes de montagnes, et qu'il a de plus enregistré les lois de leurs soulèvements. Il a montré que tous les dépôts sédimentaires, redressés simultanément, offrent une direction parallèle ou, en d'autres termes, que les chaînes parallèles sont contemporaines. Il a décrit, dans l'Europe seule, 20 systèmes de soulèvements. On remarque, lorsqu'on en parcourt le tableau, que les plus récents ont fait surgir les plus hautes montagnes.

se rattachent aux Vosges, dont les prolongements s'élancent dans l'Europe orientale. Les mers prennent une forme nouvelle. Puis, sur certains points, le fond de ces océans monte lui-même à la surface, crée des îles à son tour, ou bien soude ensemble les anciennes. Le calcaire oolithique donne aussi « la Franche-Comté, le Nivernais, une partie de la Bourgogne, le plateau de Langres, le Bassigny et le reste de la Lorraine; une partie du Berri et du Poitou; une partie de la Normandie et du Maine; au sud du massif central, le Quercy et les Causses, et une grande partie de la Savoie et du Dauphiné[1]. »

A côté des soulèvements, les affaissements du sol. Les terrains soudés se désunissent, notamment vers Poitiers, et trois grands golfes maritimes se forment, correspondant à trois des grands bassins de la France : Seine, Garonne et Rhône.

« Sur les bords de ces golfes se déposent les couches profondes des terrains crétacés. Dans le golfe de la Garonne, ils complètent la formation pyrénéenne en s'avançant sur une partie du Bas-Languedoc et du Béarn, et forment le reste du Poitou, la Saintonge et une grande partie du Périgord. Dans le golfe du Rhône, ils s'étendent, en une longue bande, sur toute la ligne des Alpes. Dans le golfe de la Seine, ils forment le Bas-Maine, une partie de l'Anjou, le Saumurois, une étroite bande au pied des calcaires oolithiques du Nivernais, la Champagne, la partie de la Picardie située à la source de la Somme, et l'Artois.

» La formation crétacée avait enveloppé peu à peu les deux golfes de la Garonne et de la Seine. Le soulèvement des Pyrénées, (auquel se rattache celui des Apennins, des Karpathes, des monts de la Croatie et de la Bosnie, des Balkans, etc.), rétrécit le premier et transforme le second en un lac. »

Les plus hautes montagnes n'existent pas encore; leur soulèvement commencera ou se fera pressentir pendant la *période tertiaire* qui succède à la craie et précède les alluvions anciennes.

Trois groupes de terrains se superposent pendant cette période. Lyell leur donne les noms un peu tourmentés d'*éocène*, de *miocène* et de *pliocène* [2]. Nous les appellerons plus simplement terrains tertiaires, inférieur, moyen et supérieur.

1. E. Levasseur, de l'Institut. *La France avec ses colonies.*
2. De ἠώς, aurore, et καινός, récent. Μεῖον, moins ; πλεῖον, plus.

Le *terrain tertiaire inférieur* est particulièrement bien représenté aux environs de Paris. Il comprend trois assises principales : l'argile plastique et les sables inférieurs, le calcaire grossier et la formation gypseuse. La faune y est d'une grande richesse. Elle comprend des mollusques et d'innombrables poissons, des crocodiles, des tortues. Parmi les oiseaux, le gastornis des Moulineaux, espèce d'autruche grosse comme un cheval, nageant comme un cygne et dormant debout sur une patte, comme une cigogne; des flamants, des ibis, des pélicans, des perroquets, des couroucous, des serpentaires qui ne vivraient aujourd'hui que dans les régions tropicales. Au nombre des mammifères, des baleines, des dauphins et ces pachydermes célèbres qui ont fourni à Cuvier les premiers matériaux de la paléontologie, le paléotherium des environs de Paris, le xyphodon et l'anoplotherium, qui tient du tapir, du rhinocéros et de l'hippopotame. On trouve encore des hipparions ou espèces de chevaux; des cerfs, des girafes et des porcs; des hyènes, des félides, etc.

L'Hipparion et l'Anoplotherium.

Au-dessus, le *terrain tertiaire moyen* comprend la mollasse et les faluns : la *mollasse*, avec ses bancs de grès, de formation marine, qu'on exploite à Fontainebleau, à Montmorency, à Orsay, etc.; avec ses dépôts d'eau douce, calcaires blanchâtres, en partie siliceux, qui forment le sol des plateaux de la Beauce;

avec son argile roussâtre, contenant de petits blocs de silex meulier, dont on fait les escarpes de nos forteresses ; — les *faluns*, couches de coquilles et de polypiers presque entièrement brisés, qu'on exploite aux environs de Tours et de Bordeaux, pour l'amendement des terres.

Plus riche encore que la précédente, la faune de cet étage a des spécimens remarquables : le mastodonte, espèce d'éléphant à quatre défenses, dont « la race a été détruite par les dieux, de peur, disent les Indiens, qu'elle ne détruisît l'espèce hu-

Le Mastodonte et le Dinotherium.

maine ; » le dinotherium, autre espèce d'éléphant, qui n'a que deux défenses plantées dans la mâchoire inférieure, et le singe de Pikermi [1].

---

[1]. Le lecteur connaît les savantes recherches et les heureuses découvertes faites, en

Enfin l'*étage supérieur du terrain tertiaire*, dit aussi *subapennin*, ou de la *Bresse*, se compose de dépôts alternatifs de galets, de sables et d'argile grossière, au milieu desquels sont des amas renfermant un grand nombre de coquilles. Il s'étend, en France, de Dijon et de Besançon jusque vers Valence, et se montre en Provence, dans les Landes, dans la partie méridionale de l'Alsace, etc.

Parmi ses fossiles animaux, quelques-uns méritent d'être nommés : le rhinocéros à narines cloisonnées, dont on a retrouvé en Sibérie, non-seulement le squelette, mais la chair et les os; le grand cerf à quatre bois et à trompe, qui marque le passage entre les pachydermes et les ruminants; la baleine fossile de la rue Dauphine, découverte en 1779; la salamandre, trouvée en Suisse en 1725, et appelée d'abord *homo testis diluvii*, *l'homme témoin du déluge;* et enfin le grand ours des cavernes qui commence à se montrer.

La flore du terrain tertiaire n'est pas moins remarquable que la faune. Les dépôts marins sont remplis d'algues; des mousses recouvrent les débris lacustres; les plantes équatoriales croissent à côté des végétaux des climats froids ou tempérés; les pins à côté des palmiers; les chênes à côté des bambous; les ormes à côté des canneliers et des camphriers. « La végétation du midi de la France ressemblait alors à celle des Canaries et du cap de Bonne-Espérance; le Spitzberg et le Groënland, aujourd'hui complétement dépourvus de végétation arborescente, étaient couverts de forêts aussi touffues que celles de la Californie ou de l'Amérique du Nord... L'atmosphère avait la même composition que notre atmosphère; la température se rapprochait de la température des tropiques... Rien, dans les faits observés, ne s'oppose donc *à priori* à ce que l'homme ait pu vivre sous un climat et dans des conditions atmosphériques pareils aux nôtres [1]. »

L'époque tertiaire et, plus tard, l'époque quaternaire sont signalées par de grandes variations climatériques. La coexistence d'animaux des pays froids et des régions tropicales, des plantes du nord et du midi, montre que la température fut

---

1856 et 1860, par M. Albert Gaudry. Le gisement de Pikermi est voisin du mont Pentélique et de la plaine de Marathon.

1. Marquis de Nadaillac. *L'ancienneté de l'homme.*

soumise à des oscillations intermittentes. C'est ainsi qu'à l'âge tertiaire, un manteau de glaces couvre l'Europe [1]. L'Asie septentrionale et son extrême orient sont encore sous des glaces de cette époque. Dans leur course séculaire, les glaciers entraî-

L'invasion des glaces.

nent, loin de ce qu'on peut appeler leur sol natal, ces blocs erratiques, étrangers aux terrains sur lesquels ils se sont fixés, et qu'on dirait tombés des nues [2]. On vit alors des montagnes de glaces s'avancer lentement sur les régions peuplées de plantes

---

[1]. Agassiz. *Système glaciaire.*
[2]. Lyell. *Antiquity of Man.*

et d'animaux des tropiques, les envahir et les envelopper dans un immense linceul !

Phénomène imposant, merveilleux, mais non pas inexplicable ! Peut-être l'abaissement de la température fut-il l'effet de l'élévation des continents qui, poussés par les vapeurs intérieures de la terre, auraient, à un moment donné, atteint l'altitude des neiges éternelles. Ces continents, soulevés d'abord à cette hauteur, seraient ensuite retombés par affaissement.

Ces phénomènes d'exhaussement et d'affaissement ne sont pas rares pendant la période tertiaire ; l'absence du calcaire parisien, sur certains points, aujourd'hui assez profonds, en est la preuve. Si leur niveau actuel avait été le niveau primitif, la mer parisienne aurait laissé ses débris et ses dépôts dans ces lieux ; mais le sol, maintenant affaissé, s'élevait alors au-dessus de cette mer. Depuis, la mollasse y a déposé ses sables et ses coquilles en inscrivant, pour ainsi dire, la date de l'effondrement. Les choses se sont passées ainsi, dans plusieurs parties de la Touraine, de la Guyenne et de la Gascogne, du Languedoc, de la Provence et du Dauphiné. Le même effet s'est produit en Suisse, où des lacs et des golfes se sont formés.

Pendant longtemps le globe a été soumis à ces oscillations dont les phénomènes actuels ne sont que des miniatures, et qui, alternativement, ont creusé des mers et fait surgir des continents. Tels sont les soulèvements de l'Ile-de-France, de la Picardie, de la Belgique, de la côte d'Angleterre, où le calcaire grossier a été mis à l'abri des dépôts plus récents. Les emplacements de Londres et de Paris datent de la fin de la période tertiaire. Tel est aussi le soulèvement des Alpes occidentales, dont le mouvement s'est étendu sur toute l'Europe.

La carte des pays tertiaires témoigne des changements accomplis : la vallée comprise entre le Jura et les Vosges est un golfe ; les plus hardis disent un détroit, qui met la mer Polaire en communication avec la Méditerranée. Au nord, la Finlande est une île, et le Danemark ne fait qu'un avec la Scandinavie. Au sud, Malte et la Sicile font corps avec les massifs du Maroc, de l'Algérie et de la Tunisie ; le Sahara est sous les eaux ; le détroit de Gibraltar n'existe pas ; la Grèce est rattachée à l'Asie ; la mer d'Aral et la mer Caspienne communiquent ensemble et forment un passage entre le Pont-Euxin et l'océan du nord [1]; enfin la terre qui joint l'Europe à l'Amérique, et dont les Açores, les Canaries et Madère sont des débris, l'*Atlantide* de Platon, existe!

Quel âge peut-on attribuer à cette époque géologique?

On sait la lenteur avec laquelle se modifient, dans les temps historiques, la hauteur des continents et la profondeur moyenne des mers. Le temple d'Agrigente, dit d'Archiac, dans sa *faune quaternaire*, a été construit, sur le calcaire moderne, avec ce calcaire même. Trente siècles environ se sont écoulés, sans que le niveau du sol ait sensiblement varié.

Darwin propose de prendre les îles Fidji pour point de repère : « Il porte la hauteur de ces récifs à 900 mètres, et leur exhaussement annuel à 3 millimètres environ. Ces récifs sont, de la base au sommet, l'œuvre de certaines espèces de polypiers complétement différents de ceux de la période tertiaire. Or, ces polypiers ne peuvent vivre qu'à une faible profondeur au-dessous de la surface des eaux. Ils montent vers cette surface, à mesure que les îles tendent à s'affaisser dans l'océan; ils offrent une sorte de chronomètre, pour la période quaternaire dans laquelle ils ont vécu, et un terme de comparaison pour mesurer la durée de la période tertiaire [2]. » On trouverait ainsi que les îles Fidji ont 300,000 ans.

D'autres auteurs estiment que la période tertiaire a pu durer dix fois plus et embrasser un maximum de trois millions d'années [3]. Que dire alors de l'âge de l'écorce entière du globe?

Quelle que soit la valeur de ces chiffres, ils sont pour nous autre chose que des curiosités; même en supposant une erreur dans ces calculs, on arrive encore à des milliers de siècles. — L'époque historique, dit Lyell, représente à peine une unité appréciable dans le cours des âges!

1. Humboldt.
2. Marquis de Nadaillac. *L'ancienneté de l'Homme.*
3. *Philosophical magazine.* 1868.

# V

L'HOMME FOSSILE.

La haute antiquité de la période tertiaire est donc un fait acquis. Il en est de même de l'ancienneté de l'homme. Il a existé en même temps que les grands animaux de races éteintes dont nous avons cité quelques exemples. Sur l'ancien continent, sur le nouveau, on trouve sa trace à ces âges reculés : ossements striés ou fendus, armes et outils, débris de toutes sortes.

Dans des temps plus récents, on a trouvé mieux que des traces du travail de l'homme; on a trouvé ses ossements. Tel est le crâne de Neanderthal, découvert en 1857, près de Dusseldorf, et dont on a le moulage au musée de Saint-Germain. Il est dolichocéphale [1], offre un énorme développement des arcades sourcilières et manque presque complétement de front. « On a suggéré que ce crâne était peut-être celui d'un idiot. Cette hypothèse n'a aucune raison d'être. Le cerveau paraît avoir été considérable : il est estimé par le professeur Huxley à 75 pouces cubes, ce qui est la capacité moyenne des crânes polynésiens et hottentots [2]. » Celui d'Eguisheim, près de Colmar, a les arcades sourcilières moins développées, mais présente une dépression de la voûte crânienne plus grande encore. Le crâne de l'Olmo,

---

[1]. De δολιχός, long, et κεφαλή, tête.
[2]. *L'homme avant l'histoire*, étudié d'après les monuments et les costumes retrouvés dans les différents pays de l'Europe, par Sir John Lubbock.

trouvé dans la vallée de l'Arno, près d'Arezzo, appartient à un type bien supérieur [1]. « A l'époque quaternaire, il y avait donc

Une tête fossile restaurée.

déjà des hommes de types très-divers, bien plus divers que les types actuels. Entre les crânes de Neanderthal et d'Eguisheim et celui de l'Olmo, il y a une bien plus grande différence qu'entre ceux de l'Australien et du Cafre, d'une part, et du Caucasien le plus parfait, d'autre part. Nouvelle preuve qu'à l'époque quaternaire l'humanité n'était pas à ses débuts [2]. » Au trou de la Naulette, en Belgique, à quatre mètres de profondeur, au milieu d'ossements de mammouth, de rhinocéros à narines cloisonnées, etc., Lartet a trouvé une mâchoire humaine dont le caractère de bestialité dépasse tout ce qu'on peut imaginer.

Les armes, les outils, les débris de toutes sortes qu'on a recueillis, tout atteste que l'homme, pendant longtemps, ne connut pas l'usage des métaux. C'est avec des silex et des os qu'il combat; avec des silex et des os qu'il travaille; de là le nom donné à cette époque : *l'âge de pierre*.

Chose digne de remarque! cet âge, dont on a nié l'existence, les anciens en avaient conservé la tradition et les vestiges. Auguste possédait, dit-on, un certain nombre d'échantillons de ces types primitifs; Pline parle de débris de la même nature. La collection du Vatican date de plus de trois siècles, et Mercati, qui mourut en 1593, la désigne sous le nom caractéristique de *Musée des antédiluviens*. Tant il est vrai qu'il n'y a rien de nouveau sous le soleil!

---

[1]. Parmi les crânes que l'on peut attribuer à l'époque des mammifères éteints, on cite celui qui fut trouvé par Schmerling, dans la caverne d'Engis, près de Liége. « C'est un crâne humain, dit Huxley, qui rentre dans la moyenne. Il aurait pu être celui d'un philosophe, ou contenir le cerveau inintelligent d'un sauvage. »

[2]. G. de Mortillet. *Promenades au musée de Saint-Germain*.

Le mérite des savants contemporains, qui ont retrouvé le secret, longtemps perdu, de l'âge de pierre, n'en est pas moins grand; car, outre les difficultés de la découverte, ils ont eu la tâche ingrate de lutter contre un préjugé ayant cours, et représentant les défenseurs de cet âge comme des savants de rencontre.

La revanche est complète. Les preuves de l'industrie avant les métaux se retrouvent partout, et nous ne sommes cependant qu'au commencement des recherches : elles se retrouvent en Europe; elles se retrouvent en Asie [1], en Afrique [2], en Amérique [3], dans la Nouvelle-Hollande et dans la Nouvelle-Zélande [4]. L'âge de pierre n'est ni un conte, ni une illusion; il a ses matériaux et son histoire.

L'homme a vécu à l'époque tertiaire. Allons plus loin : la faune, la flore, la température, l'atmosphère, tout permet de conclure, sans trop de hardiesse, que ses pieds ont foulé les plus anciennes couches de ces terrains.

Mais avant d'indiquer les faits qui le démontrent, voyons comment s'est produite, dans ce siècle, la question de l'homme fossile.

« J'étais bien jeune, dit un des premiers défenseurs de cette cause, Boucher de Perthes, lorsque cette pensée me préoccupa pour la première fois. En 1805, me trouvant à Marseille, chez M. Brack, beau-frère de Georges Cuvier et ami de mon père, j'allai visiter, dans les environs, une grotte dite de *Roland*. Mon premier soin fut d'y chercher de ces os dont j'avais si souvent entendu parler par Cuvier. J'en rapportai en effet quelques échantillons. Étaient-ils fossiles? — Je ne saurais le dire.

» Plus tard, en 1810, je visitai une autre grotte, celle de Palo (États-Romains). Cette fois, j'étais avec M. Dubois-Aymé, depuis membre de l'Institut. Là, on prétendait avoir trouvé des squelettes humains. C'est possible; mais nous n'en vîmes pas.

---

1. Botta. *Observations sur le Liban et l'anti-Liban.* — *Society of antiquaries.* January, 1863. — D'Archiac, *Faune quaternaire.*
2. Comptes-rendus de l'Académie des sciences, 1869. — Compte-rendu du congrès de Norwick, 1869. — Travaux de la Société archéologique de Constantine. — Daux. *Les Emporia phéniciens.*
3. Lyell. *Antiquity of man.* — Comte de Waldeck. *Palanqué.*
4. Gervais. *Ancienneté de l'homme.*

Nous ramassâmes, comme je l'avais fait à Marseille, des os d'animaux, et j'y recueillis plusieurs pierres qui me parurent taillées. Je les montrai à M. Dubois, en lui communiquant mes idées. Il se chargea d'en faire le sujet d'une note qu'il a dû envoyer à l'Institut...

» Cependant, je n'avais pas de preuves à donner; j'en étais encore aux probabilités et aux systèmes. En un mot, ma science n'était que prévision; mais cette prévision chez moi était devenue conscience. Je n'avais pas encore analysé un seul banc, que je tenais déjà ma découverte pour faite. »

De 1830 à 1840, un vaste champ s'ouvrit aux observations : de grands travaux de terrassement entrepris pour les fortification d'Abbeville, le creusement d'un canal, l'établissement des voies ferrées, mirent à découvert ces nombreuses assises qui, de la craie sur laquelle elles reposent, s'élèvent jusqu'à 33 mètres au-dessus du niveau de l'eau; banc immense qui, du bassin de la Somme, va rejoindre celui de Paris et s'avance ainsi vers le centre de la France.

« Combien de journées ai-je passées, ajoute Boucher de Perthes, courbé sur ces bancs devenus pour moi l'arcane de la science et ma terre de promission! Que de milliers de silex, disons même de millions, n'ont pas été remués sous mes yeux! Je faisais ma besogne en conscience : tous ceux qui, par une couleur ou une coupe spéciale se distinguaient des autres, je les ramassais; je les examinais sur toutes les faces; pas la moindre cassure ne m'échappait. Quelquefois je croyais voir cette trace si péniblement cherchée... C'en était une, sans doute, mais si faible! J'y trouvais une indication; ce n'était pas une preuve [1]. »

Enfin cette preuve arriva. A la fin de 1838, Boucher de Perthes avait pu recueillir des haches antédiluviennes. Elles avaient tous les caractères que présentent les silex antiques : une surface lustrée, des incrustations de carbonate de chaux, des marques de petites dendrites. « Un coquin ingénieux, dit Lubbock, ne pourrait nous tromper, en prenant un silex teinté et en en faisant une hachette, car la décoloration du silex est toute superficielle [2]. »

---

[1]. Boucher de Perthes. *De l'homme antédiluvien et de ses œuvres*
[2]. Lubbock. *L'homme avant l'histoire*.

Vers la même époque, on réparait le môle de la Canée, dans l'île de Crète. En faisant sauter des blocs de l'époque dite pliocène, on trouva des débris d'un aspect particulier. On les

La Canée.

recueillit; une note fut transmise à ce sujet à l'Académie des sciences de Paris; mais les temps n'étaient pas encore venus : la communication fut à peine remarquée.

Dans le cours de l'année 1839, Boucher de Perthes apporta à Paris quelques-unes de ses haches. Il les montra à plusieurs savants, « notamment, dit-il, à mon respectable ami M. A. Brongniart, qui était peut-être plus intéressé que tout autre à ce que ma découverte ne fût qu'illusion, puisque, avec Cuvier, il avait établi comme principe que l'homme, nouveau sur la terre, n'était pas contemporain des grands pachydermes antédiluviens. Néanmoins Brongniart, loin de me décourager, m'engagea fort à continuer. Cependant, je dois en faire l'aveu, lui non plus ne put reconnaître la main de l'homme dans ces grossiers essais. J'y voyais des haches, et je voyais juste; mais la coupe en était vague et les angles émoussés; leur forme applatie différait de celle des haches polies, les seules que l'on connût alors; enfin, si des traces de travail s'y révélaient, il fallait réellement, pour les voir, avoir les yeux de la foi. Je les avais; mais je les avais seul. Ma doctrine s'étendait peu; je n'avais pas un seul disciple.

» Il me fallait d'autres preuves; dès lors, d'autres recherches, et, pour les étendre, je pris des associés. Je ne les choisis point parmi des géologues; je n'en aurais pas trouvé : aux seuls mots de haches et de diluvium, je les voyais sourire. Ce fut donc chez les ouvriers que je cherchai mes aides... Avant la fin de 1840, j'avais pu offrir et soumettre à l'examen de l'Institut une vingtaine de silex où la main humaine était manifeste. M. Brongniart ne douta plus; M. Dumas, son gendre, adopta son opinion. A partir de ce moment, j'eus des prosélytes. Le nombre en fut petit, comparativement à celui des opposants... Ceux-ci ne soupçonnaient pas ma bonne foi, mais ils doutaient de mon bon sens. »

Quand parut son livre sur l'*Industrie primitive*, livre dont un de ses anciens adversaires, devenu son partisan, le docteur Rigollot, prit la défense[1], ce fut bien autre chose : « D'une question purement géologique, on fit un sujet de controverse religieuse. Ceux qui ne mirent pas en doute ma religion m'accusèrent, dit-il, de témérité. Archéologue inconnu, géologue sans diplôme, je voulais renverser tout un système confirmé par une longue expérience et adopté par tant d'hommes éminents! C'était là, disait-on, une étrange prétention...

» Mais cette prétention, je ne l'avais pas; je ne l'ai jamais eue. Je révélais un fait; il en découlait des conséquences; je ne les avais pas faites. La vérité n'est l'œuvre de personne; elle a été créée avant nous; elle est aussi vieille que le monde. Souvent cherchée, mais plus souvent repoussée, on la trouve, mais on ne l'invente pas. Parfois aussi nous la cherchons mal; car ce n'est pas seulement dans les livres qu'elle réside : elle est partout, dans l'eau, dans l'air, sur la terre. Nous ne pouvons faire un pas sans la rencontrer, et quand nous ne l'apercevons pas, c'est que nous fermons les yeux ou que nous détournons la tête. »

Dans les heures d'incrédulité, de parti pris, il se rencontre heureusement des esprits dégagés de toute prévention, soucieux avant tout de la vérité, qui font table rase des idées admises et ne prennent avis que des faits et de leur raison. Il y avait à Saint-Prest, auprès de Chartres, des sablonnières où l'on signa-

---

[1]. *Mémoire sur les instruments en silex trouvés à Saint-Acheul.* Amiens. 1854.

lait de curieux fragments. M. Desnoyers les étudia; il eut l'honneur de mettre hors de doute l'existence de l'*homme pliocène* (1863).

Mais les idées, hélas! sont comme les machines : difficiles à lancer au démarrage. On resta encore sur place pendant un certain temps.

L'exposition universelle de 1867 remit ces questions à l'ordre du jour. D'intéressantes collections piquèrent la curiosité publique. Elles attestaient, à n'en pas douter, l'existence d'une civilisation préhistorique.

Deux savants, deux pionniers de l'âge de pierre, l'abbé Bourgeois et le Marquis de Nadaillac, n'avaient jamais cessé, malgré les résistances de l'opinion, de combattre pour ce qu'ils appelaient la bonne cause. En 1869, ils trouvèrent à leur tour, à Saint-Prest même, au sein du terrain tertiaire supérieur, « un fragment d'andouiller présentant une incision très-nette faite d'un seul coup de hache. » En Amérique, Witney venait de découvrir, non-seulement des silex, mais des ossements humains, dans les roches tertiaires de la Californie.

On revint alors, avec moins de préventions, aux découvertes faites, en 1866, par un professeur du collége de Pontlevoy, l'abbé Delaunay, et l'on reconnut que les ossements recueillis par lui, dans les faluns de l'étage moyen, ossements déposés aujourd'hui au musée de Saint-Germain, avaient appartenu à un cétacé qui se rencontre dans l'étage inférieur. Ils portaient la trace de la main de l'homme.

On revint aussi aux fouilles que l'abbé Bourgeois avaient faites en 1867, à Thenay, près de Pontlevoy. Ses silex, extraits des assises du calcaire de la Beauce, révélaient un travail humain accompli à l'époque du terrain tertiaire moyen. Ils ne pouvaient être confondus, ni comme façon, ni comme substance, avec les silex des couches supérieures. Plusieurs de ces pierres étaient craquelées par le feu; l'homme s'était donc aidé de l'action de la flamme pour faciliter son travail. On se demanda même si la pâte grisâtre et dure, trouvée au-dessus, dans les sables fluviatiles de l'Orléanais, n'avaient pas servi aux premiers essais de céramique [1].

---

[1]. De Mortillet, 1868.

« En étudiant la coupe du terrain, on arrive à reconstituer un passé presque fabuleux. A l'extrémité de ce grand lac de Beauce, sur le territoire de la commune de Thenay, se dresse une petite colline qui n'a jamais été immergée durant l'époque tertiaire, car le terrain crétacé est immédiatement recouvert par des couches récentes d'une faible épaisseur. Du haut de cette colline, d'où l'œil embrasse des plaines immenses, les hommes ont donc pu voir, aussi loin que leurs regards pouvaient porter, un lac sans limites, et un grand fleuve dont on ne connaît encore ni l'étendue, ni l'origine, déposer ses sables au-dessus du calcaire formé par les eaux tranquilles du lac. Puis le fleuve se tarit, les eaux du lac s'écoulent sans qu'on sache par quel phénomène ou par quelle convulsion de la nature, et la mer des faluns arrive, pour disparaître à son tour, laissant de riches dépôts de coquilles marines, comme ses témoins pour les âges futurs [1]. »

Depuis, on a trouvé, à 8 ou 10 mètres environ de la surface du sol (d'éminents géologues disent dans les couches les plus anciennes du terrain tertiaire), des ossements présentant des entailles profondes. De nouvelles observations faites dans le Nouveau-Monde confirment de plus en plus cette découverte. C'est surtout dans les contrées chaudes, presque tropicales, qu'il faut aller chercher, dit Lubbock, les premières traces de la race humaine.

L'homme a donc été le témoin de bien des transformations. Non-seulement il a vu se modifier, à plusieurs reprises, l'étendue et la forme des continents et des mers; mais il a assisté au spectacle des métamorphoses du règne animal et du règne végétal. Sous ses yeux, des plantes nouvelles sont sorties de la terre; des animaux jusque-là inconnus l'ont peuplée; la faune et la flore antérieures ont disparu. Ne voyons-nous pas, dans les âges historiques, se produire des transformations analogues? Que sont devenus les éléphants, les ours de la Numidie, les aurochs de la Gaule, etc.?

— Je l'ai répété bien souvent, disait dernièrement M. de Quatrefages, anatomiquement, physiologiquement, l'homme est

---

1. Marquis de Nadaillac.

un vrai mammifère. Dès que les mammifères ont paru et vécu à la surface du globe, l'homme a pu s'y montrer et y vivre comme eux. Or, à ce titre, il peut dater, non-seulement des temps tertiaires moyens (miocènes); mais même des temps éocènes. Il peut remonter plus haut encore [1]...

Si maintenant nous passons de cette antiquité à l'époque, relativement récente, des terrains quaternaires, nous trouvons des preuves, sinon plus concluantes, du moins plus nombreuses de l'existence de l'homme.

Rappelons d'abord les divisions que les savants ont proposé d'établir dans l'âge de pierre. Nous serons ainsi mieux préparés à distinguer les temps que nous nous proposons d'étudier, et nous connaîtrons le vocabulaire et les conventions adoptés, dans cet ordre de classification.

Lartet a divisé la période quaternaire en quatre âges, savoir, par rang d'ancienneté : *l'âge de l'ours des cavernes* (Ursus spelæus); l'*âge du mammouth* (Elephas primigenius); l'*âge du renne* (Cervus tarandus); et l'*âge de l'aurochs* (Bison europæus).

L'*âge de l'ours* se ressent de sa date reculée. Un arc fait avec une branche d'arbre recourbée, une flèche terminée par un os

L'Ours des cavernes.

pointu, une massue garnie de cailloux, des silex taillés à larges éclats et sans trace de polissage, tels sont alors les instruments de combat. Le feu s'est transmis : on trouve des charbons,

---

1. *Revue scientifique* du 10 février 1872.

des cendres, des os carbonisés [1]. L'argile se creuse à la main en poterie grossière.

L'*âge du mammouth* marque un pas en avant. L'armement et l'outillage sont en progrès. Les silex sont mieux taillés; les marteaux et les haches moins primitifs. L'art du potier se perfectionne. La gravure fait ses premiers essais. Cet âge est troublé par l'une de ces périodes glaciaires dont nous avons parlé. Les moraines des vallées, le drift de l'Angleterre, le grand dépôt erratique du nord, qui s'étend des monts Ourals aux Karpathes et aux montagnes de la Bohême, marque le passage des glaces dont les blocs ont enseveli le gigantesque échantillon des éléphants velus et à crinière. Les restes de mammouths sont tellement abondants en Sibérie, sur les bords de la mer Glaciale, qu'on en exploite encore l'ivoire. On y a trouvé des individus entiers, avec leur peau et leurs muscles. Tel était leur état de conservation, que des chiens purent se nourrir de leur chair.

Le Mammouth.

A l'*âge du renne*, de grands changements climatériques se sont accomplis. Le travail humain s'en ressent : les pierres sont habilement travaillées; les défenses de l'éléphant, les bois des cerfs, les ossements, sont disposés en armes et en outils ingénieusement composés. On trouve des harpons, des hameçons,

---

1. Lubbock.

des sifflets, des aiguilles, des colliers, des bracelets, tout l'arsenal de la coquetterie féminine.

Le Renne.

A dater de ce moment, l'industrie de la pierre prend son essor. Les objets de luxe sont abondants. La chasse est un art; la culture existe. L'homme n'est plus un sauvage nomade : il élève des troupeaux et cultive la terre [1]. C'est l'*âge de l'aurochs*.

L'Aurochs.

Les savants ont aussi divisé l'âge de pierre en deux grandes périodes : la période paléolithique ou archéolithique, celle de la pierre taillée, et la période néolithique ou de la pierre polie.

1. Marquis de Nadaillac.

Nous sera-t-il permis d'ajouter que l'usage des armes et des outils naturels de pierre et d'os nous semble avoir été antérieur à celui de la pierre même grossièrement taillée.

La *période paléolithique*, la plus ancienne et la plus longue, a été subdivisée en quatre époques : l'époque de *Saint-Acheul*, de *Moustiers*, de *Solutré*, et de la *Madeleine*, ainsi nommées parce que ces diverses localités ont fourni les premiers types d'objets découverts.

Cette classification est celle qui a présidé à l'organisation du musée des antiquités nationales de Saint-Germain-en-Laye, où la première salle, par exemple, est tout entière consacrée aux quatre subdivisions de la période dite paléolithique, et la seconde, à l'époque néolithique.

Les instruments de pierre taillée que les alluvions des hauts niveaux de *Saint-Acheul* ont fournis à cette riche et intéressante collection sont de grandes dimensions et en forme d'amande.

L'*époque de Moustiers* est caractérisée par des pointes de silex, retaillées d'un seul côté, et par des racloirs que l'on a trouvés dans des cavernes et des stations en plein air. Les alluvions des bas niveaux de Grenelle, Levallois, Clichy, Le Pecq, etc., ont fourni leur contingent. Ici, la rigueur du climat est indiquée par la présence de l'ours des cavernes.

Les types de l'*époque de Solutré* sont des pointes de silex en forme de laurier, taillées des deux côtés. Ces types ont été fournis par les stations, les abris et les grottes de Solutré (Saône-et-Loire), de Laugerie-Haute, Badegols et Saint-Martin d'Excideuil (Dordogne). L'époque de Solutré correspond à l'âge dit du mammouth. Le froid sec a succédé au froid humide. Cette station est remarquable par l'énorme entassement d'ossements de chevaux qu'on y rencontre. Ils forment, sur certains points, des magmas de plusieurs mètres d'épaisseur et d'une grande étendue. Un fragment de ces magmas est exposé au musée de Saint-Germain.

A l'*époque de la Madeleine*, à côté des pierres taillées et des lances de silex existent des instruments et des flèches barbelées en os. Le climat, dit post-glaciaire, s'est adouci. La faune se manifeste par des débris de rennes et d'aurochs, d'ours, de félidés, de rhinocéros, de cerfs à bois gigantesques (*cervus mega-*

*ceros*), dont on a retrouvé un squelette dans l'île de Man. Parmi les instruments en os figurent des manches d'outils, des lissoirs, des poinçons. L'idée de la parure a pris naissance; de petites coquilles marines ont été percées d'un trou et enfilées dans une corde de boyaux, en forme de colliers et de bracelets. Les instruments en os les plus remarquables sont les pointes ou harpons à barbelures et les bâtons de commandement. Ces bâtons sont des morceaux assez longs de bois de renne, percés d'un ou de plusieurs larges trous, un au moins, quatre au plus, et ornés de gravures formant des traits, des chevrons, des arabesques, etc.; représentant même des animaux, tels que le cheval, le renne, le mammouth et quelquefois l'homme [1].

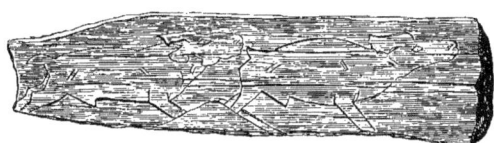

Gravure de l'âge de la Madeleine.

Il y a aussi au musée de Saint-Germain, dans la salle consacrée à l'âge paléolithique, un tableau devant lequel s'arrêtent la plupart des visiteurs. Il représente « la coupe géologique des deux gisements quaternaires les mieux connus, celui de Menchecourt, à Abbeville, et celui de Saint-Acheul, à Amiens. Les coupes ont été peintes, d'après les dessins de M. Édouard Collomb, au quart de la grandeur naturelle. On voit ainsi superposés les divers sols sur lesquels ont vécu les diverses races. La couche la plus ancienne et la plus profonde est celle des graviers et des cailloux roulés, base du dépôt quaternaire, où se trouvent le plus abondamment les silex taillés, les dents et les ossements intacts du mammouth, du rhinocéros, de l'hippopotame, de l'aurochs, etc.

« Les couches immédiatement supérieures à celles des cailloux roulés sont celles des sables aigres et des sables gras. On y voit quelques débris d'animaux éteints et différents vestiges de l'industrie humaine. Au-dessus, dans la coupe de Menchecourt, est une couche de terre rouge-clair, très-fine, avec des graviers

---

[1]. Nous empruntons plusieurs de ces renseignements à l'ouvrage déjà cité de M. de Mortillet.

roulés, qui manque dans la coupe de Saint-Acheul. Plus haut est une terre argilo-sableuse, plus ou moins colorée en rouge et mêlée de graviers anguleux. On trouve encore là quelques haches de pierre taillée. Enfin, vers la surface, dans la terre végétale, on découvre les haches néolithiques ou de pierre polie. Dans la coupe de Saint-Acheul, on voit, presque au sommet, deux tombes gallo-romaines. Il y a certainement quelque chose d'émouvant à pénétrer ainsi du regard dans les profondeurs de la terre, et à découvrir, à diverses distances, les témoignages de l'existence et de l'industrie de tant de races qui nous ont précédés. Que sont, à côté de ces archives anté-historiques de l'humanité, les Pompéi et les Herculanum dont les ruines datent, en quelque sorte, d'hier [1] ! »

Dans la période néolithique, tout est changé. Le climat est devenu à peu près semblable à celui d'aujourd'hui. Les animaux quaternaires : ours des cavernes, mammouth, cervus megaceros, ont disparu ; le renne, le glouton, le bœuf musqué ont remonté vers le pôle ; le chamois, le bouquetin, la marmotte ne se trouvent plus que sur les sommets neigeux des montagnes.

On a recueilli les ossements, les outils, les haches, les débris de ces diverses époques, non-seulement en France, mais dans les principaux musées des deux mondes. Il en existe de tous côtés. Tantôt ils se rencontrent dans des couches étendues en vastes nappes horizontales, ondulées ou relevées ; tantôt dans des brèches ; tantôt enfin dans des cavernes.

Les cavernes, outre les productions minérales qui pendent en aiguilles à leur voûte, ou s'élancent en flèches de leur aire, outre les stalactites et les stalagmites, renferment, en effet, des débris précieux pour reconstituer l'histoire des origines de l'humanité.

Dès 1832, Schmerling, explorant les grottes de l'époque quaternaire, y recueillait des matériaux pour établir, en se fondant sur le mélange intime des os humains avec ceux d'animaux antédiluviens, l'existence de l'homme dans ces temps reculés.

« Le sol des cavernes est constitué par plusieurs couches de

---

1. Visite de la Société d'anthropologie au musée de Saint-Germain. *Journal Officiel* du 31 octobre 1873.

terrain. La première est, en général, une couche récente, mêlée à des détritus organiques également récents, et qui, par cela même, n'ont qu'une importance secondaire. La deuxième est une couche cristalline stalagmitique, très-épaisse, très-dure, et presque toujours exempte de restes organiques. La troisième enfin est une couche argileuse diversement colorée, mêlée de sable et de cailloux roulés; c'est là qu'on trouve presque exclusivement les restes fossiles. Cependant, entre cette couche argileuse et la couche stalagmitique, existe quelquefois une couche intermédiaire renfermant des coquilles marines ou d'eau douce, preuve certaine qu'antérieurement à la couche cristalline, des inondations marines ou fluviatiles ont pénétré et séjourné longtemps dans les cavernes [1]. »

Tout le monde se souvient de l'histoire encore récente (1860) de la *grotte d'Aurignac*, dont les journaux ont tant parlé.

Aux environs de Saint-Gaudens, un habitant du pays avait remarqué dans le sol un trou d'un étrange aspect. L'orifice

La grotte d'Aurignac.

observé n'était, pour ainsi dire, que le soupirail d'une excavation assez profonde. Une dalle en défendait l'entrée. Qu'y avait-il là?

[1] Docteur Riolacci. *Ancienneté de l'Homme.*

Un trésor peut-être! On fit jouer la pioche et le levier. C'était l'entrée d'une grotte. Sur le sol on trouva, mêlés à divers débris, de nombreux ossements humains : 17 squelettes d'hommes, de femmes et d'enfants! La justice se mit sur pied; ses recherches furent vaines. La science alors vint dire son mot. On était en présence d'une sépulture remontant à l'époque du

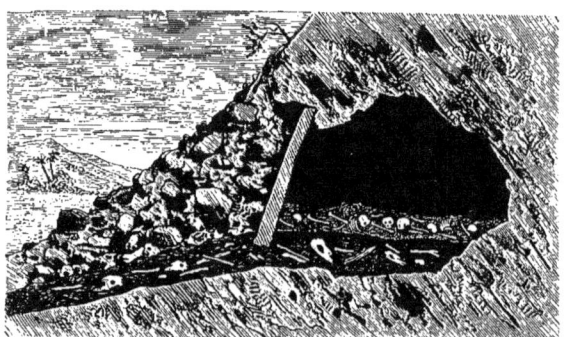

Coupe de la grotte.

Grand Ours! Le procureur n'avait rien à voir dans cette affaire. C'est là que les hommes de cet âge antédiluvien venaient, la torche à la main, portant les morts sur leurs épaules, en déposer pieusement les dépouilles. Leur culte avait fait croire à un crime de nos contemporains!

En 1864, Lartet fit une découverte moins dramatique, mais aussi curieuse. Il visitait, avec le docteur Falconer, les *grottes-ossuaires* de la Dordogne. Dans le gisement de la Madeleine, on venait de trouver les fragments d'une plaque d'ivoire sur laquelle certaines lignes étaient tracées. Il rejoignit les fragments, par les points de repère que formaient les anfractuosités des cassures, et chercha à lire ces hiéroglyphes. C'était une tête d'éléphant à grande crinière, un portrait de mammouth fait par un artiste du temps! — L'époque de la Madeleine a donné depuis beaucoup d'autres pièces gravées.

La grotte des Eyziès (Dordogne) garde le souvenir et la trace de l'âge du renne. Une brèche formée d'os, de cendres, de charbons, d'éclats de silex, d'armes et d'outils en recouvre le sol. « Tout cela a dû être saisi et consolidé en brèche dans l'état originel du dépôt, et avant tout remaniement, puisque des séries de plusieurs vertèbres de rennes et des assemblages d'articulations à pièces multiples se trouvent maintenus et conservés exactement dans leurs connexions anatomiques. Les os longs, à cavité médullaire, sont seuls détachés et fendus ou cassés dans un plan uniforme, c'est-à-dire évidemment dans l'intention d'en extraire la moelle [1], » comme le font encore aujourd'hui les peuples des contrées arctiques.

Les cavernes de Massat (Ariége), de Lourdes (Hautes-Pyrénées), etc., contiennent pareillement des ossements d'aurochs brisés par la main de l'homme.

Outre les êtres que nous avons cités, ours des cavernes, mammouth, renne et aurochs, cerf à bois gigantesques, etc., la faune des terrains quaternaires comprend d'autres spécimens : le *glyptodon*, espèce de tatou colossal ; le *megathérium,* ou

Le Megatherium restauré.

animal du Paraguay; des oiseaux de grande taille, tels que le *dinornis* de la Nouvelle-Zélande, autruche dont le tibia mesure un mètre; le *palaptéryx,* autre espèce d'autruche de taille énorme, et l'*épiornis*, originaire de Madagascar, dont l'œuf a une capacité de plus de huit litres !

La période quaternaire est signalée par de grandes catas-

1. Lartet.

trophes. Le soulèvement des Alpes principales donne à cette majestueuse barrière la forme qu'elle affecte aujourd'hui, entre l'Italie et les régions du nord, et achève de façonner les creux et les reliefs du sol européen. La France était unie à l'Angleterre, elle s'en sépare; le golfe de Bothnie se dessine; les terrains qui s'étendaient au sud de Marseille, à l'époque de la mer parisienne, s'affaissent; la Méditerranée prend ses limites actuelles.

L'Europe rentre ensuite dans un repos relatif; elle n'est troublée, pendant un certain temps, que par des soulèvements partiels ou des éruptions locales. C'est le tour des autres

Une invasion des eaux.

contrées. Enfin, la chaîne volcanique de l'Asie centrale et les Andes de l'Amérique surgissent. L'équilibre des mers est rompu; les eaux passent par-dessus les continents.

Quel spectacle dut présenter la terre à cette heure terrible! Hommes, femmes, enfants se précipitèrent pêle-mêle vers les lieux élevés. Les animaux les plus redoutables oublièrent leurs instincts féroces, au milieu de la commune terreur. L'ennemi, le seul ennemi, fut le flot qui montait toujours!

Peut-on évaluer approximativement l'âge de l'homme?

M. Vivian, se fondant sur l'examen des dépôts de la caverne de Kent, propose des chiffres qu'il est intéressant de connaître. Selon lui, « les poteries de la couche supérieure seraient romaines et auraient près de 2,000 ans d'existence. La première couche stalagmitique remonterait à 4,000 ans avant J.-C., et se trouverait, par conséquent, contemporaine de l'époque la plus florissante de la civilisation égyptienne. La deuxième couche a, dans sa plus grande épaisseur, 91 centimètres et, en lui attribuant un accroissement moyen de 2 millimètres 1/2 par siècle, on arrive, pour la formation totale de cette couche, au chiffre énorme de 364,000 ans. A ce compte, le limon rouge de la caverne serait antérieur assurément à la période glaciaire, et les hommes qui taillaient les silex qu'on y rencontre, auraient précédé les grandes révolutions géologiques qui séparèrent, à plusieurs reprises, l'Angleterre du continent [1]. »

Devant ces résultats, l'auteur auquel nous empruntons ce passage reste indécis. Mais l'opinion de M. Vivian n'est pas isolée. Le professeur Fulhroot estime, de son côté, que l'homme habite la terre depuis deux ou trois cent mille ans. Lyell, dont le témoignage est d'un si grand poids, fait remonter à 224,000 ans la durée des grandes oscillations qui ont fait émerger le nord de l'Europe, du sein de la mer où des oscillations antérieures l'avaient plongé. Il ajoute que l'homme a sûrement vécu, durant la plus grande partie des temps où elles se sont accomplies.

« La submersion du pays de Galles, dit-il [2], à l'amplitude de 420 mètres que prouvent les coquilles glaciaires, exigerait 56,000 ans, au taux de 75 centimètres par siècle. Mais si l'on adopte l'estimation du professeur Ramsay, qui porte cette ampli-

---

1. Marquis de Nadaillac.
2. Lyell. *Antiquity of man*.

tude à 240 mètres de plus, en déduisant ce chiffre de la position de quelques dépôts de transport stratifiés, il faut ajouter à la première évaluation une période additionnelle de 32,000 ans, ce qui fait en tout 88,000 ans ; et il faudrait le même temps pour ramener ces contrées à leur hauteur actuelle.

» Mais si les terres se sont élevées, dans la seconde période continentale, de 180 mètres au-dessus de leur niveau actuel, ces 180 mètres d'exhaussement, puis d'abaissement, exigeraient 48,000 ans de plus. L'accomplissement de la grande oscillation, comprenant la submersion et l'émersion, aurait ainsi exigé en tout 224,000 ans, et cela sans qu'il y ait eu de période stationnaire, lorsque le mouvement dans un sens cessait pour se produire en sens inverse ! »

Ce chiffre de 224 mille ans ne représente pas, d'après Darwin, l'âge des îles Fidji, qui appartiennent à la période quaternaire.

# VI

LES ANNALES DE L'HUMANITÉ.

La géologie assigne, comme on le voit, une date extrêmement reculée à l'existence de l'homme sur la terre. Est-il possible de trouver une confirmation des résultats qu'elle donne, en consultant les traditions, les chants sacrés, les légendes, les monuments figurés ou écrits, etc.? C'est ce que nous allons examiner.

L'homme a une aspiration naturelle à transmettre aux générations futures le récit des événements auxquels il a pris part ou dont il a été le témoin. Mais, dans les temps dont nous nous occupons, il lui a manqué ce qu'on pourrait appeler les *organes de transmission*. La préparation des matières nécessaires pour l'écriture est, en effet, le signe d'une civilisation avancée. On chanta d'abord ce qu'on ne pouvait pas, ce que plus tard on ne voulut pas écrire. La religion des druides, par exemple, ne permettra qu'un enseignement oral; elle défendra même toute image de la divinité, admettant seulement, comme symboles, des blocs de pierre brute.

Les chants de certaines peuplades des îles de la mer Pacifique rappellent ces mystérieuses leçons des premiers âges. Dans l'île de Pâques, nous racontait un jour le commandant Miot, les prêtres des idoles colossales au pied desquelles se prosternent les habitants, répètent encore des chants dont le secret de l'interprétation est perdu, mais qui, d'après la foi des ancêtres, célèbrent la gloire des dieux. Chose surprenante, à des centaines de lieues de là, à Taïti, on chante les mêmes stances sacrées sans les comprendre davantage.

L'histoire s'est donc fondée par voie de traditions; et, comme l'imagination est prompte à admettre le merveilleux, par voie de légendes. Ce fut un grand perfectionnement quand l'homme,

Premières inscriptions.

avec un caillou pointu, écrivit, au moyen de signes primitifs, ses impressions sur la pierre.

Plus tard, les arts progressant, le papyrus, les parchemins, les peaux convenablement préparées font leur apparition. Un des plus anciens manuscrits de ce genre appartient à l'Espagne. Il est connu sous le nom de *manuscrit mexicain*. C'est une bande d'écorce d'arbre, assez souple pour se plier et se déplier sans déchirures, depuis bien des siècles.

Pierres écrites, papyrus et parchemins furent recueillis peu à peu. A la longue, ils constituèrent de précieuses collections. Telles furent les bibliothèques d'Alexandrie, de Carthage, de Corinthe, etc.

Les guerres, les invasions, vinrent malheureusement anéantir ces confidences et ces récits des premiers âges. Les Romains en particulier semblent avoir eu des aptitudes spéciales pour ce genre de destruction. Combien tous ces grands hommes paraissent petits, quand on se souvient qu'ils osèrent porter la torche dans ces lieux sacrés! Quelle horreur, quel mépris ils durent inspirer au vaincu, quand il les vit, au nom de la civilisation, menteurs et sacrilèges, brûler ces temples de l'histoire! On peut juger, par les souvenirs que nous laisse une guerre récente, des

Incendie de la bibliothèque d'Alexandrie.

sentiments qu'inspire le vainqueur quand, ivre de sa victoire, il se conduit comme un vandale et un bourreau.

Les rares fragments échappés à ces dévastations, joints à ce qui nous reste des écrivains de la Grèce et de Rome, et aux renseignements que nous fournissent les annales, les légendes, les monuments américains, sont à peu près tout ce que nous possédons pour reconstituer, au moyen de témoignages historiques, la biographie de l'homme. La valeur de ces témoignages a été, nous le savons, vivement attaquée par des hommes éminents. Nous interrogerons cependant ces documents, car les découvertes de la science contemporaine leur donnent parfois une valeur qu'on n'avait pas soupçonnée, et permettent d'expliquer certains passages que l'on regardait comme inintelligibles ou extravagants.

Parmi les auteurs anciens que nous avons étudiés, il en est deux qui offrent un intérêt particulier : Hérodote et Diodore de Sicile.

Diodore vivait, comme on le sait, au temps de César et d'Auguste. Sa *bibliothèque* contient l'histoire universelle, depuis l'origine du monde jusqu'à la 180ᵉ olympiade (56 ans av. J.-C.). Quinze livres nous restent de ce précieux monument où se trouvent résumés, d'après des autorités déjà très-anciennes du temps de Diodore et ses propres observations, les traditions, les croyances, les superstitions et les connaissances du temps passé.

A cette époque et depuis une longue série de siècles, les prêtres égyptiens étaient célèbres par leur science. Ils conservaient les annales des peuples et le souvenir des révolutions terrestres qui avaient bouleversé le globe, éteint des races, changé la répartition des continents et des mers. Diodore se rend en Égypte pour les consulter. Quatre siècles plus tôt, Hérodote était venu s'inspirer à la même source, à laquelle Hésiode et Homère avaient déjà puisé.

Qu'apprend Diodore, et que nous enseigne-t-il? Il nous dit « que le règne des dieux avait eu une durée de 18,000 ans se terminant en la personne d'Horus, fils d'Isis; qu'ensuite commença le règne des rois, près de 15,000 avant la 180ᵉ olympiade, époque où régnait Ptolémée Aulétès [1]. » Il donne le dénombrement de ces rois, égyptiens de naissance ou étrangers; et il ajoute que les prêtres gardent, dans leurs archives, toutes les preuves qu'ils ont reçues de leurs prédécesseurs, par une tradition immémoriale.

Ailleurs il écrit : « On prétend qu'il s'est écoulé plus de 10,000 ans depuis Isis et Osiris jusqu'au règne d'Alexandre, qui a bâti en Égypte la ville qui porte son nom. D'autres récits constatent qu'il y en a près de 23,000 [2]. »

Et, dans un autre passage : « Les prêtres égyptiens, dans la supputation qu'ils font des temps qui se sont écoulés, depuis le règne d'Hélios (le soleil), jusqu'à l'arrivée d'Alexandre en Asie, trouvent plus de 23,000 ans. »

Il est vrai que Diodore présente quelque part, mais en faisant ses réserves, une observation qui tendrait à diminuer

---

1. Diodore. Liv. I.
2. id. Liv. I.

singulièrement les chiffres qu'il donne : « Les chronologistes, dit-il, ne craignent pas d'avancer que chez les peuples primitifs, alors que le cours du soleil n'était pas encore parfaitement connu, on réglait la durée de l'année sur le cours de la lune, et que cette année n'ayant que 30 jours, il faut prendre à ce point de vue la grande longévité des hommes d'alors, dont il est fait mention [1]. »

- S'il en était ainsi, les dates fournies par Diodore ne nous feraient pas remonter au-delà des limites généralement admises. Mais est-il possible que les prêtres égyptiens, qui étaient des maîtres en astronomie, se soient laissé prendre, dans leurs supputations, à une source d'erreurs qu'ils signalent eux-mêmes? Ont-ils pu négliger de réduire en années solaires les siècles, avant eux mal calculés, de l'âge des dieux? Sans cette transformation, la régularité de leurs annales n'existe pas, et l'on sait que toute l'antiquité est unanime à reconnaître la valeur de leurs indications. « De tous les hommes, dit Hérodote, les Égyptiens les premiers ont réglé l'année, distribuant son cours en douze parties. Ils ont fait cette découverte en observant les astres. Plus sages, selon moi, que les Grecs qui, pour conserver l'ordre des saisons, doivent ajouter tous les trois ans un mois intercalaire, les Égyptiens, ayant douze mois de trente jours, ajoutent tous les ans cinq jours complémentaires; de sorte que, pour eux, les saisons suivent un cercle immuable [2]. »

L'opinion d'Hérodote est ici d'un grand poids, car l'argument qu'il fournit n'est pas préparé pour les besoins de la cause. Le voyage d'Hérodote précède, en effet, de quatre siècles environ celui de Diodore, et tandis que ce dernier ne peut arracher aux prêtres d'Égypte que quelques révélations, Hérodote est initié à leurs secrets.

La cérémonie de l'initiation à la grande science, à laquelle Hérodote fut admis, était entourée de pratiques mystérieuses qu'on retrouve dans les deux mondes, sous des formes presque identiques, et dont les règles maçonniques rappellent le lointain souvenir. Le néophyte était soumis à de rudes épreuves. Sa

---

[1]. Diodore. Liv. I.
[2]. Hérodote. *Euterpe*, § IV.

vertu, son courage, sa discrétion étaient exposés à tous les périls. Malheur à lui quand il succombait! Si, au contraire, il avait su résister, il était admis dans le sanctuaire même du temple.

L'initiation.

« Peut-être, lecteur curieux, me demanderez-vous ce qui était dit, ce qui était fait ensuite... Vous l'apprendriez, s'il vous était permis de l'entendre. Mais le crime serait égal, et pour les oreilles qui l'entendraient, et pour la langue qui se rendrait coupable d'une indiscrétion aussi téméraire... J'approchai des limites du trépas... J'en revins en passant par tous les éléments... Je m'approchai des dieux de l'enfer et des dieux du ciel... Voilà tout ce que je puis dire, et ce que vous êtes condamnés à ne pas comprendre [1]. » On sent qu'Hérodote a pris de semblables engagements. Il le dit d'ailleurs lui-même : « Il est des choses que je ne puis ni ne dois divulguer... Que celui qui sait me comprenne! »

Lorsqu'il peut parler, il nous transmet de précieux renseignements. C'est ainsi qu'il nous fait remonter à 17,000 ans avant le règne d'Amasis, c'est-à-dire à l'époque où le nombre des dieux fut porté de huit à douze, parmi lesquels fut Hercule. Ce sont là pour lui des temps modernes, où l'homme vivait déjà dans un milieu relativement civilisé.

Ce règne des dieux, ce règne des rois, dont il est à chaque instant question dans les auteurs anciens, indiquent — le premier, la longue période pendant laquelle les hommes divinisèrent les astres ou les éléments; — le second, l'époque où les races humaines, arrivées à un certain état de civilisation, se donnèrent des chefs et des lois [2].

Dans un autre passage, Hérodote nous fournit également des dates curieuses : « Du premier roi d'Égypte à Sethon, le dernier de tous, il y avait eu, dit-il, 341 générations d'hommes et le même nombre de rois et de grands prêtres. Or, 300 générations d'hommes font 10,000 ans, à trois générations par siècle. Les 41 générations de surplus donnent 1,340 ans. Ainsi m'ont-ils dit (il s'agit des prêtres égyptiens), 11,340 ans se sont écoulés, durant lesquels nul des dieux n'a pris la forme humaine; et rien de pareil n'est arrivé, depuis le premier jusqu'au dernier des rois d'Égypte [3]. » Si à ces 11,340 ans, nous ajoutons la date vers laquelle Hérodote était en Égypte, 440 ans environ avant l'ère chrétienne, nous trouvons, en nombre rond, 120 siècles pour la date vers laquelle l'Égypte fut fondée en royaume.

Mais, si l'on veut arriver, pour l'âge de l'homme, aux centaines de mille ans dont parlent les géologues, il faut interroger les Chaldéens. « Ils connaissaient la division régulière de l'année en 365 jours et 6 heures; ils savaient qu'elle se fractionne en 12 mois auxquels préside chacune des 12 grandes divinités, ainsi qu'à autant de signes du zodiaque; que le soleil fait son

---

1. Apulée. *Métamorphose*.
2. Hérodote. *Euterpe*, XLIII.
3. Hérodote. *Euterpe*, CXLII.

évolution en une année, et la lune en un mois... Or, suivant eux, leurs observations astronomiques ont commencé 473,000 ans avant le passage d'Alexandre [1]. »

Les Chaldéens, renommés pour leur science en astronomie et en chronologie, étaient étrangers au sol asiatique. Ils composaient, à Babylone, une caste à part, privilégiée, devant laquelle on s'inclinait. Diodore dit clairement que Bélus était sorti d'Afrique et des îles de l'Océan : « Il était fils de Neptune et de Libya. » Les Chaldéens auraient donc apporté, sur les bords de l'Euphrate, une civilisation déjà ancienne chez d'autres peuples, et seraient venus des lieux vers lesquels le soleil se couche.

Il se pourrait, d'après cela, que la civilisation, à laquelle on a toujours donné l'orient pour berceau, vînt au contraire de l'occident. Le monde qu'on appelle ancien n'est pas plus riche en monuments antiques que le *Nouveau-Monde;* les archives espagnoles recèlent à cet égard des trésors pour l'histoire. C'est l'opinion d'un savant qui nous eût fait encore bien des révélations, si la mort n'était venue récemment le surprendre. Il nous raconte lui-même, dans un livre remarquable à plus d'un titre [2], l'impression que causa sur lui la découverte de certains faits, qui le mirent sur la trace de ce qu'il croit être la vérité :

« Ne vous est-il pas arrivé quelquefois comme à moi, en vous mettant en route de bon matin, entre les grands sites des Alpes et des Pyrénées, d'observer les vapeurs dont les montagnes se recouvrent au lever du soleil? Ces vapeurs, en s'élevant du fond des vallées et des profondeurs humides des bois, enveloppent le paysage d'un voile de brumes légères, en lui donnant souvent l'aspect d'un lac immense où les angles de la forêt se projettent çà et là, comme autant de promontoires ou d'îles couvertes de feuillage. Puis soudain, le soleil apparaissant brise d'un rayon ce tableau factice, semblable à un mirage. Les eaux, le lac, se dissipent comme par enchantement, et à mesure que l'astre du jour monte à l'horizon, le voile blanchâtre du brouillard, déchiré par la brise, se roule comme une masse de neige, aux flancs des collines, où ses derniers lambeaux ne tardent pas à disparaître entièrement.

---

1. Diodore. Liv. II.
2. *Quatre lettres sur le Mexique*, par l'abbé Brasseur de Bourbourg.

» Ces brouillards, ces voiles, ces eaux, ce lac, ce mirage enfin, c'est l'histoire américaine telle que je l'avais conçue, telle que je l'avais lue et commentée d'après tous les documents, telle que je l'avais écrite aussi moi-même, en suivant les traces des auteurs qui m'ont précédé depuis 60 siècles. Mais la vérité s'est fait jour, comme le rayon du soleil sur mon paysage ; elle a écarté peu à peu tous les voiles, et bien qu'il reste encore quelques légers brouillards sur les détails, elle n'en brille pas moins aujourd'hui pour moi, dans toute sa splendeur. Aucune autre comparaison ne saurait rendre l'effet produit sur mon esprit par ce jet soudain de lumière... Les Toltèques, que j'ai pris si longtemps pour une nation antique et policée, poursuivie au xi° siècle par d'implacables ennemis, ne sont en réalité que des puissances telluriques, agents du feu souterrain : ce sont les *Cabires*, qui plus tard deviennent les Cyclopes, en se creusant un œil au front, c'est-à-dire en se soulevant avec les masses de la terre au-dessus de sa surface et en remplissant de feu les cratères des volcans. Les Toltèques sont les véritables forgerons de l'Orcus, de la Limné, dont Toltan est le symbole. Ils sont véritablement les maîtres de la civilisation et des arts, les fondeurs par excellence des métaux, que les hommes n'apprirent à connaître qu'au milieu des convulsions d'un monde bouleversé par les agitations souterraines! »

Les documents mexicains, que Brasseur de Bourbourg nous apprend à interpréter, et qui relatent les principaux événements, les cataclysmes et les grands faits astronomiques des premiers âges du monde, permettent de remonter à des temps bien éloignés. L'*Histoire des soleils,* c'est-à-dire des quatre grandes époques de la nature, l'un des documents renfermés dans le *codex Chimalpopoca*, nous reporte à 41,511 ans avant J.-C., par indictions de 13 années. Chose digne de remarque, ces quatre âges se retrouvent dans les livres sacrés des Hindous. Eux aussi ils parlent, surtout le *Bhagavata Pourana,* des quatre âges et des *pralagas* ou cataclysmes qui, à diverses époques, ont fait périr l'espèce humaine.

Ainsi, quelle que soit la source à laquelle on puise, on arrive à la même conclusion : l'âge de l'homme, d'après les documents historiques, comme d'après les enseignements de la géologie, se compte par centaines et peut-être par milliers de siècles!

# VII

LE ROMAN DES PREMIÈRES SOCIÉTÉS.

Après avoir tenté de donner quelques indications sur l'antiquité de l'homme, cherchons à retrouver l'histoire ou tout 'au moins le *roman probable* de l'origine des groupements humains.

Ces groupements se produisirent sous l'influence complexe des besoins de l'homme et des combats qu'il eut à livrer. Pour se vêtir, pour s'abriter, pour attaquer comme pour se défendre, on dut de bonne heure se réunir, s'entendre, se classer. On reconnut un chef autour duquel s'assemblèrent les plus robustes et les plus intrépides. Ainsi se forma la *caste des guerriers*.

Ceux que l'âge avait mûris ou que les dons de la nature avaient faits plus perspicaces devinrent les conseillers, les sages, la *caste sacrée*. Les autres, selon les circonstances, selon la nature du sol habité, se firent agriculteurs, pasteurs, pêcheurs, artisans.

On vit se produire alors les premiers essais d'assistance réciproque. Les guerriers demandèrent le conseil des sages; les sages, le bras des guerriers; les faibles se mirent sous la protection des forts, et, en échange, ils leur offrirent leur expérience pour la culture de la terre et la récolte des moissons et des fruits; leur adresse et leur art pour préparer et ajuster les vêtements faits avec les feuilles, les écorces d'arbres, les plumes d'oiseaux, les peaux d'animaux; leur habileté pour fabriquer des outils et des armes, pour tailler les pierres, pour durcir les épieux, pour courber les arcs.

L'invocation

La caste des sages, dont l'influence ne pouvait se maintenir que par l'observation attentive des grands phénomènes et des lois universelles, constitua un corps de savants. Ils avaient surpris les secrets de la nature; c'était une sorte de communication avec la divinité. Ils en devinrent les représentants et les interprètes.

La religion prit une forme; elle eut, sous des aspects divers, son culte extérieur. L'esprit humain, encore incapable d'abstraction, divinisa les objets matériels; le soleil qui réchauffe la terre, la lune qui éclaire ses nuits, les astres qui brillent au firmament, le feu intérieur, le vent, les eaux, les éléments devinrent des dieux. On en fit des puissances, les unes protectrices, les autres malfaisantes, auxquelles on s'efforça de plaire. Tel est le point de départ du fétichisme.

Plus tard, au culte des astres et des éléments, se joignirent celui des forêts, et, quand se furent produits les grands bouleversements du globe, celui des montagnes et des fleuves. On retrouve la trace de ces croyances primitives à travers toute l'antiquité et jusqu'aux temps modernes, jusqu'à l'époque contemporaine. Les Pélages adorent la forêt de Dodone, dont les arbres rendent des oracles; les Hébreux, le chêne de Mambré; chez les Arabes, l'acacia est longtemps sacré, et, pour détruire cette superstition, il faut que Mahomet ordonne à Kaled d'en immoler la prêtresse; au vi$^e$ siècle, Agathias, au vii$^e$, saint Éloi, reprochent, celui-là, aux Alemans, et celui-ci aux Francs, leur culte des bois; par deux capitulaires, Charlemagne interdit les fétiches, eaux, pierres et forêts; hier encore, aux environs d'Angers, ne voyait-on pas les compagnons du tour de France aller planter le *clou sacré* dans le tronc du chêne de Lapalud?

Les sages établirent leur autorité sacerdotale sur ces croyances.

Tout d'abord cette foi grossière se transmit oralement, d'âge en âge; puis on traduisit, par des figures conventionnelles, sur la pierre, sur le bois, sur les ossements des animaux, etc., les légendes et le dogme qu'on voulait rendre sensibles et impérissables.

Le soleil et la lune eurent pour images des masques humains. Une feuille, nageant à la surface de l'eau, représenta la terre;

des lignes onduleuses comme le corps d'un dragon furent la mer; un serpent se mordant la queue fut l'emblème de l'éternité!

Avec la succession des siècles, le secret de la traduction hiéroglyphique de ces symboles, dont nous venons de citer les exemples les plus simples, se perdit. Seul, le corps sacerdotal en garda le culte et les arcanes. Ils donnèrent naissance à la mythologie, et nous les retrouvons, survivant à toutes les révolutions, chez les prêtres égyptiens, chez les Grecs, chez les druides, etc.

Les manifestations extérieures du culte se rapprochèrent des

Un sacrifice humain.

croyances nées de l'épouvante qu'avaient causée les catastrophes terrestres. Après avoir créé, la nature paraissait se plaire à anéantir; tout semblait naître pour être voué à la destruction.

On crut être agréable aux divinités protectrices, on crut apaiser la fureur des puissances malfaisantes, en leur offrant en sacrifice ce qu'elles avaient produit de plus parfait. De là ces holocaustes où l'homme tombe sous le couteau du sacrificateur; où l'on arrache le cœur de la victime, pour l'offrir tout fumant à d'odieuses divinités!

Ainsi, au premier rang, tout près des dieux qu'elle sert et dont elle se fait l'interprète, la caste sacerdotale. Elle impose par son savoir, par ses lumières, par cet instinct naturel qui pousse l'homme vers la croyance en Dieu. Elle tranche toutes les grandes questions, les migrations, la paix, la guerre; elle est la directrice universelle; elle est l'oracle; elle fait la loi.

Après elle, la caste guerrière qui a aussi ses priviléges, mais qui ne vient toutefois qu'au second rang, car elle n'est que le bras au service de la pensée. Puis l'artisan, dont le travail crée, perfectionne et enrichit l'industrie; l'artisan, longtemps esclave, placé au-dessous de l'humanité, presque au-dessous de la bête.

Cette lèpre hideuse, qui rongea si longtemps les premières sociétés, l'esclavage, prit son germe dans un autre fléau, la guerre! Que faire des vaincus? Dans ces temps voués à l'ignorance et aux instincts farouches, à ces tristes heures où tout manque à l'homme, où sa vie est si menacée, si précaire, où une bouche de plus à nourrir est pour lui un problème difficile à résoudre, où le devoir est chose inconnue, on se débarrasse des prisonniers en les tuant; on organise le massacre des vaincus. Nos contemporains, les Indiens de l'Amérique du Nord ne font guère mieux : ils les scalpent. Chez une foule de tribus malayo-polynésiennes, les sauvages exposent encore, à l'entrée de leurs habitations, les têtes et les ossements de leurs ennemis.

Oserons-nous rappeler que ce fut un progrès lorsque, non par un sentiment élevé, par humanité, mais par spéculation, par intérêt, le plus faible devint l'outil, l'instrument, l'esclave du plus fort? Qu'il y a loin de cette barbarie primitive à la morale sublime qui fait du vaincu le frère malheureux, le protégé du vainqueur!

# CHAPITRE II

LES ORIGINES DE L'INDUSTRIE.

# I

### LA VIE PRIMITIVE.

L'*homme quaternaire*, nous l'avons vu, est relativement un moderne. Quand on veut étudier les origines de l'industrie, il faut remonter jusqu'à l'*époque tertiaire*.

Cette époque correspond-elle simplement, dans la marche de l'humanité, à un âge plus ou moins reculé, ou bien se rapporte-t-elle à un état particulier, à une forme antérieure de l'espèce humaine? En d'autres termes, ce qu'on appelle l'*homme tertiaire* était-il un être identique à nous, ou bien n'est-il que l'ancêtre et comme le précurseur de l'homme quaternaire et de l'homme actuel? Grave question que se sont posée de nos jours plusieurs savants, dont nous croyons intéressant de faire connaître ici les idées pleines de hardiesses.

« S'il est un fait établi, reconnu par tout le monde, dit M. de Mortillet, c'est sans contredit la succession des faunes dans les divers étages géologiques. D'un étage à l'autre, la faune se modifie, les animaux changent, et ces modifications, ces changements s'accentuent d'autant plus que les étages sont plus éloignés. Entre deux étages en contact, il peut y avoir quelques espèces communes, mais, en s'éloignant, les étages changent complétement d'espèces, et même de genres, s'ils s'éloignent encore plus. Ces changements s'opèrent d'autant plus rapidement que les animaux ont une organisation plus compliquée. Ainsi les mollusques ayant une organisation moins compliquée que celle des mammifères, ont parfois une durée d'existence, comme espèce, beaucoup plus longue. On voit certaines coquilles se retrouver dans deux étages qui ont une faune mammalogique tout à fait distincte. Ce ne sont pas là des hypothèses, ce sont des données scientifiques, basées sur l'observation directe des faits.

» Eh bien, depuis la formation du calcaire de Beauce, depuis le dépôt des marnes à silex taillés de Thenay, la faune mammalogique s'est renouvelée complétement au moins trois fois. Les différences entre les mammifères des calcaires de Beauce et les mammifères actuels sont même telles que non-seulement elles suffisent pour caractériser des espèces distinctes, mais encore qu'elles ont paru assez importantes aux zoologistes pour leur faire créer des genres spéciaux. Les mammifères du niveau des calcaires de Beauce, du niveau des marnes à silex de Thenay, à peu près sans exception, appartiennent à des genres éteints, genres très-voisins de nos genres actuels, servant de transition dans la série animale, mais pourtant genres parfaitement distincts. Comment l'homme, qui a une organisation des plus compliquées, aurait-il seul échappé à cette règle, à cette loi? Nous devons donc conclure que si, comme tout le fait présumer, les silex de Thenay portent des traces d'une taille intentionnelle, ils sont l'œuvre non pas de l'homme actuel, mais d'une autre espèce d'homme, probablement même d'un genre *précurseur de l'homme,* devant combler un des vides de la série animale [1]. »

Quoi qu'il en soit, que l'homme actuel soit l'image exacte ou perfectionnée de l'homme tertiaire, que celui-ci ait eu des ailes comme les chauves-souris ou quatre mains et le front déprimé comme les singes, ce que l'on peut affirmer, c'est que si l'on prend l'humanité en dehors des périodes heureuses dont parlent les monuments et la tradition, on la trouve dans un état de détresse effroyable. Nu, sans armes naturelles, entouré d'ennemis, l'homme n'aurait peut-être fait que paraître pour être presque aussitôt détruit, si la Providence qui l'appelait à

---

[1]. *Association française pour l'avancement des sciences.* Congrès de Lyon. Séance du 22 août 1873. Communication de M. de Mortillet.

ses hautes destinées ne lui avait donné, pour suppléer sa faiblesse, cette flamme divine dont l'instinct des animaux est comme un pâle reflet, l'intelligence.

Le sol était hérissé de pierres meurtrissant son pied nu; au lieu de les regarder uniquement comme des obstacles amoncelés sur son chemin, l'homme y vit en même temps des auxiliaires et comprit le parti qu'il en pourrait tirer. Légères, lancées à la main, elles franchissaient l'espace et frappaient de loin l'ennemi; lourdes, elles allaient à de moins grandes distances, mais donnaient un choc plus fort. Il en fit des instruments d'attaque et de défense. De même, la branche d'arbre fut convertie en bâton, arme et soutien du premier voyageur. Le bâton à son tour, dont la puissance augmentait avec le poids, s'appesantit en massue. Les longues branches furent des lances; les roseaux, si abondants alors, des traits; les lianes, les racines filiformes des végétaux, des cordes toutes faites.

Le bâton et la massue.

Parmi les pierres, toutes ne se présentaient pas en masses arrondies comme celles qui composèrent le premier arsenal de projectiles. Il y en avait d'anguleuses, de tranchantes, de fibreuses, etc. Elles servirent à fabriquer des outils. Quand leur cassure naturelle s'était faite à angle aigu, c'étaient, selon leur forme et leur grosseur, des couteaux, des ciseaux, des racloirs ou des coins. Quand elles présentaient une surface rugueuse, elles servaient de râpes et de meules que l'on manœuvrait à la main. Les pierres creuses donnaient des mortiers, et les géodes, des pilons. D'autres pierres servaient de marteaux, d'erminettes et de haches. Les instruments des insulaires des Nouvelles-Hébrides rappellent encore cet outillage et cet armement.

L'homme put dès lors écorcer le bois, gratter, couper, fendre tant bien que mal. C'est l'âge de la pierre naturelle, le plus antique et, à ce titre, l'un des plus curieux [1].

A ces armes, à ces outils de pierre se joignirent les ossements des animaux. Les dents des squales servirent de scies; les molaires des grands herbivores, de meules; les arêtes des poissons, d'aiguilles; les longs maxillaires des sauroïdes, d'instruments contondants; les lourds ossements des pachydermes, de massues. Le plus souvent, nous foulons aux pieds des armes et des outils de ce genre, sans soupçonner les services qu'ils ont rendus à l'homme; nul travail sensible n'en révèle, en effet, le primitif usage. Quelques-uns cependant conservent la trace des coups donnés ou reçus. Les musées du Nouveau-Monde en renferment plus d'un échantillon.

Dent de squale.

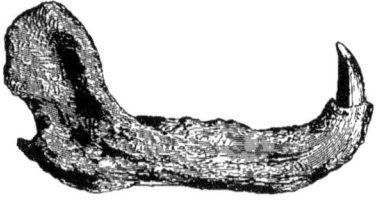
Maxillaire-massue.

L'homme avait d'autres ennemis que les animaux : la faim, la fatigue, les éléments. Grâce à Dieu, tant que la température fut celle des tropiques, il lui suffit de peu. L'Hindou et l'Arabe se contentent de même d'un peu de riz, de dourah, de quelques grains de blé; tandis que l'Esquimau absorbe en un jour de quoi nourrir une famille tout entière? L'herbe de la terre, les racines, les bourgeons et les fruits qui venaient sans culture furent les premiers aliments.

---

1. Nous n'ignorons pas que quelques savants révoquent en doute la succession des âges de la pierre, du bronze et du fer. A Alise, disent-ils, on a trouvé, dans le même fossé, des armes des trois âges réunis. Mais qu'est-ce que cela prouve, si ce n'est que l'usage des premiers outils et des premières armes s'est continué, malgré les perfectionnements ultérieurs. Nos pères n'ont-ils pas vu, en 1815, des Cosaques armés d'arcs et de flèches? Faut-il en conclure que l'arc et la flèche n'ont pas précédé les armes à feu? D'autres ont nié l'existence des armes de pierre. Ceci est plus grave. Les sauvages s'en servent encore dans un grand nombre d'îles de l'océan Pacifique. Les récits les plus authentiques constatent d'ailleurs qu'on s'en est servi, dans les armées, jusqu'au xi° siècle. Guillaume de Poitiers rapporte que les Anglais en étaient munis à la bataille d'Hastings : *jactant Angli cuspides et diversorum generum tela, sævissimas quoque secures et lignis imposita saxa.*

Cette alimentation était insuffisante. L'homme mangea les animaux morts et quelquefois putréfiés, comme le font les populations de l'Indo-Chine et de l'archipel Indien. Quand il s'était repu, à la manière des boas, il digérait longuement et pouvait supporter un long jeûne. Les Bicharieh ne procèdent pas autrement [1]. Averti par de terribles maladies, il comprit qu'il lui fallait une nourriture plus saine. Il attaqua les animaux et dévora sa proie encore chaude, presque vivante. Le goût de la chair crue existe chez un grand nombre de populations sauvages qui la savourent comme un mets succulent.

La terre était alors couverte de forêts épaisses dans lesquelles s'étendaient de vastes flaques d'eau. Les animaux y abondaient et venaient étancher leur soif dans ces sortes d'étangs. L'homme se mit en embuscade. N'ayant pas la vigueur, il eut recours à la ruse : il disposa des lianes en lacets, tendit ou creusa des piéges, et montant dans les arbres, guetta sa proie. Quand la bête, embarrassée dans les lianes, ou prise dans un trou recouvert d'un toit de branches légères et de feuillage qui s'affaissait tout à coup sous son poids, se trouvait dans l'impossibilité de nuire, il descendait de son poste d'observation et la tuait à coups de pierres, de massue ou de hache. Lorsque la chasse avait été mauvaise, il revenait au gîte, rongeait ou cassait les ossements pour en extraire la moelle, mangeait des insectes et jusqu'à sa vermine [2].

La pêche ne demandait ni moins de volonté, ni moins d'artifices. L'homme jetait à l'eau un tronc d'arbre et, debout ou à cheval sur cet esquif, se laissait emporter par le courant, assommant à coups de pierre ou de bâton tout ce qui s'aventurait sur son passage. De même, on voit aujourd'hui les Peaux-Rouges, debout sur un frêle canot creusé dans un tronc d'arbre, un pied sur chaque bord, déployer dans l'exercice de la pêche l'énergie particulière à leur race. Le canot rencontre des tourbillons et tourbillonne avec eux; il heurte des pointes de rochers et bondit au-dessus de l'eau. Les hardis pêcheurs, armés d'un trident, restent en équilibre, ou bien, renversés, remontent

---

1. Linant-Bey. *L'Etbaye.*
2. Les Nagas de l'Assam se nourrissent encore d'insectes et de vermine.

aussitôt et reprennent leur place de bataille. Parfois la lutte est acharnée : l'Indien plonge, s'attache à sa victime, s'efforce de l'empêcher de gagner les eaux profondes, pèse de tout son poids sur elle, la saisit aux ouïes, l'épuise, la noie, la ramène et la mange [1].

Dans quelques localités privilégiées, ces difficultés, ces luttes n'existaient pas. Le pêcheur n'avait besoin que d'un peu de réflexion et de patience. Diodore nous en fait en quelque sorte la description dans son tableau des *Ichthyophages* :

Sur une partie du littoral du golfe Arabique, on rencontre certaines peuplades qui se nourrissent de poissons. « Leurs habitations, dit-il, sont établies près de la mer, dans des rochers remplis de cavernes, de précipices et de défilés communiquant entre eux par des passages tortueux. Ces peuplades tirent parti des dispositions de la côte et ferment, avec des quartiers de roches, toutes les issues de leurs cavernes. A la marée montante, qui arrive deux fois par jour, la mer recouvre les rochers, et les flots apportent avec eux une immense quantité de poissons de toute espèce qui s'engagent dans les cavités où ils sont attirés par l'appât de la nourriture. Au moment du reflux, ils y restent emprisonnés... Alors les habitants arrivent en poussant de grands cris, comme les chasseurs lorsqu'ils aperçoivent leur proie... Et quand ils ont ramassé une assez grande quantité de poissons, ils les emportent et les font sécher sur des pierres exposées au soleil. Neptune leur tient ainsi lieu de Cérès [2]. »

La pêche, comme la chasse, avait ses alternatives.

— Notre gymnastique, à nous, dit un chœur du *Rudens*..., c'est de prendre des oursins, des patelles, des huîtres, des glands et des horties de mer, des moules, des ratons, des plaguses cannelées. Ensuite nous essayons de la pêche à la ligne et de celle des rochers. La mer nous fournit la nourriture que nous pouvons prendre. S'il n'arrive pas bonne chance, nous revenons, salés et baignés, purs et nets, à la maison, et nous nous couchons sans souper [3].

Tel fut souvent le sort des pêcheurs de cette rude époque.

---

1. *Magasin Pittoresque*, année 1837.
2. Diodore. Liv. III.
3. *Plaute*, traduit par J. Naudet, édition Panckouke, tome VIII, p. 276 et 277. 1828.

Ce n'est, le plus souvent, qu'au prix d'un labeur incessant, de luttes acharnées, que l'homme parvient à vivre. Est-ce bien vivre qu'il faut dire? L'existence achetée à ces conditions n'est-elle pas une lente agonie? « Nation famélique, dit le poëte, comment vivez-vous, ou plutôt, comment périssez-vous? »

Industrieux étaient les *chélonéphages,* descendants par les mœurs des *mangeurs de tortues* des premiers âges du monde. « Il y a, dans l'océan, une multitude d'îles voisines du continent, petites et basses... Les flots se brisent contre les caps de ces îles, refuge de nombreuses tortues marines qui vivent dans ces parages. Ces animaux passent les nuits dans la haute mer pour y chercher leur nourriture, et, le jour, ils se rendent aux alentours des îles et dorment au soleil. Leurs carapaces, s'élevant au-dessus du niveau de l'eau, présentent l'aspect de barques renversées... Les insulaires s'approchent des tortues... Ils attaquent l'animal de droite et de gauche à la fois; d'un côté pour le retenir fixe, de l'autre, afin de le soulever pour le renverser sur le dos. Ils le maintiennent dans cet état; car autrement il se sauverait en nageant dans les profondeurs de la mer. L'un des pêcheurs, attachant une longue corde à la queue de l'animal, gagne la terre et tire la tortue après lui, en s'aidant des bras de ses compagnons... Arrivés chez eux, ils mangent la chair cachée sous la carapace... Puis ils se servent de ses écailles qui ont la forme d'un bateau, soit pour transporter de l'eau qu'ils vont chercher sur le continent, soit pour construire des espèces de cabanes en plaçant les carapaces debout et inclinées au sommet. Ainsi, un seul bienfait de la nature en renferme plusieurs autres : la tortue leur fournit à la fois un aliment, un vase, une habitation et un navire [1]. »

Après les luttes, après le travail du jour, l'homme avait besoin de repos. A l'origine, comme la température était celle des tropiques, il se coucha tout simplement sur le sol et dormit sous un arbre. Le lit était dur; il garnit la terre de feuilles et de mousses. Les animaux vinrent l'y troubler. Il chercha un moyen de se mettre à l'abri : les oiseaux vivaient au-dessus de

[1]. Diodore.

sa tête, dans le feuillage des arbres; il suspendit son hamac à côté de leurs nids.

Au-dessus des fourrés s'élevait une végétation immense. Des lianes puissantes, souples, et d'une longueur pour ainsi dire infinie, couraient à travers les arbres, formant une sorte de réseau, de filet sans fin, aux mailles enchevêtrées et résistantes. Les branches des plus hautes cimes formaient un abri, un toit épais sous lequel s'ébattaient les oiseaux et gambadaient les quadrumanes. L'homme y établit sa demeure. « Il grimpe jusqu'au haut des arbres, raconte Diodore; une longue habitude l'a rendu si agile qu'il en atteint la cime en un instant. Il passe d'un arbre à l'autre, comme un oiseau, et sait se tenir sur les branches qui paraissent les plus faibles. Lorsque le pied lui manque, il est assez adroit pour se retenir avec les mains; et quand bien même il tomberait à terre, il ne se ferait point de mal, tant est grande sa légèreté [1]. » Les oiseaux, les reptiles et les autres animaux qui hantaient les halliers et les fourrés, les insectes qui peuplaient l'air; l'herbe, les racines, les fruits, les jeunes pousses des plantes, composaient sa principale nourriture.

Nécropoles aériennes.

La cime des arbres n'était pas seulement le refuge des vivants; elle était la demeure des morts : c'est le temps des nécropoles aériennes. On expose les cadavres dans les hamacs les plus élevés. Les oiseaux de proie s'abattent sur les corps et s'en disputent les lambeaux.

---

1. Diodore. Liv. III.

Les demeures aériennes.

Diodore, que nous avons plusieurs fois cité, parle, il est vrai, dans toutes ces descriptions, de faits postérieurs au déluge; mais ces faits sont comme le souvenir et la continuation des coutumes antédiluviennes. Le passé laisse toujours sa trace; quand l'histoire a des lacunes, la tradition les comble. C'est ainsi que bien des usages primitifs ont traversé sans se perdre toutes les révolutions, et se retrouvent, plus ou moins modifiés, à de longs intervalles. L'âge que nous appelons l'antiquité, âge relativement moderne, reflète bien souvent l'enfance de l'humanité. Égyptiens, Mèdes et Perses, Phéniciens, Babyloniens, Étrusques, Pélages et Celtes, Indiens, Chinois et Malais ont été, on le reconnaît souvent à plus d'un signe, les continuateurs, quelquefois par les mêmes moyens, de la grande lutte engagée par l'homme avant le déluge.

La température s'abaissa. L'homme sentit les atteintes du froid. Il se couvrit de feuilles, d'écorces d'arbres, de peaux d'animaux tués à la chasse, et dont la chair lui avait servi d'aliment.

Le froid augmenta. Les périodes glaciaires approchaient. La pluie et la neige tombaient avec violence; le vent soufflait. Descendu depuis longtemps de ses demeures aériennes, l'homme s'était bâti sur le sol, avec des troncs d'arbres et des branches grossièrement assemblées, des abris, nous n'osons dire des maisons. Ces huttes furent renversées par la tempête. Il se creusa des trous et tenta de vivre, comme le font certaines tribus arabes, dans des espèces de gourbis; il en fut chassé par les eaux.

La surface du sol était tourmentée, boursoufflée, remplie de crevasses. Il se blottit dans les anfractuosités des rochers, dans les grottes, dans les cavernes. Pour les rendre habitables, il en nivela l'aire, en régla les pentes, rejeta au dehors l'eau qui suintait contre les parois, appliqua sur le sol des pierres schisteuses, en superposa quelques-unes pour se faire un siége, ramassa des feuilles et des mousses dans les forêts ou des varechs sur le bord de la mer, et, sur cette sorte de matelas recouvrant un grossier dallage, il se fit un lit.

Certaines cavernes étaient profondes, si profondes qu'il y en avait, comme celles qu'on retrouve dans l'Yucatan et en Tunisie, qui renfermaient des mares, des étangs et même des lacs. On s'y groupa. Ainsi se formèrent des espèces de hameaux souterrains. Le plus robuste y prit la meilleure place; les autres s'arrangèrent comme ils purent. Là grouillaient pêle-mêle des êtres humains, hommes, femmes, enfants, vivant dans une confusion indescriptible. L'obscurité était le seul voile dont s'enveloppassent les mystères de la vie. Les enfants venaient au monde à côté des vieillards qui râlaient! Le plus souvent la caverne était une sentine infecte. On s'y nourrissait de serpents, de lézards, de reptiles, d'êtres de toutes sortes [1]. La chair crue des animaux à sang rouge se déchirait avec les dents. Quant aux restes du repas, ils jonchaient le sol et empestaient l'air. Comme on ne voulait rien perdre, on cassait les os pour en extraire la moelle. Dans une foule de cavernes de l'Europe et du Nouveau-Monde, on retrouve des ossements brisés ou fendus, dont la moelle a servi de nourriture. Chose horrible à dire, parmi ces ossements vidés, il y en a qui ont appartenu à des victimes humaines! Temps maudits, où le troglodyte est à la fois un bandit et un cannibale.

L'anthropophagie n'a pas toujours, hélas! la faim pour excuse; elle prend souvent sa source dans d'épouvantables préjugés. On croit, par exemple, qu'en mangeant son ennemi, on s'infusera ses vertus guerrières. « Encore aujourd'hui, certaines tribus de l'Amazone, un mois après les funérailles du mort, déterrent son cadavre, le mettent dans une grande chaudière et le font complétement carboniser. Ils réduisent alors les charbons en poudre et la versent dans une liqueur qu'ils avalent... Naguère, aux îles Sandwich, on mangeait le corps des bons princes qui avaient fini de mort naturelle, pour que leur cadavre ne fût pas profané; cela s'appelait *manger le chef par amour!* Chez les indigènes de l'Australie, l'anthropophagie n'est usitée que pour certaines cérémonies magiques. Les Battaks de Sumatra, qui ne sont pas habituellement cannibales, le deviennent cependant à l'occasion des exécutions capitales. Après que le condamné a reçu la mort, son corps est dépecé par les assistants, qui en dévorent les lambeaux. Les plus proches parents de la victime

---

[1]. Hérodote. Liv. IV.

ont droit aux meilleurs morceaux... Pour d'autres peuples, les Indiens de la Guyane, par exemple, l'anthropophagie est simplement un acte de vengeance. La victoire sur une horde ennemie est célébrée par un repas dans lequel on dévore quelque partie du cadavre d'un prisonnier [1]. »

Tout est repoussant dans ce monde hideux. L'habillement est sordide : les hommes s'affublent de lambeaux puants; les femmes s'accrochent aux oreilles ou se pendent au nez des fragments infects de carapaces de crustacés; elles n'ont ni retenue, ni pudeur; elles se livrent au premier venu pour un bracelet de coquillages ou pour un collier de cailloux; vraies *guenons du pays de Nab,* viles créatures indignes du nom de femmes, misérables femelles!

Quand le troglodyte est malade, il gêne les autres; on le tue et on le jette dans un coin. Malade, il n'était que gênant; mort, il devient dangereux. On le transporte loin de la caverne, dans un endroit élevé où il est enseveli sous les pierres qu'on lui jette, car il a eu le tort d'embarrasser les vivants! Plus

Les vivants se débarrassant des morts.

tard, ce signe odieux de malédiction se transformera en un pieux usage : les pierres seront déposées avec respect sur les corps, pour les mettre à l'abri de l'injure des animaux. De là peut-être l'origine de cette coutume, que l'on retrouve en usage de nos jours, d'apporter, à des époques consacrées, une pierre sur la tombe des morts.

1. A. Maury. *La Terre et l'Homme.*

116    LES ORIGINES DE L'INDUSTRIE.

Telles furent, dans le principe, les cavernes des vallées.

Il y avait aussi les cavernes des falaises. Pour y parvenir, il fallait la sûreté du pied des chamois. N'ayant pas encore les outils nécessaires pour creuser un sentier dans la roche, on suivait le chemin que la nature avait tracé, saillies étroites et glissantes, sur lesquelles l'homme posait le pied, tandis qu'il s'accrochait avec les ongles aux parois à pic du rocher, le corps collé contre la muraille. Un faux pas, et il tombait dans l'espace. Élevés dans ces conditions, les enfants s'y habituaient de bonne heure et sautaient, comme des cabris, de saillie en saillie, à côté des hommes et des femmes qui apportaient sur leur dos, dans ces retraites suspendues au-dessus des abîmes, la proie devant servir au repas, ou les objets nécessaires aux besoins quotidiens. Quant aux morts, on les jetait à la mer, lorsqu'elle battait le pied de la falaise. Quand il était possible de descendre jusqu'au bas, sans trop de danger, on les déposait sur le sable et l'on chargeait le flux de les ensevelir.

Par la suite, quand les cavernes furent abandonnées comme

Les cavernes nécropoles.

habitations, on en fit des nécropoles. Des escortes funèbres allaient y déposer les cadavres. De là les débris d'un âge plus avancé qu'on y rencontre.

Pendant la nuit, l'entrée des cavernes était bouchée avec des monceaux de pierres que l'on renversait le lendemain pour sortir. Les pierres ne s'élevaient que jusqu'à la moitié de la hauteur de l'ouverture; le reste était fermé avec des espèces de fascines épineuses.

Les cavernes des falaises.

Un jour, dit une légende que nous empruntons aux traditions qui se perpétuent dans la Nouvelle-Guinée et qui remontent, dit-on, au temps où cette île se rattachait à un vaste continent, — un jour, sur une pente abrupte taillée par la nature dans d'énormes rochers, un troglodyte sortit de son antre. Il était armé d'une hache de pierre et tenait de l'autre main un bâton noueux. Un poignard en corne pendait à sa ceinture de boyaux.

A peine avait-il franchi le seuil de la caverne, qu'un formidable carnassier, en embuscade dans le voisinage, s'y précipite. Des cris de détresse se font entendre. L'animal fuit en bondissant. Dans sa gueule, il tient le corps d'un jeune enfant. Une femme nue, échevelée, se tordant les bras, apparaît et s'élance hors de la caverne. L'homme à son tour, brandissant sa hache de pierre, court, furieux et écumant, à la poursuite du ravisseur. Ils sont au bord du précipice. Le roc est taillé à pic. A mi-chute, une saillie forme une sorte d'étroit plateau. La bête, sans lâcher sa proie, s'y jette d'un bond. Le sang de l'enfant coule et rougit l'escarpement.

Rapide comme l'éclair, l'homme plante l'une des extrémités de son bâton entre deux rochers qui surplombent. Il se suspend à l'autre extrémité, prend son élan et disparaît. Un sourd craquement se fait entendre; un nuage de poussière s'élève... Les échos du ravin répètent un long hurlement...

Quand le nuage se dissipe, le bruit a cessé. On peut voir, du bord du précipice, l'homme et l'enfant sur le plateau. La mère elle-même est auprès d'eux. Pour descendre, elle s'est déchirée aux aspérités des rochers. Un bloc énorme s'est détaché de la montagne; le monstre roule écrasé au fond du torrent.

Qui donc a détaché ce bloc? Quelle divinité protectrice l'a lancé sur la bête farouche? Les morceaux de la branche brisée sont là sur le plateau. Un trait de lumière jaillit dans la pensée du troglodyte. Le bâton est une machine qui a centuplé sa force. Sa main débile a fait tressaillir la montagne... Il vient de découvrir la puissance du *levier*.

Sans doute, ce n'est là qu'une légende; mais cette légende n'est pas sans intérêt, car elle nous est transmise par un peuple dont les mœurs, les coutumes et la vie se sont en quelque sorte conservées intactes, depuis que la Malaisie, fragment d'immenses continents, s'est brisée en Archipel ! Les indigènes de la Nouvelle-Guinée habitent, comme les hommes des premiers âges, des huttes dans lesquelles on peut à peine se tenir debout et où l'on ne pénètre qu'en rampant; leurs palafittes sont analogues aux constructions lacustres de la Suisse; on vit aussi, comme aux temps primitifs, dans des hamacs suspendus à la cime des arbres; les armes sont en pierre et en os; le langage même garde les traces d'une antique origine.

De même, chez les sauvages de l'Australie, les coutumes rappellent les plus anciens usages. On fabrique des ornements avec des dents de kangourous ou même d'hommes, des queues de chien, des os de poissons, des morceaux de bois, etc. Sur les côtes, on construit des embarcations avec des morceaux d'écorce dont les extrémités sont reliées ensemble et dont le milieu est maintenu ouvert au moyen d'arcs-boutants. Point de poterie : on porte l'eau dans des vases d'écorce; on se sert, pour le transport des provisions, de sacs que l'on suspend à la tête par un cordon, et qui flottent sur le dos; on se nourrit de racines, de jeunes pousses, de fruits, de crustacés, d'insectes, d'œufs d'oiseaux, de poissons, de tortues, de kangourous, de chiens et de veaux marins; on écrase les os pour en extraire la moelle. Les armes et les instruments sont en pierre. Diverses espèces de couleurs, des plumes, des coquillages, quelques ustensiles et, en particulier, des cailloux, sont les principaux articles du commerce [1].

Cependant la terre avait en grande partie disparu sous les glaces. Le froid avait déchiré les plantes et fendu jusqu'aux rochers.

On peut juger de l'énergie qu'il fallut alors déployer, pour tenter de vivre, en lisant ce passage d'une relation que nous a laissée un navigateur pris dans les glaces du nord, avec toutes les ressources de l'industrie du xvie siècle. « La froidure, dit-il, était si grande, qu'on ne pouvait se réchauffer; et pourtant, nous usions de tous les moyens, faisant grand feu, nous bien couvrant, nous enveloppant les pieds de pierres chaudes... C'est pourquoi, bien souvent, nous nous regardâmes piteusement l'un

---

1. Lubbock, *L'homme avant l'histoire.*

La légende du levier.

l'autre, nous réconfortant du mieux que nous pouvions, nous disant que nous étions à la descente de la montagne, c'est-à-dire que le soleil revenait vers nous... L'espoir adoucit la peine... Il fit si horriblement froid, qu'étant assis près d'un grand feu et nous brûlant presque le devant des jambes, nous gelions par derrière et étions couverts de glace [1]. »

Que dire des temps où le feu était encore inconnu? C'en était fait; l'homme allait périr. Le feu descendit des nues; il embrasa les arbres résineux qui avaient pu survivre, et le sauva. « C'est la foudre, dit Lucrèce, qui a apporté le feu sur la terre; elle est le foyer primitif de tous les embrasements. Ne voyons-nous

Les grandes cavernes après la découverte du feu.

pas un grand nombre de corps s'enflammer, quand l'air orageux lance ses traits [2]. »

Le premier sentiment de l'homme, à ce spectacle, fut l'épou-

---

[1]. Relation d'un voyage de Wilhem Barenty, par Gérard de Veer, son compagnon.
[2]. Lucrèce. *De la nature des choses*. Chant V.

vante [1]. Revenu de sa première stupeur, il comprit l'étendue de ce présent du ciel. Il emprunta des tisons à ces brasiers; il alluma des feux dans ses cavernes, fit cuire ses aliments, reprit son activité, renouvela son armement et son outillage et commença, pour ainsi dire, une vie nouvelle.

Le feu, salut de l'humanité, fut divinisé. N'était-ce pas une parcelle du Soleil descendue sur la terre? On préposa à sa garde des vierges dont les Vestales sont les descendantes.

Devenu plus observateur, l'homme comprit qu'il y a, dans tous les corps, un foyer latent. Il vit que les rochers, détachés de la montagne, faisaient jaillir des étincelles en se brisant; que les arbres des forêts, secoués par la tempête, devenaient brûlants par le frottement. « Souvent un arbre touffu, dont la cime vacille sous le souffle du vent, s'échauffe en choquant ses rameaux contre ceux d'un autre arbre. A ce

Les vierges du feu.

contact, le feu jaillit, violemment tiré des veines du bois. La flamme brillante darde un jet embrasé, tandis que les branches et le tronc se broient dans le frottement [2]. » — L'homme imita

---

1. Les Tasmaniens, à l'époque du voyage de Magellan, ne connaissaient pas l'usage du feu. Celui-ci, pour les punir de leurs rapines, ayant incendié un village, leur première pensée fut que le feu était une bête se nourrissant de bois. Ils se tenaient à distance, craignant d'être dévorés et empoisonnés par le souffle violent de ce terrible animal. — *Histoire de l'archipel des Larrons*, par le P. Gobien.

2. Lucrèce. *De la nature des choses*. Chant V.

L'époque glaciaire.

ces jeux de la nature. Il frappa deux cailloux l'un sur l'autre; il frotta un morceau de bois vert dans la rainure d'un bois mort, et il arracha ainsi, des entrailles de ces corps, l'élément qui s'y cache, l'agent qui est partout, qui engendre, renouvelle, divise, unit, entretient tout, le feu !

> Ignis ubique latet; naturam amplectitur omnem;
> Cuncta parit, renovat, dividit, unit, alit [1].

Les antiques chants des Vedas rappellent ce moyen primitif de tirer le feu du sein des corps. « Deux pièces de bois composent l'*arani*, et, du frottement de ces deux pièces, naît le feu du sacrifice. Telle est à peu près la disposition du *Winth-Kalk-Kalk*, composé de deux pièces de bois de l'Hedycaria pseudo-morus, à l'aide desquelles les Australiens obtiennent la flamme en une demi-minute [2]. » Les sauvages de l'Amérique usent encore d'un procédé identique pour obtenir du feu.

Virgile, dans l'*Énéide*, nous montre Achate, après la tempête soulevée par Éole, à la prière de Junon, « faisant jaillir l'étincelle d'un caillou qu'il frappe. Il la reçoit sur des feuilles; l'environne de cet aride aliment. Ainsi couvée, la flamme éclate [3]. »

> Ac primum silici scintillam excudit Achates,
> Suscepitque ignem foliis, atque arida circum
> Nutrimenta dedit, rapuitque in fomite flammam.

1. Ces vers sont de Voltaire. Il les a mis pour épigraphe à son *Essai sur la nature du feu*.
2. A. Maury. *La Terre et l'Homme*.
3. *L'Énéide* de Virgile. Traduction de M. de Pongerville, membre de l'Académie française.

II

LES ENCEINTES DE FEU ET LES ENCEINTES DE PIERRE.

Une faune nouvelle venait d'apparaître. Chassé de ses demeures aériennes par le froid, de ses premières huttes par la tempête, de ses gourbis par les eaux, l'homme, réfugié dans les cavernes, eut à en soutenir le siége contre les grands carnassiers, dont le Machœrodus, reconstitué par M. Albert Gaudry, avait été en quelque sorte le précurseur.

C'était un adversaire terrible que « ce Machœrodus de l'époque tertiaire, le roi des animaux, le plus audacieux, le mieux armé. La terre n'avait pas encore vu de félide pareil. Sa membrure était supérieure à celle de nos tigres avec lesquels il avait plus d'un point de ressemblance. Il avait une mâchoire énorme dont les canines étaient taillées en forme de poignards. La largeur exceptionnelle de l'olecrane révélait l'énergie des muscles extenseurs de son avant-bras, et la force des os du pouce montrait avec quelle puissance il saisissait sa proie vivante [1]. »

Lorsque les grands carnassiers apparurent, les cavernes ne furent plus tenables. On n'en pouvait sortir qu'au prix d'une bataille, et, si l'on y demeurait pour éviter le combat, on était condamné à mourir de faim. Il fallait prendre un parti et chercher d'autres demeures.

1. Victor Meunier. *Courrier des sciences*, 1864.

L'homme avait remarqué que la flamme tient en respect les bêtes fauves. Entre ces dangereux ennemis et lui, il mit un rempart de feu. Ainsi font encore, de nos jours, les indigènes de l'Oussouri. — Des feux s'allumèrent de tous côtés. Dans le cercle de leur action protectrice, on se rassembla, on s'arma pour la défense commune, on construisit des abris. Des agglomérations se formèrent : des hameaux, des villages prirent naissance.

Les feux, d'abord distribués au hasard, dévoraient d'énormes quantités de combustibles qu'il fallait souvent aller prendre bien loin, au prix des plus grands périls. Dans les plaines, on en était parfois réduit à brûler des débris de toutes sortes et jusqu'à de la fiente desséchée, comme le font les tribus arabes du désert, et les peuplades de la Bolivie qui alimentent leurs foyers avec les excréments du lama [1]. On chercha le moyen de diminuer la dépense, sans compromettre la sécurité. On traça une ligne dans laquelle se groupèrent les habitations. Sur cette ligne, les brasiers furent disposés de distance en distance, de manière à former une ceinture protectrice. Ce fut l'âge des *enceintes de feu*.

La nuit, les feux s'apercevaient à de grandes distances. On en voyait dans les plaines, dans les vallées, sur les montagnes. C'étaient autant de groupements humains.

Les plus hardis ou les plus aventureux partirent à la découverte. Combien périrent dans ces explorations, victimes des animaux, victimes de leurs semblables? Qui pourrait le dire? Quelques-uns, plus habiles ou plus heureux, revinrent sains et saufs au village. Ils racontèrent les choses merveilleuses qu'ils avaient vues. Encouragés par leur succès, poussés par la curiosité ou par le besoin, d'autres se hasardèrent à leur tour. Ainsi s'établirent des relations entre les feux. Des caravansérails s'échelonnèrent de distance en distance. Le voyageur y renouvelait ses provisions et, au besoin, y trouvait du secours.

---

[1]. Dans toutes leurs courses, les Tasmaniens ramassent, avec un soin particulier, de quoi alimenter le feu... Ce sont les femmes qui sont spécialement chargées de porter en main un tison dont elles ravivent la flamme quand elle menace de s'éteindre. Comment cet élément est-il venu en leur possession? Est-ce un présent du ciel ou un produit de l'art et de l'industrie humaine? Ils ne sauraient le dire. — Dove. *Tasmanian Journ. of nat., sc.* I.

Ce qui manquait dans certains feux, d'autres l'avaient en excès. Dans la forêt, sur la montagne, abondaient le bois, les peaux, les dents, les ossements ; dans les vallées, les silex, les plantes fibreuses des marécages, les cornes des ruminants ; au bord de la mer et des lacs, de précieux aliments : poissons, crustacés et mollusques ; il y avait aussi de grands coquillages et des tests de tortues pouvant servir de vases, pour les usages de la vie, et de berceaux pour les enfants ; de petites coquilles

Berceau primitif.

et des fragments de polypiers, pour la parure des femmes ; des viscères de poissons, pour la fabrication du fil et des cordes ; des algues, des cailloux, etc. On donna certains objets pour en recevoir d'autres, comme nous offrons aujourd'hui nos verroteries pour de l'ivoire ; on fit des *échanges ;* il s'établit des *marchés.*

Les lignes de feux avaient préservé des bêtes fauves, mais elles ne mettaient à l'abri ni des voleurs, ni des conquérants. On fit de nouvelles enceintes ; enceintes de pierres, origine de nos fortifications. Ce furent d'abord de simples tas de cailloux jetés les uns sur les autres jusqu'à hauteur d'homme. La brèche était facile à pratiquer dans ces misérables remparts.

Pour donner plus de solidité à la muraille, on couronna la crête de grosses pierres. Dans les éboulements, ces pierres, glissant sur le plan incliné des talus et rencontrant les galets de la base, roulaient souvent à d'assez grandes distances. Importante découverte! On avait déjà le levier; le *rouleau* et le *plan incliné* enrichirent la mécanique primitive.

Le rouleau.

Dès lors, les enceintes devinrent des retranchements sérieux. Pour les construire, on ne se borna plus à amonceler des pierres de petite dimension; on se servit de quartiers de roches qu'on put au besoin aller chercher dans les escarpements. On dressa ces blocs les uns à côté des autres. Tantôt les interstices furent bouchés avec des pierres plus petites ou des branches entrelacées; tantôt ils furent conservés, pour servir de *meurtrières*.

L'attaque progressa en même temps que la défense. Lorsque les enceintes par blocs juxtaposés furent d'une application générale, les assaillants, ne pouvant plus les franchir ni les renverser

Le bélier.

aussi facilement que les amas de pierres meubles, imaginèrent cette machine de guerre qu'on appelle le *bélier*. Des troncs d'arbres étaient transportés au pied des remparts; les assiégeants les soulevaient à force de bras, et, poussant des cris cadencés que rappellent le chant des marins au cabestan, frappaient la muraille qui cédait sous le choc. Pour y remédier, les blocs furent enfoncés en terre et protégés par des talus. Les assaillants, de leur côté, augmentèrent la puissance de leurs béliers. Ainsi vont les choses de ce monde; le génie humain s'exerce toujours à ces jeux barbares : il trouve alternativement des projectiles qui percent les plaques de nos navires, et des plaques qui défient le choc de ces boulets!

Les feux, si multipliés à l'origine, mieux distribués ensuite, devinrent inutiles pour la défense. On ne conserva, nécessité, reconnaissance ou superstition, que le *feu sacré*.

Plus tard, à la place du feu, on dressa un monolithe. Les monuments druidiques de la Gaule renouvellent l'antique souvenir des pierres debout; il est donc naturel de les interroger. Ces blocs isolés, ces *pierres de fée*, ces *pierres du diable*, comme les appellent les Bretons, s'élèvent parfois à 20 mètres de hauteur. Tels sont les *menhirs* ou *peulvans*.

D'autres pierres, au lieu d'être enfoncées en terre comme les menhirs, reposaient sur une base fixe. La moindre pression, exercée sur un certain point, en dérangeait l'équilibre; mais il fallait trouver ce point. Ces *pierres branlantes*, ces *blocs tournants* servaient, dit-on, de pierres probatoires dans les jugements. L'accusé qui ne pouvait les faire mouvoir était réputé coupable.

Les pierres sacrées varièrent de forme. De ces symboles, on fit des autels. Un monolithe fut posé horizontalement sur des pieds droits, piliers verticaux formés de pierres brutes, de

Dolmens primitifs.

manière à représenter une table plus ou moins large, plus ou moins régulière, ou le linteau d'une porte. Ce fut le *dolmen*. On

Les premières enceintes de pierre.

en trouve, de toutes les dimensions, dans toutes les parties du monde. L'un de ceux que l'on montre, dans le comté de Cornouailles, est colossal. Le monolithe horizontal a 10 mètres de longueur, un poids de 760,000 kilogrammes, et, chose à noter, une orientation : il repose dans la direction du méridien. Les dolmens étaient, dit-on, des espèces de tables de sacrifices; on y reconnaît les cavités pratiquées pour retenir l'eau des libations ou le sang des victimes. Quelques auteurs cependant n'y veulent voir que des tombeaux.

On se demande comment, avec la mécanique des anciens, qui ne connaissaient que le bras de l'homme, le levier, le rouleau et le plan incliné, il fut possible de transporter et de mettre en place ces pierres gigantesques. Pour les transporter, on les roulait sur des galets. On dressait les pieds droits avec des leviers, et, pour placer la pierre horizontale, on construisait, entre les supports verticaux, un monticule de terre allant en

Construction d'un dolmen.

pente du sol au sommet. Sur cette pente, on montait le quartier de rocher qui devait couronner le dolmen, et quand il reposait sur ses points d'appui, on retirait la terre qui avait servi de plan incliné.

Souvent le dolmen s'étendait en longueur : deux lignes de pierres, formant deux murailles parallèles, étaient recouvertes de blocs horizontaux. On avait ainsi une *allée couverte*, un *coffre de pierre*.

Les menhirs n'étaient pas toujours solitaires. Ils étaient quelquefois distribués en *alignements*, formant de longues files disposées en lignes droites, en cercle, en demi-lune, en ellipse, en carrés longs, etc. D'autres fois, il y avait des lignes doubles, des cercles concentriques formés de dolmens et de menhirs, et, tout autour, un fossé et un rempart de terre. C'est ce que les Bretons nomment des *cromlechs*. Il en existe encore un grand nombre qui peuvent donner une idée de ce que durent être ces enceintes sacrées, ces temples à ciel ouvert. « Le plus remarquable de tous est celui de Carnac, en Bretagne, sur le bord de la mer, près la fameuse presqu'île de Quiberon. Il se composait de 11 files de pierres brutes, qui avaient jusqu'à 20 pieds de haut et formaient 10 avenues parallèles, larges d'environ 100 mètres et longues de 1500. A l'une des extrémités de ce monument extraordinaire se développait un demi-cercle de pierres semblables, qui partait de la première file et revenait achever son contour à la onzième. Tous ces blocs avaient été apportés de loin. Il y a quelques années, on en comptait encore 1200; mais, au siècle dernier, il y en avait 3,000. On voit en quelle prodigieuse quantité a dû se dresser autrefois cette armée de masses brutes, incompréhensible pour nous, mais dont les restes mutilés suffisent encore à frapper d'étonnement [1]. »

Les paysans vous racontent que ces pierres ont été apportées par les *Gorics*, démons nains, d'une force extraordinaire, qui, toutes les nuits, viennent y exécuter leurs danses mystérieuses. Malheur à l'imprudent qui s'y hasarde! Il tombe, suffoqué par une odeur de soufre, au milieu de leurs éclats de rire. — D'autres disent que l'un des compagnons de saint Denis, Exupère, étant poursuivi par les soldats romains, et se voyant arrêté par les flots de l'Océan, se retourna, et, d'un signe de croix, changea ses persécuteurs en rochers!

1. *Histoire de France*, d'après les documents originaux et les monuments de l'art à chaque époque, par H. Bordier et E. Charton. — Le Ministre de l'Instruction publique vient de soumettre à la signature du chef de l'État un décret déclarant d'utilité publique la conservation des pierres druidiques de Carnac, et autorisant l'expropriation des terrains sur lesquels elles sont élevées. Ces reliques de l'ancienne Gaule vont ainsi pouvoir échapper à l'incurie et au vandalisme qui menaçaient de les faire disparaître. Au XVIe siècle, le chanoine Moreau comptait de 12 à 15 mille menhirs à Carnac; on n'en voit plus aujourd'hui qu'un millier. Le monument de Carnac n'en est pas moins encore prodigieux. Les 10 avenues de menhirs qui, partant de la métairie de Menec, se prolongent, pendant plus de 1,500 mètres, pour rencontrer, après quelques interruptions, le tumulus en face duquel s'élève le célèbre cromlech qui servait de sanctuaire aux druides, sont assez bien conservées. — *L'inst. publ.* Juillet 1874.

## LES ENCEINTES DE PIERRE.

Les dolmens et les menhirs qu'on voit figurer, ainsi que les forêts de chênes, dans les plus antiques souvenirs religieux de la terre, « se retrouvent encore aujourd'hui sur les points les plus divers du globe, en Espagne, en Allemagne, dans la Scandinavie, la Grèce, la Judée, l'Inde, jusque dans la Chine et sur le continent américain. Cependant, ni Jules César, qui vit les alignements de Carnac, lorsqu'il fit la guerre aux Bretons, ni aucun autre des écrivains grecs ou romains, qui se sont occupés pourtant de la Gaule avec une certaine curiosité, ne nous ont laissé un seul mot sur ces pierres druidiques. Ils ont parlé cependant d'horribles sacrifices dont elles paraissent avoir été les témoins, et dont plusieurs, noircies par la fumée, semblent porter la trace [1]. »

Toute la nation des Gaulois, dit César, est presque entièrement plongée dans les superstitions, et, par ce motif, ceux qui sont affectés de maladies graves, ceux qui vivent dans les combats et dans les dangers, ou immolent des hommes pour victimes, ou bien font vœu d'en immoler. Ils se servent, pour ces sacrifices, du ministère des druides. Ils pensent, que la volonté des dieux immortels ne peut être fléchie, que si l'on donne existence d'homme pour existence d'homme. Ils ont des sacrifices du même genre, institués en vue de l'intérêt public. Quelques peuples ont des mannequins d'une grandeur immense, faits de branchages flexibles. Ils en remplissent les membres d'hommes vivants, et ils y mettent le feu. Les hommes périssent enveloppés par la flamme [2].

« Un autre trait peint encore plus vivement la dureté des Gaëls primitifs : ce sont les trophées qu'ils faisaient avec les têtes coupées de leurs ennemis. Ils attachaient au cou de leurs chevaux ces dépouilles sanglantes, ou les clouaient aux murs de leurs maisons, comme faisaient et font encore les chasseurs pour les têtes d'animaux nuisibles. Quand ils avaient vaincu et décapité des guerriers renommés, ils conservaient ces têtes illustres dans de grands coffres, après les avoir embaumées avec

---

[1]. Henri Bordier et Edouard Charton. — *Histoire de France*, d'après les documents originaux et les monuments de l'art de chaque époque.
[2]. J. César. *Guerre Gauloise*. Liv. vi, ch. 16.

une huile précieuse. C'étaient les archives où le jeune homme apprenait à connaître les exploits de ses aïeux. On les montrait avec orgueil aux étrangers [1]. — On a découvert, au village d'Entremont, près d'Aix, en Provence, des sculptures qu'on croit gauloises, et qui semblent reproduire des scènes où les têtes coupées jouent le principal rôle [2]. » Pareilles coutumes s'observent chez les Dayaks de Bornéo.

Dans les temps reculés dont nous nous occupons plus spécialement, on ne tue pas seulement son semblable pour la gloire; on le tue pour le manger. On oserait à peine y croire, si l'on ne trouvait, en plein XIX$^e$ siècle, d'effroyables exemples de cannibalisme. On cite un chef des îles Fidji qui montrait avec fierté les ossements d'un millier d'hommes que son père avait dévorés pendant sa vie. Il y a de nos jours telles tribus pour lesquelles l'homme est un véritable gibier. On le chasse, comme on chasse chez nous le sanglier. Bien plus, on fait des conserves de chair humaine : quand on en a plus qu'il n'en faut, on la dessèche et on la fume!

Toutes ces horreurs des temps primitifs se retrouvent, hélas, dans notre monde actuel! Rien n'y manque; pas même ce que nous appellerons l'*anthropophagie légale*. Le code des Battas, qui habitent l'île de Sumatra, condamne certaines classes de coupables à être mangés vivants. La victime est fixée à un poteau, les bras étendus. On lui détache d'abord les oreilles, que l'on mange sur le lieu du supplice; puis, vient le tour des pieds et des mains. On lui ouvre ensuite la poitrine, pour en tirer un des morceaux les plus friands, le cœur! La tête appartient au chef de l'assemblée, qui en fait griller la cervelle et se fait du crâne un trophée...

Mais c'est trop longtemps parler de ces hideuses coutumes. Détournons les yeux de ce spectacle repoussant et reposons-les sur le tableau, toujours consolant, du travail et du perfectionnement, lents, mais progressifs, de l'humanité.

A l'intérieur des premiers villages, règne une grande activité.

---

[1]. Diodore, Tacite, etc.
[2]. Henri Bordier et Edouard Charton. *Histoire de France*, d'après les documents originaux et les monuments de l'art de chaque époque.

## LES ENCEINTES DE PIERRE.

Les hommes façonnent les silex, dont on n'avait utilisé jusqu'alors que les pointes et les tranchants naturels; ils les taillent à larges éclats. Ils durcissent au feu les épieux, armes puissantes

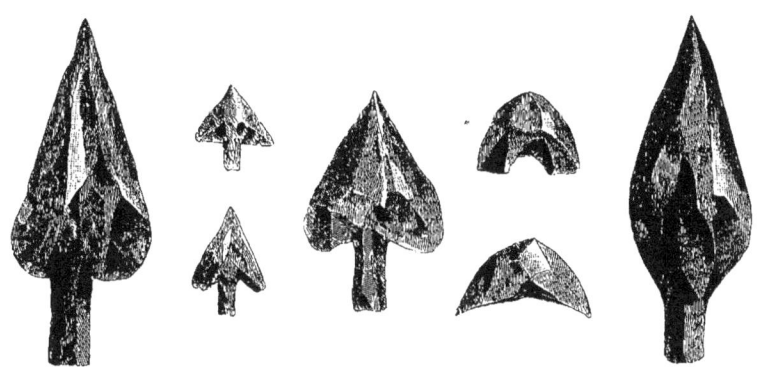

Armes de pierre taillée.

dont on se servira jusqu'au moyen âge, et avec lesquelles les noirs attaquent encore les crocodiles. Ils fabriquent des piques et arment de pierres, fixées dans le bois, leurs casse-tête qui rappellent le *tomahawk* des Indiens de l'Amérique du Nord. Ils préparent de longs traits analogues au *zagaie* des Bayéyés et de diverses autres tribus africaines, ou des massues, semblables au *boomerang* des indigènes de l'Australie et au *kiley* des nègres du Haut-Nil; massues de jet qui ont, par suite de leur forme, une puissance de retour au point de départ. Ils font des cordes avec des boyaux, des crins, des lanières de peau, des racines filiformes. Au moyen de ces liens, ils fixent, à l'extrémité de leurs bâtons, comme le font les sauvages de la Nouvelle-Zélande, des

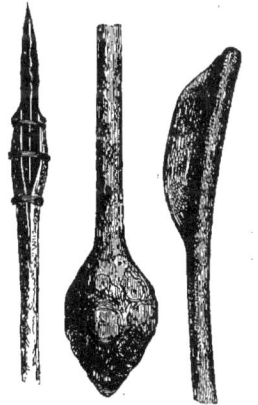

Pique et casse-tête.

os pointus, des pierres aiguës, des silex tranchants. Ils tressent, avec des racines, des corbeilles dans lesquelles on peut faire bouillir l'eau, en y jetant des cailloux brûlants. Ils taillent des ciseaux, des gouges, des couteaux, des doloires, des haches; attachent des cornes à des manches de bois, pour en faire des pelles et des pioches; arment de pointes les bâtons qui

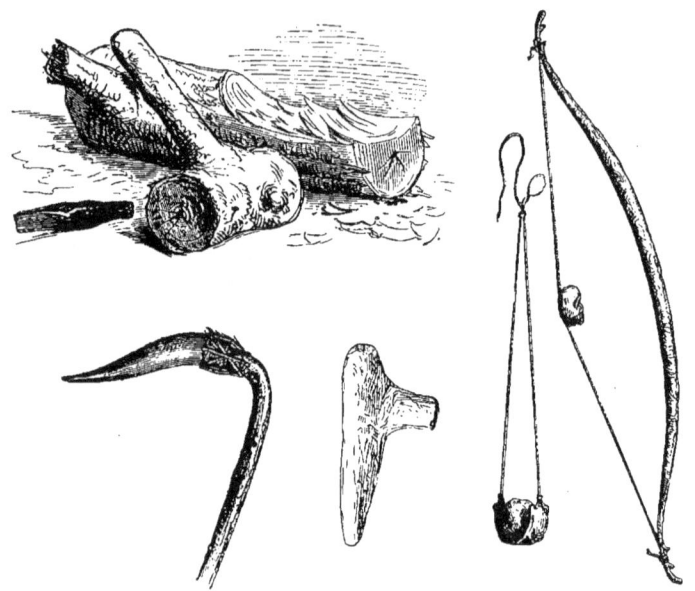

Armes et outils de bois, d'os et de pierre.

leur servent de traits, fabriquent des frondes, ou courbent des branches en forme d'arc, pour lancer des pierres et des flèches [1].

Les femmes prennent part à tous ces travaux. Elles accompagnent l'homme à la chasse et dans les combats. Leur habileté, leur adresse, leur courage les élèvent parfois du dernier degré de l'esclavage aux priviléges et aux grossiers honneurs du commandement. Les Amazones, qui se brûlaient la mamelle droite pour mieux tirer de l'arc, continuent la tradition des guerrières intrépides des premiers âges. L'Occident paraît avoir conservé ces souvenirs. Colomb cite plusieurs peuplades des

[1]. On voit, sur les monuments égyptiens, comment très-probablement les premiers hommes s'y prenaient pour tendre l'arc. Une lanière disposée en forme de bracelet préservait le poignet du contre-coup résultant de la détente de la corde.

Antilles qui obéissaient à des femmes. « Viera, dans sa description des Canariens [1] et de leurs antiques usages, parle de la mystérieuse influence exercée par les prophétesses et particulièrement par l'une d'elles, nommée Tibabrin, qui, sans aucun doute, dut être pour ce peuple une émule de Velleda [2]. »

Mais c'est là l'exception. La femme est le plus souvent l'esclave de l'homme ; heureuse, si elle n'est pas sa victime et si elle meurt d'une mort naturelle. Son sort le plus habituel nous fait penser à celui des femmes de certaines tribus sauvages de l'Australie « que l'on *dépêche* avant qu'elles ne deviennent vieilles et maigres, de peur de laisser perdre tant de bonne nourriture [3]. » De sa femme ou de son chien, on ne saurait dire, raconte Galton, à qui l'homme pense le plus souvent et le plus tendrement, après qu'il les a mangés tous les deux.

La construction des huttes occupe également un certain nombre de bras. La charpente de ces huttes se réduit à quelques perches plantées en terre et nouées en haut avec des cordes. Sur ces perches sont étendues des peaux de bêtes. On construit aussi des abris au moyen de branches flexibles dont on enfonce dans le sol les deux extrémités et sur lesquelles on jette des feuilles ou de larges morceaux d'écorce. D'autres consistent en murailles de pierres sèches recouvertes de branchages et de terre. Le plus souvent on ne peut pénétrer dans ces huttes qu'en rampant. Une toiture faite de troncs d'arbres juxtaposés, est une merveille d'architecture.

La hutte d'un chef.

Cependant, l'industrie est en progrès. On commence à découper les peaux, à leur donner une façon de vêtement, à

---

1. Certains auteurs n'hésitent pas à affirmer que les Canariens nous transmettent quelques débris des mœurs échappées à l'effondrement des terres interocéaniques.
2. Roisel. *Les Atlantes.*
3. Galton. *Transaction de la Société ethnologique.*

les coudre avec des intestins de poisson noués à la tête d'une arête servant d'aiguille. On broye les plantes fibreuses pour en extraire des filaments et tresser des cordes. On écrase le grain dans des mortiers, avec des pilons. Mais quels mortiers! L'exposition universelle de 1867 en a mis des spécimens sous nos yeux : pierres rondes en diorite, ayant au centre une cavité informe. — Et quels pilons! De grossiers galets.

Mortier primitif.

Le travail varie suivant la nature des lieux. Dans les vallées, où le sparte abonde, on tresse des nattes pour s'étendre et pour fermer l'ouverture des maisons; on fait des sacs, pour le transport des fardeaux, sacs retenus au front par une courroie, et pendant sur le dos du porteur. La même plante sert à faire des corbeilles pour l'enlèvement des matériaux, des pierres de petit volume, des terres. De la brouette, machine savante, l'homme n'a pas encore conçu l'idée.

Au bord de la mer, on fabrique des lignes, des filets, des hameçons, des harpons et des claies. On construit les premières embarcations. La confection des pirogues constitue le grand art. On va en chercher les matériaux dans la forêt voisine. Avec une doloire de pierre, on coupe un arbre, opération qui demande toute une semaine. Une fois coupé, on le roule jusqu'au torrent, *chemin qui marche* et qui l'apporte au chantier. Là, on gratte l'écorce; on abat les saillies de branchages; on façonne le dessous en berceau; on arrondit

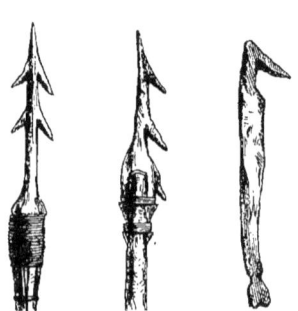
Harpons et hameçon.

La construction des canots.

## LES ENCEINTES DE PIERRE.

l'une des extrémités pour former la poupe; on effile l'autre pour en faire la proue. Mais le travail le plus difficile consiste à creuser l'intérieur.

Pour cela, on fait rougir des cailloux au feu. On apporte ces cailloux avec des pinces de bois, sur le tronc grossièrement équarri; on enlève, avec des outils de silex, les parties carbonisées; et l'opération se continue ainsi, par combustion lente et grattage successifs, jusqu'à ce que le canot soit creusé. — Grand progrès sur les temps où l'homme jetait un tronc d'arbre à la mer, se mettait à cheval sur ce tronc et ramait de chaque main avec un morceau d'écorce. Cook rapporte que les tribus occidentales de l'Australie n'avaient pas d'autre moyen de navigation, à l'époque de son premier voyage. Il cite même des peuplades plus dépourvues encore : les naturels de certaines îles de la mer Pacifique s'entourent, dit-il, d'écorces légères, et s'élancent, dans cet équipage, à travers les baies qui découpent le littoral.

Avec les canots creusés au feu, on peut aller à la grande pêche. Quant aux poissons plus petits, on les prend à la claie. Sur les plages basses où le reflux entraîne la mer au loin, on plante dans le sable de grands roseaux très-rapprochés les uns des autres, de façon à ne laisser entre eux que de petits interstices. On étend ainsi une ligne, ressemblant à un filet, sur une très-grande longueur, parallèlement à la côte. Cette ligne est coupée de distance en distance, par des portes faites également en roseaux et attachées sur l'un des côtés, à la palissade fixe, par des liens faisant office de charnières. Au moment du flux, la mer passe à travers les claies et ouvre toutes les portes par lesquelles les poissons entrent avec le flot. Au moment du reflux, les vagues, en se retirant, ferment les portes, et les poissons restent sur le sable[1]. — On dirait que l'auteur ancien, auquel nous empruntons ce passage, fait la peinture de la pêche primitive, ou qu'il parle (les extrêmes se touchent) des mœurs de quelque peuplade de l'Océanie.

La pêche terminée on en apporte le produit au village. Après avoir retiré les intestins pour en fabriquer du fil et des

---

1. Diodore. Liv. III, § 9.

liens, on fait cuire le poisson, soit au feu, soit sur des pierres chauffées au soleil.

Ainsi s'écoulent les temps d'abondance. Dans les heures de détresse, quand la pêche est impossible, la chasse improductive, la récolte nulle ou insuffisante, l'homme redevient une bête féroce; il se nourrit de chair humaine. Il trouve même d'horribles raffinements dans ces épouvantables repas. — De même on voit, dans quelques îles de l'Océanie, des marchés où l'on vend les enfants et les jeunes esclaves que l'on a engraissés pour la boucherie. Certaines tribus font rôtir leur victime vivante, afin de conserver à la chair toute sa saveur; d'autres la préfèrent crue, et la mangent quand elle entre en putréfaction!

# III

LA LÉGENDE DU TARABIT.

Les convulsions terrestres, même avant les grandes révolutions géologiques, avaient produit, à la surface du sol, des crevasses, des gorges profondes, d'immenses ravins où les eaux se précipitaient tumultueusement. On traversait ces crevasses, ces gorges, ces ravins, en jetant d'une rive à l'autre des troncs d'arbres coupés avec des outils de pierre; mais souvent, quoique la végétation fût encore gigantesque, ces arbres, même attachés bout à bout, étaient trop courts pour servir de ponts. Les deux rives se trouvaient alors plus isolées que si elles avaient été séparées par la mer.

Il y avait alors, dit une légende mexicaine que les bardes du pays chantent encore, et que nous a rapportée un voyageur bien connu du monde parisien, — vieux savant dont la vie embrasse plus d'un siècle, — il y avait alors deux villages situés, l'un, près des bords d'un pareil abîme, l'autre, sur la rive opposée, dans la partie basse des terres.

Pour aller d'un village à l'autre, il fallait plus de deux journées d'une marche rude et périlleuse. On devait suivre, à travers les rochers bouleversés, un chemin dans lequel ne se hasardaient que les plus intrépides. Tantôt c'était une pente abrupte taillée dans le roc au-dessus des précipices; tantôt une énorme crevasse qu'il fallait franchir sans se troubler; tantôt une muraille à pic, le long de laquelle on se laissait glisser en se suspendant aux plantes parasites, ou en enfonçant les ongles dans les anfractuosités des rochers. Après mille détours au milieu de ce chaos, on arrivait à un gué, le seul qui offrît un passage. Deux blocs, jetés en travers par un tremblement de terre montraient leurs crêtes aiguës au dessus d'un effroyable tourbillon. C'est là qu'il fallait passer d'un pied ferme [1].

A vol d'oiseau, les deux villages étaient cependant voisins. Du haut des escarpements, on apercevait les habitations du village inférieur, composé de cabanes de grandeur et de formes variées, disposées au hasard, dans une enceinte de rochers, autour d'une espèce de Menhir. Vers le nord, une forêt descendait jusqu'à l'enceinte et ouvrait ses profondeurs et ses ténèbres, en cas d'attaque et de défaite.

Le village d'en haut présentait un aspect tout différent. Les habitants y vivaient dans des grottes informes, larges fentes produites par la dislocation, par le déchirement des roches. Les cavernes les moins grossières offraient, en avant de l'orifice, une sorte d'auvent construit en pierres sèches. A part quelques plantes grimpantes, retenues contre le rocher par de puissants crampons, et quelques lichens, rompant, de leurs tons glauques, la teinte uniformément grise du granite, nulle végétation.

Les deux villages représentaient deux époques distinctes de la vie primitive. En haut, la vie sauvage; une population farouche, sanguinaire, sans industrie, vivant de reptiles et d'insectes. En bas, le bien-être relatif d'une ébauche de civilisation; une race laborieuse, vivant du produit de son travail, de sa chasse, de son industrie. Ici, on pêchait les poissons du torrent; on se nourrissait de la chair des oiseaux et des animaux qui peuplaient la forêt voisine. — Des espèces d'oseraies

---

1. Le voyageur qui explore les montagnes de la Suisse peut se faire une idée, en traversant le *Pont du Diable*, de ces gorges effrayantes et de ces bouleversements du sol. Au fond du ravin, la Reuss bondit de rochers en rochers, lançant à des hauteurs prodigieuses ses eaux réduites en poussière. Le *Pont du Diable* permet de franchir le torrent sur une arche de 18 mètres d'ouverture et de 31 mètres de hauteur à la clef. Devant, derrière, de tous côtés, des blocs immenses semblent barrer le chemin. Ne pouvant déplacer ces blocs, la main de l'homme les a percés : on sort de l'impasse, quand on va d'Altorf à Bellinzona, par une galerie creusée dans le roc, le *Trou d'Uri*.

abondaient dans les environs. Les habitants excellaient à faire des nattes et des corbeilles avec leurs plantes flexibles. Aussi ce lieu était-il désigné sous le nom de *village des Spartes*.

Mécontents de leur sort, les habitants des cavernes regardaient avec envie leurs heureux voisins. Ils descendaient souvent, comme des reptiles, de la crête de leurs rochers, et les paisibles habitants de la vallée ne savaient comment se défendre de leurs attaques et de leurs violences.

Femmes du village des Spartes.

C'était la coutume de désigner les objets au moyen de comparaisons et de leur donner les noms des choses dont ils faisaient naître l'idée. Une rivière aux eaux dormantes s'appelait la tortue [1] ; un torrent impétueux et contourné, le dragon. Les hommes prenaient de même le nom de l'animal ou de l'objet dont ils donnaient la pensée ou dont ils se servaient de préférence. De là le langage imagé particulier aux premiers âges. On disait par exemple : le serpent a coupé la tortue, c'est-à-dire l'homme rusé a traversé les eaux stagnantes; le dragon a dévoré la hache de pierre, c'est-à-dire le torrent a englouti le guerrier.

Or, le chef des Spartes était habile à manier les armes. Celle qu'il préférait était une longue et forte branche d'un bois dur, dont l'extrémité était ornée de plumes rouges et munie d'un silex pointu et tranchant, solidement fixé à la hampe. Ce chef avait pris le nom de son arme favorite : on l'appelait *Lance-aiguë*.

---

[1]. Plus tard nous voyons la *tortue* représenter le soutien du monde. La tortue, chez les Gaëls, c'est notre étoile Wéga. Elle marchait lentement dans le ciel, car elle était alors voisine du pôle.

*Lance-aiguë* avait un grand nombre de femmes et une multitude d'enfants. Parmi eux, se trouvait une jeune fille d'une grande beauté. Sur ses épaules nues flottait une longue et abondante chevelure; ses yeux avaient la couleur du ciel. *Fleur des Spartes* (c'est ainsi qu'on la nommait) faisait partie des vierges vouées au culte du feu, dont l'autel se trouvait au pied du Menhir.

De son côté, le chef des Cavernes était un guerrier vigoureux, renommé pour son audace non moins que pour sa force. A l'exception de *Lance-aiguë*, nul n'aurait osé se mesurer avec lui. La pierre lancée par sa fronde brisait le crâne de l'animal le plus redoutable, et sa lourde hache de pierre fendait l'épaisse cuirasse des sauriens écailleux. La rapidité de ses coups lui avait fait donner un nom presque intraduisible dans nos langues modernes, *Flamme-de-foudre*.

Une nuit, il descendit de la montagne, et, au lever du soleil, les habitants de la vallée le trouvèrent debout, près de la pierre sacrée. D'une main, il tenait un rameau vert, et de l'autre, il touchait le rocher, se mettant ainsi sous la protection du Dieu des Spartes.

Malgré leur effroi, les Vierges du feu n'avaient pas quitté l'autel; mais leur épouvante était peinte sur leurs visages.

Le guerrier cependant se tenait debout devant elles, immobile comme une statue.

Les premiers qui vinrent au Menhir s'enfuirent avec terreur.

— *Flamme-de-foudre! Flamme-de-foudre!* criaient-ils, en courant à travers les habitations.

A ce nom redouté, tout le village fut bientôt sur pied. Les guerriers se saisirent de leurs armes et s'élancèrent vers la pierre sacrée, où la foule revint à leur suite.

— Qu'il meure! hurlait-elle; le feu seul peut purifier ses os.

*Flamme-de-foudre* demeurait muet et impassible.

La demeure de *Lance-aiguë* était située vis-à-vis du Menhir. Le chef des Spartes entendant le tumulte, sortit de sa cabane et, à la vue de son ennemi, dominant les cris:

— Qu'il vive! dit-il d'une voix puissante, puisqu'il se met sous la protection de nos Dieux; mais qu'il parle. *Flamme-de-foudre*, que viens-tu faire en ces lieux?

Le chef des Cavernes se taisait toujours. Enfin, il jeta ses armes au pied du Menhir, abaissa la pointe de sa lance vers le sol et, d'un pas lent et fier, vint la planter devant la porte de *Lance-aiguë* [1].

Alors, rompant le silence :

— Je viens, dit-il, demander à la plus belle fleur de la vallée d'embellir les cavernes de la montagne.

— Écrasons la tête de ce serpent maudit, criait la foule.

— Ne souillez pas de sa chair la terre sacrée de notre enceinte, reprit *Lance-aiguë*. *Flamme-de-foudre*, nulle alliance n'est possible entre nous, car tu as bu le sang de nos frères. Que tes rochers répètent sans cesse à tes oreilles la réponse de *Lance-aiguë* : La fleur de la vallée n'embellira tes cavernes que si les Spartes l'y portent.

— Les Spartes l'y porteront, répondit le farouche guerrier.

A quelque temps de là, à l'aube naissante, la fille de *Lance-aiguë*, au pied du Menhir, ravivait le feu sacré.

En levant la tête, elle vit, ô prodige! s'avancer vers elle un buisson touffu. Elle recula... Le buisson avançait toujours....

Un homme en sortit tout-à-coup; et la saisissant d'un bras vigoureux, l'emporta vers la montagne avec la rapidité de l'éclair.

— *Lance-aiguë*! s'écria-t-elle d'une voix que les échos de la vallée répétèrent de tous côtés... *Lance-aiguë*! *Lance-aiguë*!

Le chef des Spartes bondit hors de sa demeure. Mais de quel côté courir?... Le voile de la jeune vierge, tombé sur le chemin, lui indiqua la trace du ravisseur. Il s'élança à sa poursuite et disparut à son tour.

On les revit près des nues, au sommet des rochers.

Le chef des Spartes, haletant, furieux, écumant de rage, la hache à la main, le poignard aux dents, allait atteindre son ennemi auquel le précipice barrait le passage.

Au fond, roulait le torrent, avec un bruit semblable à celui du tonnerre.

— Tu vas mourir! rugissait *Lance-aiguë*.

---

[1]. Cette coutume de planter sa lance devant la demeure de celle qu'on veut prendre pour femme se retrouve dans les récits d'Hérodote et de Diodore. Elle existe encore chez les Touaregs.

Hélas! au-dessus de l'immense crevasse une corde était tendue.

*Flamme-de-foudre* saisit cette corde et, sans lâcher sa proie, s'élança dans l'espace.

En un clin d'œil, il fut de l'autre côté du torrent.

*Lance-aiguë* s'y suspendit à son tour.... Il allait toucher l'autre rive.

— Les Spartes ont porté la fleur de la vallée sur la terre des Cavernes, s'écria *Flamme-de-foudre*, avec un rire strident. *Lance-aiguë*, va demander aux reptiles si elle s'épanouira dans le nid de l'aigle!

Il dit; et, d'un coup de hache, tranchant le cable, il précipita son ennemi dans l'abîme....

Du tarabit de la légende mexicaine [1], l'art et la science modernes ont fait le *pont suspendu*.

1. Les indigènes de l'Amérique méridionale font usage, depuis un temps immémorial, de ponts de lianes sur lesquels ils traversent les anfractuosités des Andes.

La légende du tarabit.

# IV

## LA VIE EN TRIBUS.

La nécessité de vivre d'échanges ou de s'associer pour la défense commune avait groupé les habitations en villages. La similitude des intérêts, la ressemblance des mœurs, l'analogie du climat ou des besoins rapprochent les villages en tribus : l'horizon s'élargit.

La tribu, comme le village, a un chef qu'un signe extérieur distingue. Il porte à la main le bâton de commandement; une plume rouge orne sa tête; un collier de zoophytes, de coquillages, de fragments de polypiers, tombe sur sa poitrine. Souvent une peau d'animal est jetée sur ses épaules. La peau des panthères distingue les prêtres ou les grands qui réunissent dans leurs mains le pouvoir religieux et la force.

Le collier d'un chef de tribu.

Mais les peaux sont putrescibles : exposées à l'air sans préparation, elles se corrompent rapidement. Afin d'en prévenir ou du moins d'en retarder la décomposition, on les débarrasse, avec des doloires de pierre, des lambeaux de chair qui les souillent.

On remarque ensuite que, sur les rivages de la mer, les peaux dont se couvrent les pêcheurs se conservent plus longtemps que celles dont s'enveloppent les habitants de l'intérieur des terres. L'idée vient de faire macérer les peaux dans l'eau salée.

Mais l'eau salée les rend cassantes; il faut les assouplir. On les enduit pour cela, de corps gras : huile de poisson ou graisse fondue. On peut faire alors des vêtements à la mode du temps, casaques courtes, mettant la poitrine à l'abri du froid, et la protégeant contre la pointe des flèches. Les femmes portent de larges ceintures. Une sorte de frange, composée de longues lanières, cache tant bien que mal leur nudité.

Les peaux dont on s'enveloppe les pieds et les jambes, pour se préserver du choc des pierres, de l'humidité du sol ou de la morsure des serpents, sont épilées. C'est une espèce de cuir que l'on prépare en les trempant dans des sources calcaires « qui verdissent au contact de certaines poudres de bois [1]; » puis on les gratte avec des racloirs, et on les frotte sur des pierres rugueuses.

On observe aussi que les peaux étendues à l'humidité, sur les branches de certains arbres, le chêne, le bouleau, acquièrent une sorte d'incorruptibilité. On perfectionne ce procédé : on creuse des bassins de terre revêtus d'argile, et, dans ces bassins, sur des lits d'écorces concassées, on laisse macérer les peaux. On arrive de la sorte à déposer entre les fibres une matière, qui, d'une part, les empêche de se putréfier, et, d'autre part, les maintient indépendantes les unes des autres, isolant chaque filament comme dans une gaîne.

Tel fut, dans sa simplicité, le premier *tannage*. — Quand on met en regard de ces pratiques primitives, les procédés que la science a su en tirer, on voit qu'au fond, l'homme, pressé par

---

1. Cette couleur verte n'est plus pour nous un mystère. Dans une séance récente de l'Académie des sciences de Paris, M. Balard signalait, au nom de M. Prat, un *nouveau* moyen très-précis de reconnaître, dans une liqueur, la présence de traces de chaux. Le tannin, disait-il, en accuse l'existence, en communiquant une teinte verdâtre à la liqueur. — Séance du 6 décembre 1874.

le besoin et inspiré par la nécessité, avait jusqu'à un certain point, deviné le principe de nos opérations modernes.

Ainsi préparées, cuirs ou fourrures, les peaux durent être d'une grande ressource. Mais afin d'en tirer tout le parti possible, de confectionner un vêtement plus ou moins bien ajusté, ou une chaussure plus ou moins commode, deux choses, bien modestes en apparence, bien importantes en réalité, étaient nécessaires : une aiguille et du fil.

Le fil antique consiste surtout en intestins de poissons. L'aiguille se fabrique avec une arête ou une esquille d'os dont on use sur la pierre une des extrémités, afin de l'effiler en pointe. Le fil est enroulé en spirale autour de l'autre extrémité.

Plus tard on percera la tête de l'aiguille avec un poinçon; plus tard encore, on transformera, pour faire l'*œil,* un instru-

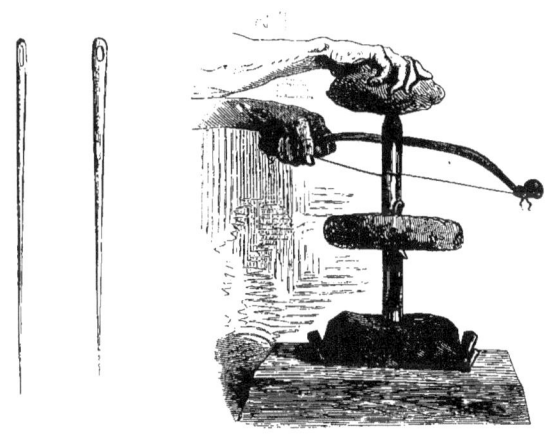

Aiguilles percées d'un œil.  Arc à percer.

ment de guerre, l'*arc,* en outil. La corde sera enroulée autour d'un bâton terminé par une pierre aiguë; on imprimera à l'arc un mouvement de scie, et ce mouvement de va et vient, frottant la pierre sur l'aiguille, l'usera petit à petit et finira par percer la tête de part en part.

Une aiguille ainsi achevée représente un long travail. On la ménage dans les travaux grossiers, car elle constitue un trésor

146  LES ORIGINES DE L'INDUSTRIE.

pour l'industrie naissante. Aussi, lorsque les peaux sont dures ou quand il faut les coudre en double, les perce-t-on d'avance

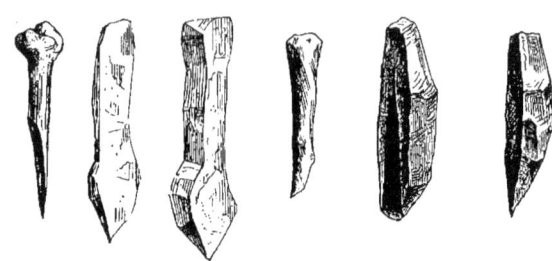

Poinçon et outils à percer et à graver.

à l'aide d'un poinçon. Le *poinçon* est l'instrument universel; il donnera la tarière, la mèche et la vrille.

Ces outils primitifs semblent bien grossiers, quand on les compare à nos engins modernes; mais, qu'on demande ce qu'ils en pensent, à ces revenants des grands naufrages, qui ont été jetés dans une île déserte; ils diront ce que coûte d'efforts et de persévérance la fabrication du plus misérable instrument de travail.

L'archet et le feu.

Précieuse machine que l'*archet*! Non-seulement elle permet de percer les os, le bois, la pierre, mais elle offre un moyen relativement rapide d'obtenir du feu. Dans le travail à l'archet, les corps percés par la pointe de l'outil s'échauffent jusqu'à brûler la main qui les touche. On substituera, pour faire jaillir l'étincelle, le frottement mécanique à l'interminable frottement à la main. Dans la corde de l'archet, on engagera un morceau de bois vert; on imprimera à l'arc un mouvement rapide de va et vient, et le bois vert, pénétrant dans un morceau de bois mort, l'allumera par le frottement. L'expérience apprendra à se servir pour cela d'un fragment devenu pulvérulent par la double action de l'humidité et du soleil, sorte d'*amadou de bois*, avec lequel les sauvages allument encore leurs feux. On emploiera également, en guise d'amadou, les feuilles et les tiges de certains végétaux, revêtus de poils longs et soyeux, qui, lorsqu'ils sont desséchés, prennent feu au contact d'une étincelle; ou, mieux encore, certains champignons, analogues au *Lycoperdon*, dont l'enveloppe éclate à la moindre pression, en laissant échapper un nuage d'une poussière inflammable. C'est encore avec un champignon, l'agaric de chêne, qu'on prépare aujourd'hui l'*amadou*. La substance spongieuse et veloutée qui constitue la chair de l'agaric, dépouillée de la couche corticale, découpée, battue au marteau, imprégnée d'une dissolution de nitrate de potasse, et convenablement séchée, donne, en effet, l'*amadou moderne*.

L'archet transformera aussi l'outillage et l'armement déjà perfectionnés par la taille. Dès qu'on pourra percer un trou dans la pierre, on y passera un manche. Jusque-là, les instruments

Manches et outils.

de travail et de combat présentent une gorge dans laquelle s'engage une branche fendue, que l'on serre fortement, ou l'anneau de deux bois solidement accouplés.

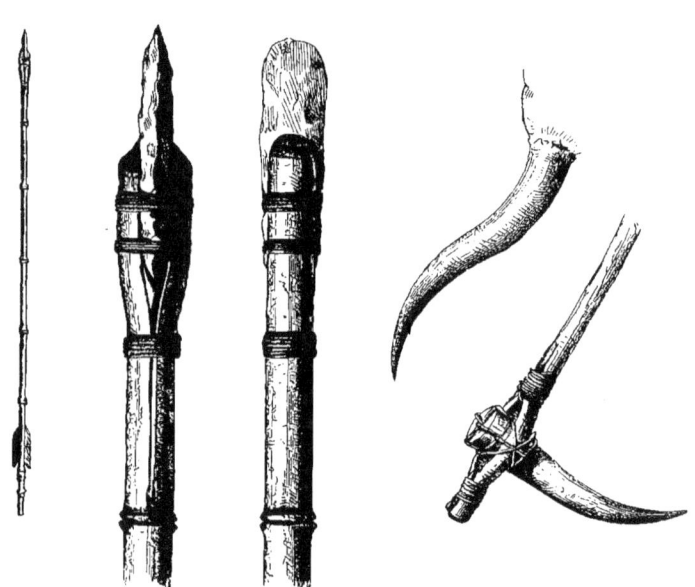

Armes et outils.

A cette époque se rattachent de lointains souvenirs de la vie nomade. Quand le coin de terre qu'on habite ne suffit plus aux besoins, ou lorsque de sourds grondements présagent de nouvelles catastrophes, les tribus s'enfuient vers d'autres lieux, cherchant la nourriture ou la sécurité qui leur manque. De là des migrations, des chocs, des bouleversements indescriptibles.

Mais lorsque la terre cesse d'être aussi menaçante ou aussi avare, l'homme plante de nouveau sa tente, se construit une cabane, s'attache au sol. Il oublie ses terreurs et sa misère; il cultive la terre qu'il foule aux pieds et qu'engraisseront ses troupeaux.

Il la fouille d'abord avec ses mains nues; puis il s'arme d'une branche dépouillée de ses rameaux et de ses feuilles. Les os et les pierres s'unissent ensuite au bois pour perfectionner la bêche et la charrue naissantes. Quelle bêche! Quelle charrue! Que nous sommes loin encore de l'appareil décrit par le poëte!

> ... In silvis magna vi flexa domatur
> In burim, et curvi formam accipit ulmus aratri.
> Huic a stirpe pedes temo protentus in octo ;
> Binæ aures, duplici aptantur dentalia dorso.
> Ceditur et tilia ante jugo levis, altaque fagus
> Stivaque, quæ cursus a tergo torqueat imos;
> Et suspensa focis exploret robora fumus [1].

> De la charrue enfin dessinons la structure.
> D'abord, il faut choisir, pour en former le corps,
> Un ormeau que l'on courbe avec de longs efforts.
> Le joug qui t'asservit ton robuste attelage,
> Le manche qui conduit le champêtre équipage,
> Pour soulager ta main et le front de tes bœufs,
> Du bois le plus léger seront formés tous deux.
> Le fer, dont le tranchant dans la terre se plonge,
> S'enchâsse entre deux coins d'où sa pointe s'allonge.
> Aux deux côtés du soc, de larges orillons
> En écartant la terre exhaussent les sillons.
> De huit pieds en avant que le timon s'étende,
> Sur deux orbes roulants que ta main le suspende ;
> Et qu'enfin tout ce bois, éprouvé par les feux,
> Se durcisse à loisir sur ton foyer fumeux [2].

Comment s'étonner de la simplicité des premiers instruments aratoires, quand on voit, après tant de siècles écoulés, les primitifs engins dont on se sert encore dans plusieurs parties de la France! L'*aramon* et la *Fourcas* du midi, l'*arriau* breton, sont des outils barbares... Tout cela, il est vrai, tend à disparaître. Chaque jour enrichit notre matériel agricole d'une invention nouvelle : l'Angleterre, l'Ecosse, la Belgique, l'Allemagne, l'Italie, les Etats-Unis, rivalisent de zèle avec nous, pour trouver le dernier perfectionnement de la charrue, que l'on a si justement appelée l'âme de la grande culture, comme la bêche est l'âme de la petite.

---

[1]. Virgile. *Géorgiques*. Livre I, vers 169 et suivants.
[2]. Les *Géorgiques*, traduites par Delille.

L'*araire* antique est une branche taillée en forme de croc. La force qu'on y applique n'est empruntée qu'aux bras et aux

Araire antique.

épaules de l'homme [1]. Avec cet instrument et ce moteur, on écorche à peine la surface de la terre, et cependant, quels effets merveilleux! Ce grossier labour centuple la récolte. De même, sous les tropiques, le moindre soin donné à la terre, avec des instruments presque aussi imparfaits, est payé par d'abondantes moissons.

C'est ainsi que l'homme cultive, à l'enfance même de l'humanité, cette plante sans apparence, misérable, auprès des grands arbres dont le port est si majestueux; graine sans parfum, mais qui contient, dans son enveloppe, plus de chair et plus de sang que les fruits les plus séduisants : le blé! Le blé qui, jusque-là, croissait inconnu, sans culture, confondu avec les autres végétaux [2].

Diodore, qui parle ainsi, attribue à Isis la découverte des vertus nourricières de cette plante, et sa propagation, à son frère Osiris. Quant à Cérès, fille de Saturne et de Cybèle, voici ce qu'il en dit :

« Une grande sécheresse désola tout le continent, à l'exception de l'Egypte, qui en fut préservée par sa position naturelle. Cette sécheresse faisait périr les hommes et les fruits. Erechthée fit alors transporter du blé de l'Egypte à Athènes, et il y fut nommé roi par la reconnaissance publique. Après avoir accepté la royauté, il institua, à Eleusis, les initiations et les mystères

---

1. Diodore. Liv. III, § xxxiv.
2. Diodore. Liv. I, § xiv.

de Cérès, d'après les rites égyptiens. — C'est à cette époque que la tradition place l'apparition de Cérès dans l'Attique et l'importation des céréales dans Athènes; de là cette croyance qu'elle fit connaître, la première, la culture de cette plante.[1]. »

Cérès et Triptolème ont à peine l'âge de la puberté : ils n'ont guère plus de 3,250 ans. La chronologie, connue sous le nom de *Marbres de Paros* ou *d'Arundel*[2], nous transmet, pour ainsi dire, leur acte de naissance et leurs états de services :

« Depuis que Cérès, venant à Athènes, apprit à semer, et envoya, aux autres peuples, Triptolème, fils de Célée et de la nymphe Nérée, sous le règne d'Érechthée à Athènes, il s'est écoulé 1,145 ans (1,384 av. J.-C.).

» Depuis que Triptolème ensemença les terres de Raria, appelées depuis Éleusines, sous le règne d'Érechthée à Athènes, il s'est écoulé 1,142 ans.

» Depuis que (Musée?) composa des vers, chanta l'enlèvement de Proserpine, les poursuites de Cérès, sa mère,... et les fables que l'on raconte sur ceux qui s'adonnèrent à l'agriculture, sous le règne d'Érechthée à Athènes, il s'est écoulé 1,135 ans.

» Depuis qu'Eumolpus, fils de Musée, fit célébrer les mystères d'Éleusis et qu'il mit au jour la poésie de son père, sous le règne d'Érechthée, fils de Pandion, à Athènes, il s'est écoulé ..... ans. »

Virgile, quand il célèbre les bienfaits de la déesse des moissons, est moins historien que poëte :

> Prima Ceres ferro mortales vertere terram
> Instituit, cum jam glandes atque arbuta sacræ
> Deficerent silvæ, et victum Dodona negaret[3].

> Quand Dodone aux mortels refusa leur pâture,
> Cérès vint des guérets leur montrer la culture[4].

---

1. Diodore. Liv. I, § xxix.
2. Les *Marbres de Paros* trouvés, au commencement du xviie siècle, dans l'île de Paros, furent vendus, en 1627, au comte d'Arundel et déposés dans la bibliothèque d'Oxford. Ils contiennent un intervalle de 1,319 ans, depuis l'avénement de Cécrops, jusqu'à l'archontat de Diognète (1582-263 av. J.-C.). La fin de ce précieux monument manque à partir de l'an 354.
3. *Géorgiques*. Liv. I, vers 147 et suivants.
4. Les *Géorgiques*, traduites par Delille.

L'usage des céréales est plus ancien que ne le disent les Latins et les Grecs. Quand on étudie la constitution géologique du globe, sa faune et sa flore primitives, on reconnaît qu'on peut, sans témérité, faire remonter l'usage du blé jusqu'aux temps, bien autrement reculés, dont nous parlons.

## V

LA DÉCOUVERTE D'UN NOUVEAU MONDE.

Il y avait en ce temps-là, disent les rhapsodes du Nouveau-Monde, où l'histoire des plus anciens temps se transmet, par voie de tradition, en chants populaires, — il y avait, entre les terres de l'Occident et les pays situés vers les lieux où le soleil se lève, un immense archipel, composé d'îles d'une vaste étendue et disposées de manière à représenter, dans leur ensemble, « une aile d'oiseau déployée. »

L'une de ces îles était renommée pour l'habileté de ses habitants à fabriquer, avec l'écorce de certains arbres, des tissus légers comme des ailes de libellules. Ils savaient utiliser la matière gluante produite par la séve de ces plantes, et rapprocher et coller ensemble les fragments de leurs écorces. On en faisait des voiles dont les femmes se couvraient la tête et le visage, pour se préserver de la piqûre des insectes [1] et de l'action irritante du sable, soulevé par le vent, dont l'air était rempli.

Un jour, les femmes du littoral étant allées se baigner dans les eaux tièdes de la mer qui entoure ces rives fortunées,

---

[1]. Les Indiens des archipels océaniens pratiquent encore cet art, pour la fabrication d'étoffes transparentes qu'ils teignent de couleurs voyantes.

étendirent sur la plage leurs voiles et leurs ceintures de gaze. Tout à coup, le vent s'éleva; il déchira ces voiles retenus par des pierres et en emporta quelques fragments, avec des débris de plumes qui servaient à les orner.

Cependant de graves événements se passaient de l'autre côté de l'Océan. Une invasion, venue de terres lointaines, renversait tout devant elle. Des hordes barbares, chassées du sol natal par des pluies de feu et par les grondements des génies souterrains, se précipitaient vers la mer. Leurs guerriers, d'un aspect formidable, armés de pierres de combat, de haches et de massues, massacraient, sur leur passage, les populations qui tentaient de résister. Ils se nourrissaient de chair humaine.

Les hommes du rivage, frappés d'épouvante, tinrent conseil.

Pendant qu'ils délibéraient, un orage se mit à gronder à l'horizon... Les roulements du tonnerre se mêlaient à la voix des Sages et aux clameurs du peuple... Le ciel enfin se couvrit de nuages... La tempête éclata.

Quand le noir rideau, sillonné par la foudre, se fut déchiré, quand les nuages se furent éloignés et qu'on revit l'azur du ciel et les rayons du soleil, un signe merveilleux apparut dans les airs. Des vapeurs blanchâtres, soutenues par un duvet léger, planaient au-dessus de l'assemblée. S'abaissant peu à peu, elles s'abattirent dans le cercle sacré tracé par les prêtres. L'astre du jour, manifestait sa volonté par des signes évidents.

— O toi, *Œil-juste,* dit l'un des prêtres au chef des Sages, toi que le grand Esprit inspire, dis-nous ce que signifie ce prodige.

Le chef des Sages, après avoir rassemblé les débris mystérieusement tombés du ciel et fait au-dessus d'eux les signes consacrés [1], se prosterna la face contre terre; puis, se relevant :

— Ces gouttes de rosée, dit-il, sont un présent du Soleil et une marque de sa protection. Elles nous sont apportées par un tissu léger, sur des ailes d'oiseaux. Les plumes messagères

---

1. La *cabale* et les signes qui s'y rapportent ont, sous des noms différents, une origine qui se perd dans la nuit des temps. Elle donnait le moyen de transmettre aux initiés le sens et les arcanes des traditions sacrées. On a voulu en appliquer les secrets aux Livres de l'Ancien Testament. La *cabale*, disent les partisans de cette interprétation, révèle les vérités cachées, dont l'Ecriture Sainte n'est que le symbole.

sont couvertes d'une poussière inconnue sur nos rivages... Interrogeons nos divinités... Que les Vierges du feu entonnent les hymnes sacrées, tandis que les couteaux des sacrificateurs immoleront au Soleil une victime sans tache.

Les chants terminés, le sacrifice accompli, *Œil-juste*, levant les mains au ciel :

— Les dieux ont parlé, dit-il. Ils nous apprennent qu'à l'horizon, au pied des colonnes du ciel et des supports des étoiles, existent des terres comme les nôtres. De là vient la rosée du salut. C'est là que nous appellent les génies de la tribu. A l'œuvre donc, enfants que le Soleil protége. Guerriers, laissez vos lances, vos frondes et vos arcs, et prenez vos outils. Allez dans la forêt voisine. Coupez-y des arbres que vous amènerez ici, sur des rouleaux de bois. Assemblez les matériaux avec lesquels nous construirons un village flottant, pendant que les vieillards et les enfants prépareront des cordages faits avec des filaments de plantes flexibles.

Il dit. Les guerriers se font artisans; ils amènent sur le rivage une forêt de pins. Les arbres, liés ensemble, forment d'immenses plateaux. De longues palettes sont disposées à l'arrière, en forme de gouvernails. Sur les flancs, on assemble des rangées d'avirons, tandis qu'à l'avant, un arbre, dressé en forme de mât, attaché à la plate-forme par des liens solides, reçoit une voile faite de peaux cousues ensemble. Au sommet, une aigrette de plumes, retenue par des filaments, indique la direction du vent.

Quand tout est prêt, le chef des Sages rassemble la tribu :

— Le grand Esprit est avec nous! s'écrie-t-il. Venez tous sur ces îles flottantes, qui doivent nous porter chez les génies des eaux, nos protecteurs...

Ils passèrent trois jours entre le ciel et la mer... Au bout de ces trois jours, ils abordèrent dans une grande île où les fruits poussent sans culture, et où les hommes arrosent leurs mets avec le jus d'une plante sucrée...

Telle est la légende qui consacre, sur le continent américain, le souvenir de la découverte des terres océaniques. — Plus d'une fois, pendant les veillées d'hiver, assis au coin du feu, près d'une table chargée d'hiéroglyphes qu'il avait appris à déchiffrer, un archéologue [1] dont la science française ne saurait trop déplorer la perte, nous l'a racontée, en l'animant de sa verve enflammée. Versé dans la langue des indigènes, il aimait à nous traduire les chants des Rhapsodes, chants qui, avant lui, n'avaient jamais été écrits…. D'autres reprendront son œuvre interrompue par la mort. Quant à nous, qui devons à ce savant de précieuses indications, nous avons tenté de rassembler nos souvenirs, et nous nous hasardons à les consigner ici, traducteurs trop infidèles, comme une des plus curieuses traditions qui se perpétuent, de l'autre côté de l'Océan.

1. L'abbé Brasseur de Bourbourg.

# VI

LES CONSTRUCTIONS LACUSTRES.

Les périodes glaciaires avaient laissé, à la surface de la terre, de grands lacs et de vastes marécages. L'homme, menacé de toutes parts, par les animaux, par ses semblables, ennemis plus redoutables encore, y chercha un refuge. Il songea à s'isoler, pour sa défense, au milieu de ces lacs. Des chaussées, partant du rivage, entassements de pierres surmontés de terrassements, s'élancèrent au sein des eaux. Des troncs d'arbres furent amenés par ces chaussées et dressés sur le fond, soit qu'on les maintînt

Habitations lacustres.

debout en les entourant de pierres, soit qu'on les enfonçât dans les terres mouvantes et qu'on les consolidât ensuite par des empierrements. D'autres arbres, grossièrement équarris, furent fixés sur ces pieux verticaux, poutres horizontales disposées comme pour un radeau. C'est là qu'on établit des abris; demeures légères, sortes de cabanes surmontées de toits en branchages ou recouvertes de roseaux qu'on retenait, en les chargeant de pierres, comme on le fait, dans la montagne, pour éviter les ravages du vent.

Une même chaussée conduisait souvent à un certain nombre de cabanes, distribuées comme les maisons qui bordent irrégulièrement les rues d'un village. En cas d'attaque, on barricadait la chaussée, ou, mieux encore, on la coupait par une tranchée que l'on franchissait sur des espèces de ponts-levis.

Tels furent, en quelques mots, les premiers *villages lacustres*.

Quand l'art de construire les radeaux ou de creuser les pirogues fut connu, on supprima la chaussée. L'homme alla s'établir, à une certaine distance des bords, dans des îles artificielles. Sur ses embarcations, il rassemblait des pierres, qu'il transportait au milieu du lac et qu'il amoncelait, jusqu'à ce que le tas émergeât; de là, le nom donné à ces îles artificielles, *steinbergs*, c'est-à-dire montagnes de pierres. Il y établissait ses pilotis ou *pfalbauten*, et ses *packwerkbauten*, masses solides de boue et de pierres, avec des couches horizontales et perpendiculaires de pieux, servant moins à supporter le tout qu'à en faire une masse compacte. Les noms ne manquent pas, pour désigner ces îles construites de main d'homme : — *palafittes*, comme disent les Italiens; — *tenevières*, c'est-à-dire, dans l'idiome des pêcheurs d'Estavayers, *monticules inondés*, parce que l'eau passe aujourd'hui par-dessus les faîtes; — *morgiers* ou *pervons*, ainsi qu'on les appelle à Cartaillod, etc.

Certains de ces monticules sont encore habités. L'île des Roses, dans le lac de Starnberg, n'est pas autre chose qu'une montagne de pierres entassées. On retrouve jusqu'aux embarcations qui ont servi à les transporter. L'une d'elles, dans le lac de Bienne, est encore ensevelie dans la vase, avec son chargement de cailloux. Une autre, tirée des eaux, est exposée dans la collection de Neufchâtel.

L'homme a un tel génie de la destruction que les palafittes ne le mirent pas à l'abri des désastres. Des bords du lac, il

Incendie d'un village lacustre.

trouva le moyen d'attaquer les constructions lacustres. Il les incendia en lançant, sur leurs toits légers, des pierres rougies aux feux allumés sur le rivage.

L'art de construire des habitations sur des pieux, au milieu des lacs, ne se perd pas avec le vieux monde. Hérodote décrit ainsi les palafittes des populations de la Thrace :

Au milieu de l'eau, sur de longs pilotis, est établi un plancher, avec une entrée étroite du côté de la terre. Pas d'autre pont. Depuis longtemps, les habitants ont enfoncé à frais communs les pilotis qui soutiennent les planches. Ils les ont ensuite entretenus, en observant cette loi : Tout homme, lors de son mariage (chacun d'eux épouse plusieurs femmes), est contraint de planter trois pilotis, en apportant du bois de la montagne dont le nom est Orbèle. Ils s'y logent de cette manière : chacun possède sur ces planches une cabane dans laquelle il vit. Le plancher de cette cabane présente une trappe s'ouvrant sur le lac. Dans la crainte que les enfants ne tombent à l'eau par cette trappe, on les attache par un pied, avec un lien de jonc. Les chevaux et les bêtes de somme sont nourris de poissons dont l'abondance est telle, qu'en ouvrant la trappe et en descendant une corbeille à l'aide d'un câble, il ne faut pas la laisser longtemps dans l'eau pour la remonter pleine [1].

« Il y a, en Irlande, un grand nombre d'îles, plus ou moins artificielles, appelées *crannoges*. L'histoire nous apprend que ces îles servaient de forteresses à de petits chefs. Elles sont faites de terre et de pierres renforcées par des pilotis, et les archéologues Irlandais y ont trouvé des armes, des instruments et des ossements, en quantité considérable [2]. »

La coutume de vivre dans des demeures de ce genre s'est perpétuée jusqu'à nous. Dans certaines îles de l'océan Pacifique, des voyageurs ont pu visiter des habitations lacustres, et nous en ont apporté la description. Les Indiens du Venezuela établissent de même leurs demeures au-dessus de l'eau.

La découverte des palafittes de la Suisse a été comme le signal des recherches dont les constructions lacustres ont depuis

1. Hérodote. Liv. V, § XVI.
2. Sir John Lubbock. *L'homme avant l'histoire.*

été l'objet. Il y a bien longtemps, dit un savant qui a écrit leur histoire [1], que les riverains des lacs suisses avaient connaissance d'anciens pieux, existant dans un certain nombre de lacs. Ces pieux s'élevaient au-dessus du fond, sans jamais atteindre la surface de l'eau. Au lac de Neufchâtel, ils étaient connus des pêcheurs, et redoutés par eux comme une cause d'avarie pour leurs filets. Plus d'une fois, les bateliers, en traversant la baie d'Auvernier, ou en longeant la rive méridionale par un temps calme, s'arrêtaient au-dessus de ces pieux et se demandaient qui pouvait avoir eu la singulière idée de les enfoncer à une pareille profondeur. Comme personne au village, pas même les plus vieux pêcheurs, ne pouvaient raconter leur origine, on se bornait à en conclure que « tout cela devait être bien ancien. »

Plus d'une fois aussi, ajoute le même auteur, on avait retiré de la vase des lacs, par les eaux basses, de grands bois de cerfs et des ustensiles étranges, dont l'origine était inconnue. — La sagacité d'un savant a, pour ainsi dire, donné la vie à ces vieux débris et leur a fait raconter des choses merveilleuses. Pendant les basses eaux de l'hiver de 1853 à 1854, ce savant passe à Meilen, près des travaux entrepris sur le lac de Zurich. On lui montre les pieux à demi décomposés qu'on retire d'un limon épais, sur la plage que le lac vient de quitter momentanément, ainsi que des fragments de vieille poterie, noire, imparfaitement cuite, et façonnée à la main, sans l'aide du tour à potier; on lui montre des ustensiles et des armes, qui ont un air encore plus primitif... Il remarque que ces ustensiles, ces armes, ces débris, ne sont pas disséminés au hasard; qu'ils sont limités à une couche particulière, d'une épaisseur de deux pieds environ, et concentrée autour des pieux; qu'ils diminuent ou disparaissent, à mesure qu'on s'en éloigne; et il en conclut qu'entre ces pieux et les objets antiques qui les entourent, il y a une relation [2]. Une pareille association de matériaux, de constructions, d'armes et d'ustensiles devient pour lui la preuve de la présence de l'homme. Le nombre des

---

1. Desor. *Les Palafittes.*
2. Docteur Keller. — *Mémoires présentés à la société des antiquités de Zurich* (1854, 58, 60 et 63).

LES CONSTRUCTIONS LACUSTRES.     161

objets, d'accord avec l'épaisseur de la couche qui les renferme, témoigne d'autre part en faveur d'un séjour prolongé. C'est la première période des *constructions lacustres* [1].

« L'histoire des sciences offre peu d'exemples d'une conquête aussi brillante de l'esprit humain. Elle nous rappelle celle que, dans un autre domaine, nous devons au génie de Cuvier. Bien avant ce grand naturaliste, on avait recueilli des ossements de mammifères dans les plâtrières de Montmartre. Mais ce qui avait passé inaperçu, c'était la relation de ces ossements entre eux et avec le milieu qui les recèle. On les envisageait comme des débris du déluge. Cuvier arrive, étudie ces vieux squelettes pétrifiés, et reconnaît, dans leur association et dans leur gisement, les vestiges de toute une création antérieure à l'homme. Il avait suffi au grand naturaliste français de quelques ossements fossiles, pour reconstruire une phase de l'histoire de la terre. Il a suffi à notre savant antiquaire de quelques débris enfouis sous les graviers du lac de Zurich, pour nous révéler une période ignorée de l'humanité, par delà les limites de l'histoire [2]. »

Depuis, les découvertes se sont succédé et ne permettent plus de douter. Il y a eu des palafittes à l'âge de la pierre. Les preuves en sont manifestes, par les basses eaux, au fond des lacs. Des débris de tous genres ont été rassemblés dans les musées des deux mondes : ustensiles en silex et en os, pierres de lances et de flèches, éclats de silex ayant servi de couteaux ou de scies, ciseaux et tranchets emmanchés dans des fragments d'andouillers, haches faites avec des galets erratiques de diorite, de serpentine ou de quartzite, etc., etc. On trouve même des morceaux d'étoffe à mailles larges et irrégulières, étoffes faites avec des fibres de chanvre ou avec de la paille. On trouve jusqu'à des grains d'orge et de blé [3].

---

1. Troyon. *Sur les habitations lacustres.*
2. Desor. *Les palafittes.*
3. Les stations de la Suisse orientale ont fourni des fruits de toute espèce : des pommes, des cerises, des faînes, des graines de fraises, de framboises, et des échantillons assez nombreux de la châtaigne d'eau (*trapa natans*), qui doit avoir été commune dans nos lacs, tandis que, de nos jours, il n'y en a plus que sur deux points, au nord des Alpes, près de Langenthal et près d'Elgg. On trouve de plus des lambeaux de tissus, et même du pain,

Tout cela remonte à un temps que l'on n'ose estimer. Certains restes, dont on est parvenu à évaluer l'âge, en étudiant les atterrissements ultérieurs, ont près de 100 siècles. Ce sont les plus récents. Ils appartiennent à la période relativement moderne de la pierre usée à la meule.

Que dire de l'âge des outils et des armes à angles et à tranchants naturels ou taillés au choc? Devant une telle accumulation de siècles, l'esprit s'incline et reste confondu.

qui s'est conservé, à la faveur de la carbonisation. Le grain n'est qu'imparfaitement broyé comme dans le pumpernickel de Westphalie, en sorte qu'il est possible de reconnaître l'espèce de céréale dont il se compose. Le pain de Robenhausen est du pain de froment. Les tissus sont de lin. On n'en a pas encore trouvé en laine. — *Desor.*

# VII

LES TUMULI ET LES KJÖKKENMÖDDINGS.

Il existe aujourd'hui, dans toute l'Europe, nous pourrions ajouter, dans le monde entier, de riches collections d'objets ayant appartenu aux époques les plus reculées des temps préhistoriques. Interrogées avec soin, ces reliques nous expliquent bien des secrets, réputés pendant longtemps impénétrables, et nous permettent de reconstruire un passé dont on ne peut plus nier l'existence.

Il n'est pas de nation, si petite qu'elle soit, qui n'ait apporté des matériaux à cette œuvre de restauration. Les plus petites n'ont même pas été les moins prodigues; témoin, le Danemark, dont nous nous proposons de dire maintenant quelques mots.

« Le Danemark a, dans l'histoire, une place bien plus importante que sur la carte : la nation est plus grande que le pays. Bien que l'augmentation des populations voisines leur ait fait perdre quelque peu de leur influence politique, bien qu'ils aient été récemment dépouillés d'une partie de leurs anciennes possessions, les Danois de notre époque sont de dignes représentants de leurs ancêtres. Des nations plus puissantes peuvent leur envier la place qu'ils occupent dans la science et dans l'art, car bien peu ont contribué davantage au progrès des connaissances humaines. Copenhague peut, à juste titre, être fière et de ses richesses archéologiques, et de ses professeurs. Le célèbre *Musée des antiquités du Nord* renferme les objets les plus caractéristiques et les plus rares.

» Le Danemark se trouvait dans des conditions exceptionnelles, pour la formation de ses collections. A une certaine époque, le pays tout entier paraît·avoir été couvert de *tumuli*.

Antiques tumuli.

Là où la terre n'est pas cultivée, on en voit encore un grand nombre, dans les endroits mêmes les plus fertiles et les plus populeux; le soc de la charrue est souvent dévié par une de ces anciennes sépultures. Heureusement, les pierres qui ont servi à leur construction sont si grandes et si dures, que les détruire ou les enlever est une opération difficile et coûteuse. Toutefois, quand la terre acquiert plus de valeur, ou quand on recherche des pierres pour en faire des matériaux, aucune tradition, aucun sentiment de respect pour les morts ne peut les sauver de la destruction. Chaque jour, on voit disparaître un ou plusieurs de ces tumuli; perte d'un chaînon, peut-être irréparable, de l'histoire de la race humaine.

» On peut dire, en effet, que chaque sépulture est en elle-même un petit musée d'antiquités, et l'on peut considérer le pays tout entier comme un immense musée. Les tourbières, qui occupent un espace si considérable, fourmillent d'antiquités, et le professeur Steenstrup estime que toute colonne de tourbe, de 3 pieds carrés de base, contient quelques spécimens de l'industrie antique. Tous ces avantages cependant auraient peut-être été perdus, sans le génie et la persévérance du professeur Thomsen, que l'on peut regarder comme le créateur du Musée qu'il dirige si admirablement [1]. »

---

[1]. Sir J. Lubbock. *L'homme avant l'histoire.*

Les tumuli antéhistoriques ont laissé partout leurs traces. Les tombeaux des héros étaient déjà des antiquités, au temps d'Homère.

Tumulus à dolmen.

Les premiers tumuli sont de simples tas de terre mêlée de pierres, sous lesquels on ensevelit les cadavres. Le tertre recouvre ensuite une sorte de dolmen qui forme une salle intérieure. Au-dessus s'élève généralement une pierre debout. Les cavités souterraines s'étendent plus tard et deviennent des salles funéraires. C'est dans un tumulus de ce genre, situé dans l'île de Moën, qu'on a trouvé un certain nombre de ces haches, de ces coins, de ces ciseaux, de ces têtes de lances, qui enrichissent aujourd'hui le musée de Copenhague. Auprès du mort, la coutume veut, en effet, qu'on ensevelisse les objets dont il s'est servi de son vivant. Parfois même, on place des aliments à côté des cadavres, comme s'ils avaient besoin de ce viatique pour le grand voyage.

L'intérieur des maisons d'hiver des Esquimaux et des Groënlandais, certains tombeaux d'Otahiti, donnent une idée de ces salles funéraires.

Les tourbières et les tumuli ne sont pas les seuls réservoirs des antiquités danoises. Il existe, dans le voisinage des côtes, des espèces de *grèves soulevées,* amas de coquilles qui ont été apportées de main d'homme, ainsi que le prouve l'examen de leurs caractères. Ces coquilles sont mélangées d'ossements portant la trace de coups de couteaux et d'instruments de silex. Au milieu de ces amas, des foyers de pierres plates gardent encore la marque du feu. Autour des foyers, près desquels se trouvaient les tentes et les huttes, se sont graduellement accumulés des bancs de débris qui atteignent parfois 10 pieds d'épaisseur et qu'on a nommés *Kjökkenmöddings* [1].

Un grand nombre de ces bancs ont été détruits, car les produits qui les composent en font un engrais dont l'industrie tire impitoyablement parti; mais il en reste encore d'assez nombreux spécimens pour que le savant puisse répéter ses recherches. Tel est celui que décrit Lubbock, dans ses remarquables études sur l'*homme avant l'histoire.* Cet amas de coquilles, un des plus considérables et des plus intéressants qu'on ait encore découverts, se trouve, dit-il, à peu de distance de la côte, près de Grenaa, au nord-est du Jutland, dans une magnifique forêt de hêtres. Une mince couche de terre recouvre les dépôts, sur lesquels croît une végétation vigoureuse. Le banc tout entier est composé de coquilles. Çà et là, on découvre quelques os et des instruments de pierre ou des fragments de poterie.

Le long des côtes, il existe beaucoup d'autres bancs analogues. Un peuple qui se nourrit principalement de mollusques ne s'éloigne pas de la mer. Si l'on trouve quelques kjökkenmöddings assez loin des rivages, c'est que le Danemark présentait, à l'âge de pierre, un grand nombre de fiords qui ont aujourd'hui disparu.

Les débris qui composent les kjökkenmöddings permettent de restituer la faune de cette époque. Elle comprenait des mollusques, tels que l'huître, la moule, la coque, la littorine et d'autres coquilles marines; des crustacés, tels que les crabes; des oiseaux, tels que les coqs de bruyère, qui se nourrissent principalement des bourgeons de pin; surtout, des oiseaux aquatiques, parmi lesquels le grand pingouin, dont l'espèce a presque

---

1. De *kjökken,* cuisine, et *möddings,* amas de rebuts.

complétement disparu. Les mammifères étaient nombreux : cerf, chevreuil, sanglier, urus, loup, renard, lynx, chat sauvage, ours, phoque, marsouin, etc., etc. Comme on le voit encore chez quelques tribus sauvages, la chair des chiens servait d'aliment : les coups de couteau que portent leurs os le démontrent. Avant d'être mangés, les chiens eux-mêmes mangeaient, après l'homme, les parties de ses restes dont ces animaux sont le plus friands. De là les ossements qui manquent uniformément dans les squelettes.

Au milieu de ces rebus, on trouve, dans les kjökkenmöddings, un certain nombre d'instruments et de débris. Les plus anciens sont des éclats de silex, quelques couteaux, des haches taillées à larges éclats, des poinçons, des pierres de frondes, des têtes

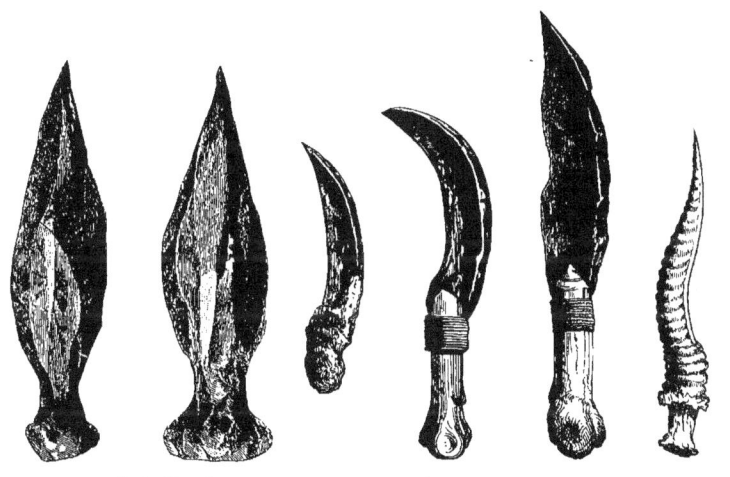

Armes et outils de l'âge de pierre.   Couteaux.   Corne restaurée.

de lances, des fragments de corne travaillée, des fragments de poteries, des ossements grêles et longs façonnés en épingles.

Les tumuli de cet âge ont également fourni des squelettes humains. « Les crânes sont très-arrondis, et ressemblent, sous bien des rapports, à ceux des Lapons; mais ils ont l'arcade sourcilière plus avancée. Une particularité curieuse, c'est que leurs incisives ne se croisent pas comme font les nôtres, mais se rencontrent comme celle des Groënlandais de notre époque; ce qui indique évidemment une manière particulière de manger.

» Quoiqu'il reste encore beaucoup à apprendre sur les hommes de l'âge de pierre, les faits déjà connus, comme quelques coups de crayon donnés par un dessinateur habile, nous fournissent les éléments d'une esquisse. Si nous reportons notre imagination sur le passé, nous verrons, sur les côtes basses de l'archipel danois, une race d'hommes de petite taille, aux sourcils lourds et épais, à la tête ronde, au visage ressemblant probablement beaucoup à celui des Lapons actuels. Comme il leur fallait se défendre contre les intempéries des saisons, il est plus que probable qu'ils habitaient des tentes de peaux. L'absence complète de métal, dans les kjökkenmöddings, prouve qu'ils n'avaient d'armes que celles faites avec du bois, des pierres, des cornes et des os. Leur principal aliment doit avoir été des coquillages; mais ils savaient pêcher les poissons, et ils variaient souvent leur nourriture par le produit de leurs chasses. Ce n'est sans doute pas manquer de charité que de supposer que, quand les chasseurs revenaient chargés de gibier, tous les habitants se gorgeaient, ainsi que le font encore la plupart des races sauvages. Il est évident que la moëlle était le mets délicat par excellence, car tous les os qui en contenaient sont fendus [1]. »

On peut se faire une idée de la vie que menaient ces hommes, en lisant cette page que nous détachons du journal de Darwin, sur les habitants de la *Terre-de-Feu* :

« Ils se nourrissent principalement de coquillages et sont constamment obligés de changer le lieu de leur résidence; mais ils reviennent, après un intervalle plus ou moins long, sur leurs anciens tas de coquilles... On peut distinguer ces tas, à d'assez grandes distances, à cause de la couleur verte et luisante des plantes qui croissent dessus... Le wigwam de l'habitant de la Terre de feu ressemble à un tas de foin; il se compose de quelques branches cassées, plantées dans le sol, recouvertes, tant bien que mal, de terre et de brins de jonc... Les êtres qui habitent ces lieux sont les créatures les plus abjectes que l'on puisse imaginer. Sur la côte orientale, les indigènes que nous avons

---

1. Sir J. Lubbock. *L'homme avant l'histoire.*

vus avaient des manteaux de guanaco. Sur la côte occidentale, ils s'enveloppent de peaux de phoque. Dans les tribus centrales, les hommes portent ordinairement des peaux de loutre ou quelque autre lambeau, grand comme un mouchoir de poche. Ils le fixent, avec des ficelles, tantôt sur leur dos, tantôt sur leur poitrine, selon que le vent vient de tel ou tel côté. »

Le *Beagle*, dit encore Darwin, resta deux jours à l'ancre, près de l'île de Wollaston, qui est un peu plus au Nord. En allant à terre, nous vîmes un canot que montaient six indigènes. Ils étaient nus, petits, rachitiques; leur visage hideux était couvert de peinture blanche; leur peau était sale et graisseuse; leur chevelure inculte, leurs voix discordantes, leurs gestes violents et saccadés. Quand on voit de tels hommes, on se demande s'il est bien vrai que ce soient des créatures humaines habitant le même monde que nous.... La nuit ils couchent tout nus, entassés pêle-mêle comme des animaux, sur le sol détrempé, mal abrités contre le vent et la pluie de ce climat orageux. Quand la mer est basse, ils se lèvent et vont ramasser des coquilles sur les rochers. Les femmes, hiver et été, plongent pour chercher des œufs de mer, ou, assises dans leurs canots, pêchent à la ligne de petits poissons. Quand on arrive à tuer un phoque, ou lorsqu'on découvre la carcasse flottante et à demi pourrie d'une baleine, c'est un festin!

A l'époque à laquelle se rapportent les *kjökkenmöddings*, le pays était très-peu peuplé. Les bancs de coquilles sont cependant considérables et les tumuli très-nombreux; il a donc fallu un temps fort long pour accumuler les débris que l'on trouve entassés, et les sépultures qui couvrent le sol.

# CHAPITRE III

LA CIVILISATION ANTÉDILUVIENNE.

# I

### L'ART DE LA GUERRE.

Les causes qui avaient réuni les villages en tribus groupent celles-ci en masses plus ou moins nombreuses, plus ou moins compactes, dans lesquelles chacune garde quelque chose de son originalité, de ses coutumes, de son génie particulier.

Les rudes leçons du passé sont un enseignement pour l'avenir. On s'organise en prévision des attaques. Pour cela, il faut s'entendre, se faire de mutuelles concessions, adopter un centre où les Sages des tribus puissent se concerter. De toutes parts on viendra à ce lieu de rendez-vous. Les industries y rassembleront leurs magasins et leurs fabriques.

Par surcroît de prudence, pour éviter les surprises, le centre de réunion sera le siége d'une sorte de conseil en permanence. On le composera de Prêtres, représentants des Dieux. Un corps de guerriers en formera la garde.

Des villes s'ébauchent. Ouvertes, elles sont exposées aux coups de mains. On les fortifie. On en fait de plus des magasins de munitions et de vivres.

Les combats jusque-là s'étaient livrés au hasard; on se ruait les uns sur les autres avec une sorte de rage, dans une effroyable mêlée. On met de l'ordre dans ce chaos : les hommes munis de frondes sont groupés ensemble; on forme un corps avec les archers; un autre, avec les guerriers armés de massues; un autre, avec les lances, auxquelles on donne des longueurs différentes, afin de pouvoir combattre sur plusieurs rangs. Quand l'action commence, frondeurs et archers, placés sur les côtés et formant les ailes de la ligne de bataille, font pleuvoir sur l'ennemi une grêle de pierres et de flèches. Alors s'avancent les autres corps. Ce n'est plus une multitude confuse; c'est une *armée*.

On apprend aussi à profiter des avantages du terrain. Une hauteur est une forteresse naturelle; on se la dispute. Un bois est un abri derrière lequel on peut se réfugier ou masquer certains mouvements; on recherche ce précieux rideau. On a des réserves; on prévoit la retraite; on la couvre avec des porteurs de frondes ou des lanceurs de traits et de flèches. La *stratégie* prend naissance.

Les bras manquent. Au lieu d'exterminer les vaincus, on fait des prisonniers. Ainsi devient possible la construction de ces monuments gigantesques qui étonnent notre siècle des machines. Les prisonniers, devenus esclaves, sont des machines vivantes. On s'en sert, comme on le fera plus tard pour creuser le canal de Néchao et pour élever les Pyramides [1].

L'esclave n'est pas seulement l'agent, il devient l'équivalent du travail. On en fait une sorte de monnaie. On échange un homme contre une pierre, contre une arme, contre un outil. Dans un passé moins éloigné, à Athènes et à Rome, et aujourd'hui même, sur quelques points du globe, on continue ce hideux trafic qui, à l'origine, marque cependant un progrès.

---

1. Comment les hommes ont-ils pu ériger de pareils monuments? Quelques-uns ont pensé que les prêtres, qui dirigeaient le plus souvent ces grands travaux, employèrent des procédés mécaniques dont le secret est resté enseveli dans les sanctuaires de l'Egypte. Cette opinion, généralement adoptée au xviiie siècle, est aujourd'hui à peu près abandonnée... Si les Egyptiens avaient connu les machines, on en trouverait la trace, dit Letronne, dans un bas relief du temps de Sésortasen, qui nous représente le transport d'un colosse. On le voit entouré de cordages, et tiré par plusieurs rangées d'hommes attachés à des câbles; d'autres portent des seaux pour mouiller les câbles et graisser le sol factice sur lequel le colosse est traîné. La force tractive de leurs bras était concentrée dans un effort unique, au moyen d'un chant ou d'un battement rhythmé, qu'exécutait un homme monté sur les genoux du colosse. Si mille hommes ne suffisaient pas, on en prenait dix mille, autant qu'on en pouvait réunir sur un point et pour une même action. C'est ainsi que, d'après le témoignage de Pline, Rhamsès avait employé 120,000 hommes, pour dresser un des obélisques de Thèbes... — Éd. Guillemin, *Histoire ancienne de l'Orient*, collection V. Duruy.

L'art des fortifications subit de son côté une transformation. Nous entrons dans l'âge des grands terrassements. Rien de ce qui est essentiel ne manque pour ce travail, ni les bras, ni les outils. De vastes forteresses s'élèvent.

Dans plusieurs contrées, il existe des vestiges de ces prodigieuses constructions. Ninive, l'Egypte, la Grèce, ont laissé, en monuments impérissables, les preuves de leur magnificence. Les antiques nations américaines ont de même marqué leurs souvenirs sur le sol et écrit l'histoire de leur passé, en caractères évidents et indestructibles, dans les plaines et dans les vallées, depuis le Labrador jusqu'en Patagonie[1].

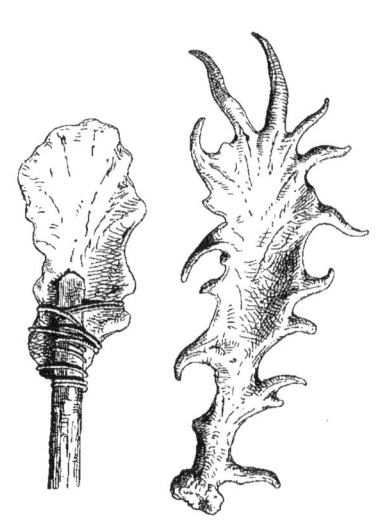

Pelle antique.

Un certain nombre d'observations semblent indiquer la haute antiquité de cette période. Telle est celle du Dr Koch, qui décrit un mastodonte trouvé dans le Missouri, mastodonte lapidé par les Indiens, puis brûlé par eux en partie. « Le feu, dit-il, n'a certainement pas été allumé accidentellement; tout au contraire, il semble avoir été préparé par l'homme, et, selon toute apparence, dans le but de tuer le monstrueux animal qui s'était enfoncé dans un bourbier... Au milieu des cendres et des os, il y a un grand nombre de morceaux de roches apportés là des bords de la rivière, pour être lancés sur l'ennemi; la couche d'argile dans laquelle sont les débris ne contient pas, en effet, le plus petit caillou... J'ai trouvé, dans les cendres, plusieurs têtes de flèches, une tête de lance et des haches de pierre [2]. »

---

1. William Pidgeon. *Traditions of De-coo-dah and antiquarian researches.* New-York, H. Thayer.
2. A. C. Koch. *Trans. of the Academy of science of Saint-Louis.* 1857.

Pidgeon cite quelques-uns des monuments dont les traces existent encore, dans les vallées du Mississipi et de l'Ohio. Ils

Fort antique de l'Ohio.

sont disposés de manière à défendre les principaux passages. On utilise pour cela les hauteurs et les plateaux. A défaut de plateaux naturels, on en crée d'artificiels, au moyen de terrassements de rapport. Des banquettes, des parapets, des espèces de créneaux facilitent la défense. Des ruisseaux protègent les retranchements. Sur les plates-formes s'élèvent des tours, d'où les vedettes observent les environs. On y voit aussi des terrasses tantôt rondes, tantôt en forme de croissant. Lorsque l'enceinte a une grande étendue, l'ensemble des fortifications est dominé par une éminence, sorte de *mont-sacré*, au faîte duquel est la pierre des sacrifices ou le symbole du dieu. C'est la même idée qui présidera plus tard à la construction du Parthénon, au sommet de l'acropole d'Athènes; du temple de Jupiter et de Janus, au Capitole; de celui d'Esculape, au sommet de la Byrsa.

Les hauts terrassements des premiers âges (il y en a qui sont de véritables montagnes) ne sont pas seulement des fortifications; ce sont des refuges. A cette époque, par suite des mouvements d'exhaussement et d'affaissement du sol, les submersions partielles des continents et des îles étaient fréquentes.

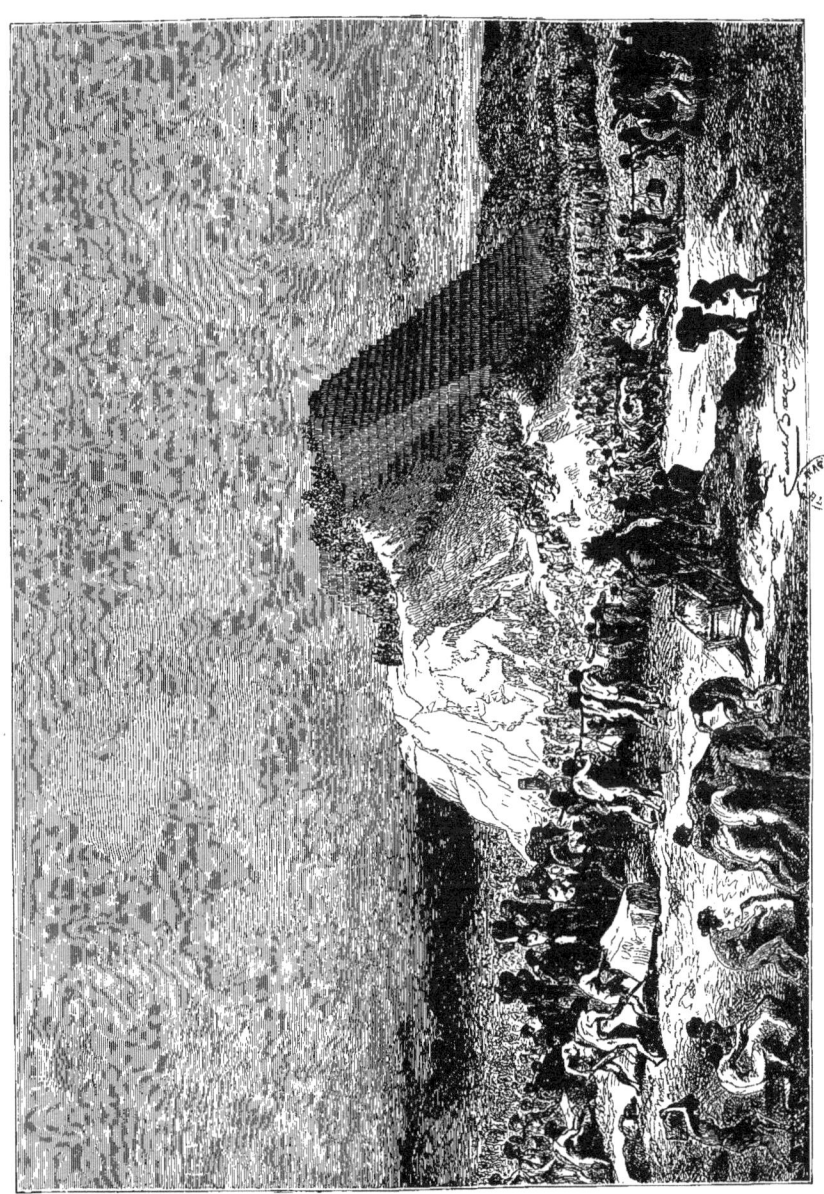

L'architecture de terre.

Tant que les hommes avaient vécu isolés, les catastrophes survenues sur un point du globe étaient restées inconnues sur les autres points; mais, lorsque les communications commencent à s'établir, ou lorsque les peuplades, mises en fuite par la menace de ces fléaux, accourent éperdues, les hommes, au récit de ces révolutions lointaines, cherchent un refuge dans les montagnes. Quand ils ne peuvent quitter la plaine, ils construisent de vastes terrassements, afin de se mettre, au besoin, à l'abri de l'invasion des eaux.

Après le déluge, la coutume d'élever de grands terrassements se continue. La Genèse nous montre les hommes bâtissant une tour gigantesque; tour de terre, revêtue ensuite de pierres, qui fournit des matériaux pour la construction de Babylone. Il existe encore des débris de ce monument, successivement temple de Bélus et observatoire astronomique; c'est aujourd'hui le *château de Nemrod*. La plupart de ces débris sont couverts d'inscriptions et de figures. La tour, dit une de ces inscriptions, fut terminée par Nabuchodonosor, « les hommes l'ayant abandonnée, en désordre proférant leurs paroles. »

En Égypte, il y a également des traces de terrassements qui rappellent les refuges des premiers âges. Les Pharaons construisent d'immenses plateaux, pour se prémunir contre les inondations du Nil et de la mer Rouge. Sésostris fait élever, en plusieurs endroits, des terrasses d'une hauteur et d'une étendue très-considérables, ordonnant aux habitants de toutes les villes auxquelles la nature n'avait pas fourni de semblables défenses, de bâtir des maisons sur ces éminences, et de s'y établir.

De nos jours, le voyageur qui explore le continent américain reste stupéfait, à la vue des hauteurs, faites de main d'homme, qui se dressent, au sud des grands lacs, dans les vallées du Mississipi.

## II

L'ARCHITECTURE DE TERRE.

La construction des grands terrassements correspond à un art nouveau, l'*architecture de terre*.

Dans cet âge, les monuments religieux abondent. Ce sont d'abord des terre-pleins de forme simple, élévations circulaires ou carrées de 2 à 3 mètres de hauteur. Là se font les sacrifices. Les tertres doivent être assez vastes pour contenir le sacrificateur, la victime, ses gardiens, les exécuteurs et les prêtres qui assistent à l'holocauste. L'homme, à cette époque, paraît avoir le sentiment de sa faiblesse. Il peuple l'univers de divinités, parmi lesquelles le Soleil et la Lune semblent avoir le premier rang.

Tertre carré antique.

Les tertres sont construits avec un certain art. Ils ne sont pas faits en terre jetée au hasard : la masse qui les compose est mêlée de pierres de grosseurs différentes, battue, damée, solidement maintenue. On procède par couches superposées, en ayant soin de laisser sur la tranche l'épatement nécessaire pour prévenir les éboulements. L'ensemble est si compacte et si ferme qu'on dirait du béton [1]. Sous le tertre est une cavité destinée sans doute à recevoir le sang des victimes, qui s'écoule par des ouvertures latérales. D'après le Dr Wilson, les autels de cette époque servaient aux sacrifices humains ; ils étaient le théâtre de cérémonies non moins hideuses que celles qui caractérisent le culte féroce des Aztèques [2].

Tertre circulaire antique.

On donne généralement aux tertres des formes empruntées aux idées religieuses du temps. La forme ronde et pleine, ou ronde et entourée d'un second terrassement circulaire, est l'image du Soleil, la grande divinité. Le culte du Soleil, point de départ du fétichisme américain, se retrouve longtemps après, en Asie, chez les habitants du 1er empire d'Assyrie.

Berose, l'historien de la Chaldée,

Tertre solaire.

le contemporain d'Alexandre le Grand, le prêtre de Bélus, n'est

---

1. W. Pidgeon. *Traditions of De-coo-dah and antiquarian researches.*
2. Wilson. *Prehistoric man.*

au fond, comme il le déclare lui-même, que le ministre du Soleil. « Avant toutes choses, dit-il, existait le Dieu suprême, *Or* ou *Ur*. Il vivait dans l'inaction, lorsqu'il résolut de débrouiller

Tertre lunaire.

le chaos, assemblage d'eau, de ténèbres et de matière informe. Quand il l'eut fait, il produisit *Bel,* le Soleil, qui commande aux dieux inférieurs, représentés par cinq planètes et trente étoiles subalternes. Il créa aussi *Nebo*, la Lune. — Dans la théogonie américaine, les tertres en forme de croissants sont consacrés à cette dernière divinité.

D'autres tertres représentent une massue, une hache, une lance, symboles du Mars antédiluvien. Souvent ils sont itératifs, et leur nombre a une signification. On ne sait ni écrire, ni dessiner, et comme on veut cependant transmettre sa pensée aux générations futures, on fait parler la terre.

D'autres fois, les tertres représentent des animaux, emblèmes

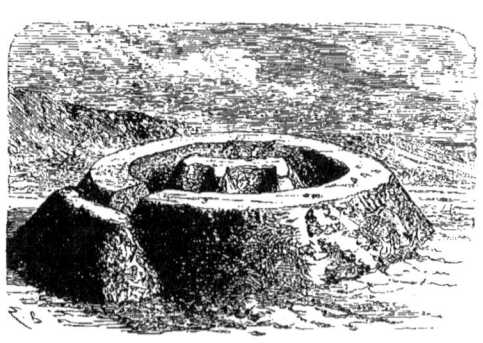

Tertre emblème.

de villages ou de tribus. Telle est du moins l'opinion des rédacteurs du Bureau des affaires Indiennes des États-Unis. Les antiquités américaines semblent être amoncelées dans la partie méridionale du Wisconsin, et s'étendre du Mississipi au lac

Michigan, suivant le cours des rivières. On trouve des images de monstres antédiluviens, des figures d'oiseaux, de serpents, de lézards, de grenouilles, etc., etc.

L'homme est également représenté dans cette singulière

architecture. Sa forme rappelle généralement celle des bonshommes que font les enfants avec de la neige. Il a les jambes écartées et un disque sous les pieds.

Dans le comté de Dale, dit Lubbock, tout près de la grande piste ou sentier de guerre des Indiens, il existe un groupe remarquable, comprenant un homme aux bras étendus, 7 tertres plus ou moins allongés, un tumulus, et 6 quadrupèdes. L'homme a 125 pieds de long et 140 de l'extrémité d'un bras à l'autre. Les Indiens actuels regardent ces ouvrages avec respect, mais n'ont aucun souvenir de leur origine. L'intérieur des terrassements ne contient rien qui puisse éclairer la question.

Tertre humain.

Quelques tertres sont dessinés en forme de *croix*. La croix, la vraie croix, dit M. de Mortillet, est employée, dès la plus haute antiquité, symbole ou emblème religieux. On ne peut donc plus admettre comme un axiome que la croix distingue ce qui appartient à l'ère actuelle [1].

Lubbock, dans l'intéressant chapitre qu'il consacre à l'*archéologie de l'Amérique du nord*, cite quelques *tertres-animaux* découverts hors du Wisconsin. Ils sont rares, mais gigantesques. Tel est le terrassement voisin de Granville, dans l'Ohio, et connu sous le nom

Tertres en forme de croix.

---

[1]. G. de Mortillet. *Le signe de la croix avant le christianisme.* Paris, 1866.

de l'*alligator*. Il a une longueur totale de 250 pieds. Le *grand serpent* du comté d'Adams est encore plus remarquable. Son corps est long de 1,000 pieds. La gueule est toute grande ouverte et avale ou rejette un objet ovale.

Certains tertres semblent attester l'union de plusieurs villages ou de plusieurs tribus. Ils ont sans doute servi aux sacrifices offerts à l'occasion d'événements solennels : traités de paix, nomination d'un chef, etc. Tel est celui qui représente une espèce d'éléphant à tête d'aigle.

Tertre symbolique.

Il symbolise probablement l'union de deux villages ou de deux tribus placées sous des invocations différentes.

Quand plusieurs tertres sont voisins, le centre est occupé par celui qui sert au sacrifice, prélude de toute fête religieuse. Des reliefs ou terrassements indiquent le nombre des chefs, des villages ou des tribus qui ont pris part à la cérémonie. De même, par la suite, on voit les Celtes et les Scandinaves semer le lieu

Tertre commémoratif.

de leurs réunions de blocs de pierres, et les Francs entourer d'arbres leur champ de Mars.

S'il y a quelque résolution à prendre, les prêtres et les chefs se réunissent autour du grand tertre, après le sacrifice. C'est là qu'ils délibèrent. Puis vient le festin qui termine la

# L'ARCHITECTURE DE TERRE. 183

solennité. Les victimes humaines passent pour les plus agréables aux Dieux.

Dans le voisinage des tertres, sont les habitations des chefs. Entrée, sortie, résidence personnelle et dépendances, tout est entouré d'épaulements en terre. Dans les enclos, on rentre les bêtes de somme, on dépose les outils et les armes, on enferme les esclaves confiés à la garde des guer-

Tertre commémoratif.

riers. A l'intérieur sont établies les tentes, faites généralement de peaux cousues ensemble, et soutenues par des perches. Les Esquimaux et les Groënlendais se construisent des abris analogues avec des peaux de morses et de phoques, et ferment l'entrée de leurs demeures, avec la substance transparente des intestins de ces animaux.

La résidence des chefs est ordinairement située sur un monticule, antique coutume, encore en vigueur sur les bords du Bas-Mississipi, chez une peuplade jadis puissante, que les Français ont presque anéantie en 1730, les Natchez. Les Indiens Natchez, rapportent les anciens auteurs espagnols, établissent les demeures de leurs chefs sur des monticules. Pour chaque nouveau chef, on construit un monticule nouveau et une nouvelle demeure. De la Vega raconte que les Indiens de la Floride installaient leurs caciques sur des plates-formes, hautes de 18 à 25 pieds, et assez grandes pour recevoir leur famille et leur suite. Comme de telles élévations, dit-il, sont rares dans la Floride, pays plat, bas, marécageux, couvert de savanes où paissent les bisons et les buffles sauvages, on crée, de main d'homme, les éminences nécessaires pour les habitations des chefs [1].

---

1. Garcilasso de la Vega. *Histoire de la Floride*, traduite par Richelet, 1670.

184   LA CIVILISATION ANTÉDILUVIENNE.

Les enceintes qui protégent les grandes résidences sont simples, doubles ou triples. A mesure que le temps marche, ces

Enceinte fortifiée.

dernières deviennent plus nombreuses. Presque toutes les grandes capitales des peuples renommés dans l'antiquité ont gardé la triple ceinture de l'âge de terre. Quand par hasard la ville n'a qu'une enceinte fortifiée, la citadelle en a trois.

Dans ces enceintes, on remarque souvent des espèces de plateaux, sur lesquels sont accumulés des débris de cuisine et d'antiques foyers, monticules artificiels qui rappellent les amas analogues, les kjökkenmöddings, si nombreux en Danemark.

Outre ses monticules, ses tertres, ses fortifications, l'âge de terre nous a laissé la trace de monuments qui pourraient bien avoir été élevés en l'honneur de guerriers victorieux. L'un d'eux représente un aigle surmontant cinq pierres de lances; l'autre est une sorte d'éléphant portant un fardeau de forme humaine; un autre, un quadrupède repoussant de sa tête une masse qui semble résister. Tous symbolisent probablement de grands événements accomplis. Lesquels? Voilà ce que personne ne sait, quant à présent, d'une manière précise. Tout ce qu'on peut dire, c'est qu'aucun de ces monuments n'a servi de sépulture. Quelque découverte imprévue nous apprendra peut-être un jour le secret que gardent ces ruines mystérieuses [1].

---

1. Sir J. Lubbock. *L'homme avant l'histoire.*

# L'ARCHITECTURE DE TERRE.

Les nécropoles se composent de tumuli, d'un genre particulier, dont la distribution est à peu près celle des pierres de Karnak. La disposition en croix y est fréquente.

Outre les *tertres-symboles*, les *tertres-animaux*, les *tertres-autels*, dont nous venons de parler, il y a ce qu'on est convenu d'appeler les *tertres-temples*. Ce sont des constructions pyramidales, à larges plates-formes, quelquefois à terrasses ou étages successifs, quelquefois à avenues en gradins montant jusqu'au sommet. L'un des plus remarquables, situé dans l'Illinois, a un volume de six millions de mètres cubes.

Quelle date peut-on assigner à tous ces monuments? Plusieurs auteurs les font remonter à une haute antiquité. L'homme, disent-ils, a coexisté, en Amérique, avec le mammouth et le mastodonte. Quand on veut

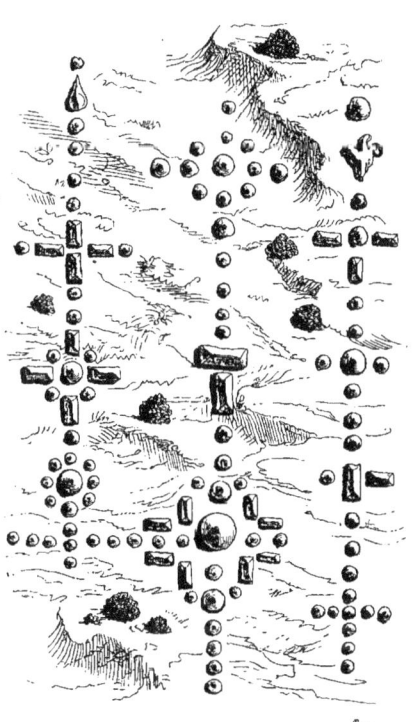

Nécropole de l'âge de terre.

assembler des matériaux, pour l'étude des temps préhistoriques, il est donc naturel d'interroger ce qu'on a si improprement nommé le Nouveau-Monde. Le comte Pourtalis a trouvé des ossements humains dans un conglomérat calcaire qui n'a pas moins de 10,000 ans. Le D$^r$ Dowler, a découvert, près de la Nouvelle-Orléans, du charbon et un squelette humain qui, d'après lui, datent de 500 siècles!

La tradition prête à son tour aux antiquités américaines une origine très-reculée. Sans doute, il est téméraire de l'accepter sans examen; mais ne serait-il pas imprudent, d'autre part, de faire trop peu de cas de son témoignage?

# III

## L'INDUSTRIE.

Dans la période des nationalités naissantes, l'armement et l'outillage sont en progrès.

La hache, instrument de guerre et de travail, paraît subir quelques modifications.

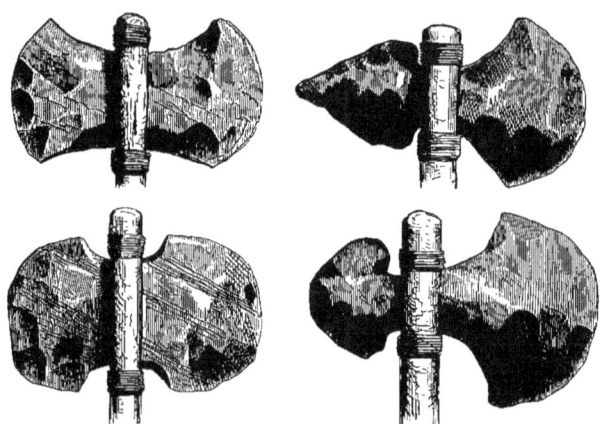

Haches doubles restaurées.

La hache de guerre est souvent à deux tranchants. Elle a un manche. L'un des tranchants est fréquemment remplacé par un marteau ou par une pointe. Une taille déjà perfectionnée l'a aiguisée. On l'affutera bientôt sur une pierre. Une poudre fine, d'une roche très-dure, servira d'amorce.

Le nouvel outillage suggère l'idée d'ustensiles dont on sent depuis longtemps le besoin. En guise de vases, on s'est servi

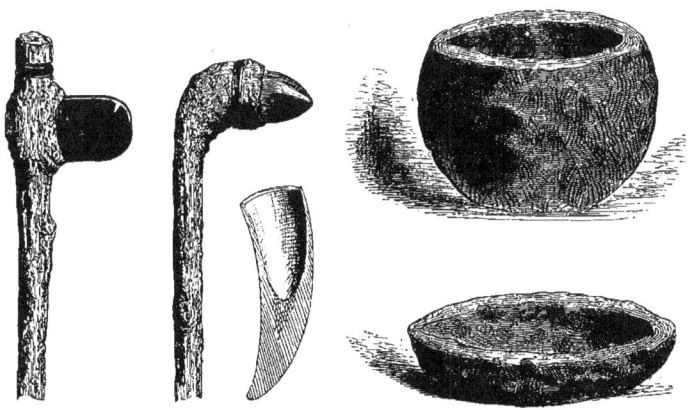

Outils affutés et polis.    Premier verre.    Vases de pierre.

de cornes, de coquilles, de corbeilles[1], de fruits séchés, tels que les calebasses, dont l'usage est encore si répandu chez les nègres. On fait maintenant des vases de bois; on sait même creuser la pierre. Dans ces vases, on fait cuire les aliments que, jusqu'alors, on mangeait rôtis ou saisis par le feu. On fabrique aussi des cuillères, des couteaux à lames mieux aiguisées; un os effilé ou une pierre pointue sert à piquer les aliments. L'appareil de cuisine est presque complet.

On creuse jusqu'à d'immenses marmites. Il y en a qui semblent avoir servi à l'alimentation d'une armée entière. M. de Jouvencel cite des cavités de ce genre, qu'il a vues sur la côte occidentale de la Suède. Un grand nombre d'entre elles, que l'on considérait comme ayant une cause géologique, ont, dit-il, une origine industrielle et sont dues au travail des peuples préhistoriques. Ces cavités, plus ou moins larges, plus ou

---

[1]. Certaines tribus de l'Amérique du nord font encore bouillir les poissons et la viande dans de petites corbeilles d'osier ou de racines.

188 LA CIVILISATION ANTÉDILUVIENNE.

moins profondes, que l'on désigne sous le nom de *marmites des géants* paraissent avoir été consacrées aux besoins de l'alimentation. D'autres sont des réservoirs d'eau douce. « L'une d'elles, située

Poteries antiques.

sur un îlot feldspathique, en mer, a pu être creusée pour recueillir l'eau des pluies et servir de citerne [1]. »

Les vases de pierre sont déjà une utile conquête de l'industrie. Ils présentent toutefois bien des inconvénients : ils sont épais; ils sont lourds; ils sont d'un maniement difficile. La terre fournira à l'homme une substance plastique, avec laquelle il fabriquera une poterie plus légère.

L'outillage perfectionné permet de perfectionner le matériel.

Tour à percer.

L'arc a percé l'aiguille; le *tour*, dont il suggère l'idée, percera

1. *Revue scientifique*, 24 janvier 1874.

la pierre des haches et des marteaux et substituera le travail mécanique au travail à la main. Pour cela, on attachera l'une des extrémités d'une corde à la branche flexible d'un arbre, et l'autre, à un morceau de bois disposé en pédale. La corde s'enroulera sur la gorge d'une espèce de bobine; elle imprimera un mouvement alternatif de rotation à un axe, butant, d'un côté, contre un pieu vertical, tandis que l'autre extrémité, munie d'un silex pointu, usera et percera la pierre de l'outil.

Deux bobines plates, deux *poulies*, sur lesquelles s'enroule

Tour à poterie.

une *corde sans fin,* donneront le *tour à poterie*. Les vases prendront alors des formes plus régulières, presque élégantes. On les ornera de dessins faits d'abord avec l'ongle, puis avec des spatules.

Les premiers vases sont simplement séchés au soleil; ils ont, par suite, le défaut de se délayer dans l'eau. Pour y remédier, on les soumet à l'action du feu. Malgré cette précaution, ils restent poreux et perméables, jusqu'à ce qu'on apprenne à les exposer à une haute température et à les recouvrir de cette couche vitreuse qui a reçu le nom de *glaçure*.

Poterie à gorge.

Beaucoup de ces poteries antiques ont la forme d'une calebasse; elles présentent une gorge destinée à passer la corde au moyen de laquelle on les suspend au-dessus du foyer.

La cuisine chez les anciens.

Un certain nombre de vases conservés au musée de Mexico ressemblent aux poteries étrusques de nos collections.

Vases antiques (musée de Mexico).

La pâte en est souvent rouge, avec des dessins noirs, ou noire, avec des dessins rouges.

L'un de ces vases a une forme des plus bizarres. Le goulot est une tête humaine; le liquide est contenu dans la poitrine, qui offre un renflement à l'épigastre; les bras sont collés aux flancs et figurent des espèces d'anses; ils sont grêles et terminés par des mains grossièrement

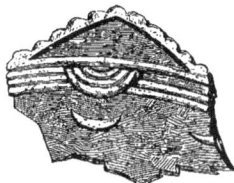

Fragment de poterie.     Pot antique (musée de Mexico).

ébauchées. Une espèce d'amulette, retenue par un collier, pend sur l'estomac. La queue enroulée forme un anneau dans lequel on peut passer le doigt. Plusieurs de ces types appartiennent évidemment à une époque beaucoup plus récente.

Les produits de la *céramique* ancienne sont l'objet de nombreux échanges. Dans les localités où l'argile abonde, on les fabrique avec une certaine habileté. Les déformations, les fissures qu'ils présentent, sont occasionnées par le retrait inégal des terres employées. Mais quels que soient leurs défauts, ces ustensiles sont très-appréciés.

Bât à paniers.

Le transport des matériaux et des produits de l'industrie ne se fait plus à bras d'hommes, comme à l'origine. Il y a toute une partie de la création qu'on n'a point utilisée. Si certains animaux sont des ennemis, qu'il faut vaincre et détruire, il en est d'autres dont on peut faire des auxiliaires, et qui n'ont même été mis sur la terre que pour cela. A l'état sauvage, ils sont farouches et rebelles; l'homme lui-même ne vaut guère mieux. Domptés, ce sont des machines animées, des serviteurs, des compagnons de travail.

Sur le dos des bêtes de somme, on charge des fardeaux, on accouple des sacs et des paniers. A leur bouche, à leur naseau, à leur cou, on adapte, pour les gouverner certains appareils, bride, anneau, licol, etc.

Première charrette.

On construit le premier *tombereau*, la première *charrette*, espèce d'échelle, dont l'avant, dépourvu d'échelons, forme brancard. Entre des morceaux de bois faisant *ridelle*, est un panier dans lequel on met les objets d'échange et de commerce. Dans les brancards, on attelle l'animal qui doit traîner le fardeau. Le harnachement est des plus simples : un *poitrail* de tresse, des *traits*, une *dossière*, une *ventrière* de corde. Dans ce système, une partie du travail est transformée en effort de traction.

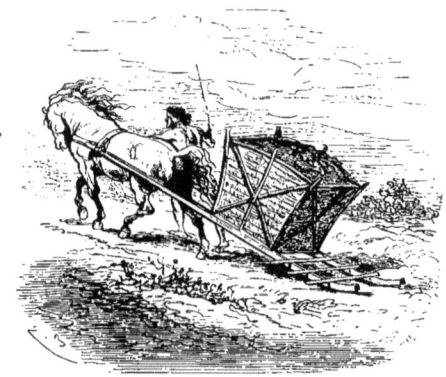
Premier tombereau.

Pour diminuer cet effort, on fixe, à l'arrière du véhicule, un rouleau de bois, tournant autour d'un axe. Au frottement de glissement on substitue de la sorte un frottement de roulement, ce qui permet, avec la même force, de traîner des poids plus lourds. Remplacez le rouleau par une roue, et vous avez la *brouette* de Pascal, où le centre de gravité est encore situé bien loin, trop loin du point d'appui. Dans

Première brouette.

les brouettes modernes, telles que celles de *Person*, l'inconvénient disparaît : le centre de gravité est, en effet, placé au-dessus de la roue.

# L'INDUSTRIE. 193

On met aussi les paniers qui servent au transport des fardeaux, ou le plancher sur lequel les voyageurs doivent

Palanquin antique.

prendre place, au milieu d'un double brancard porté à dos par des bêtes de somme attelées à chaque extrémité.

Ce genre de véhicule demeure longtemps en usage; on le retrouve chez plusieurs peuples de l'antiquité.

Galère espagnole.

Le rouleau des véhicules employés pour les lourdes charges conduit à la *roue* [1], qu'une clavette maintient dans la position voulue. L'essieu est en bois. — On se rapproche peu à peu de la construction du *chariot*, de la *charrette* modernes. La *galère*,

---

[1]. Un ingénieur français, Girard, tué en 1871, pendant le 2ᵉ siége de Paris, avait imaginé un nouveau système de véhicule dans lequel il supprimait les roues. Tout le monde a pu voir, au hameau de la Jonchère, son système de wagon à patins que nous avons décrit dans l'*Annuaire scientifique* publié par P. P. Dehérain.

moyen de transport que connaissent, hélas! tous les voyageurs qui ont exploré l'Espagne, est à peu de chose près la reproduction des véhicules antiques.

Attelage primitif.

Des hommes armés accompagnent les caravanes. Ils sont couverts de peaux épaisses; première cuirasse. Bientôt viendra le bouclier. Une peau protége de même le crâne. Une tête d'animal forme souvent le casque des chefs. La mythologie nous montre Hercule coiffé d'une tête de lion.

Les hommes portent des tuniques de peau. On en fait aussi avec des fibres de végétaux, avec de la paille, avec des poils, avec des plumes. Tels sont encore les vêtements de certaines peuplades de l'Océanie, dont les dernières expositions nous ont fourni des spécimens.

Sur ces étoffes se montrent les premières impressions. L'industrie des sauvages contemporains peut, jusqu'à un certain point, en donner une idée. Dans des vases de pierre, on prépare les couleurs : indigo, cochenille, ocre rouge ou jaune, brou de noix, etc. Les étoffes sont étendues entre des pieux, et, avec de petites baguettes trempées dans la teinture, on fait des pois de différentes couleurs, dont les dessins de nos indiennes représentent la disposition.

Les femmes des chefs de tribus ont des jupes d'un travail délicat. Certaines de ces jupes sont faites de plumes d'oiseaux. On peut en juger par les échantillons conservés dans les musées américains. Nous reproduisons ici le dessin de l'un de ces vêtements. C'est un tissu merveilleux. Le fond est en petites plumes écarlates. Sur ce fond se détache un quadrillé de plumes d'un jaune d'or; le tout est semé de fleurs et d'ornements. En bas, est une large frange en plumes d'autruches [1]. La coquetterie est de tous les temps.

Jupe en plumes d'oiseaux.

« L'instinct de la parure, dit M. Alfred Maury, est tout aussi naturel à l'homme sauvage qu'à la femme civilisée. Plusieurs peuplades, telles que les Catauixis et les Purupurus de l'Amazone, qui vont complétement nues, s'ornent cependant d'anneaux les bras et les jambes. Les Dayaks de Bornéo, qui ne portent aucun vêtement, ont la passion des ornements et se chargent de pierres d'agate, de bijoux d'or et d'anneaux de cuivre. Dès les temps les plus reculés, l'homme fabrique des objets de parure. On en découvre dans les tombeaux de l'âge de la pierre, dents et coquilles perforées, boutons, perles, etc., et la multiplicité de ceux qui se trouvent parfois accumulés, comme on l'observe au fameux *Grave creek mound*, dans la Virginie, atteste combien, dès le principe, leur usage fut général.

« Tel est le besoin de parure, que certains peuples sauvages cherchent à le satisfaire, au détriment même de leur propre corps. De nombreuses tribus des deux Amériques, comme les Macrocéphales, dont parle Hippocrate, comme les Huns, se déformaient la tête, s'aplatissaient le crâne, dans le but de se donner un aspect plus martial et plus noble. Les Botocoudos

---

1. Le manteau du roi des îles Sandwich, Kala-Kana, manteau qui doit figurer à l'exposition de Philadelphie, est en plumes d'oiseaux, comme les jupes des anciens temps. Commencé sous les auspices d'un des ancêtres de Kamehamcha, il a coûté 50 ans de travail. Naguère, il était porté par le souverain dans les cérémonies de gala; mais, depuis quelques années, il n'est employé que pour orner la salle de réception du palais du roi à Hawaï.

du Brésil ont dû leur nom à la singulière coutume de s'insérer, dans la lèvre inférieure et les oreilles, de larges disques de bois. L'usage de la *barbotte*, fragment de bois ou de pierre introduit dans la lèvre inférieure, à la naissance des dents, existait chez la plupart des tribus sauvages du Paraguay.... Les insulaires de l'île de Pâques s'allongeaient démesurément les oreilles.... Les Malaises de Sumatra se les percent de trous d'une grandeur démesurée... Mais ce qui montre, avec le plus d'évidence, le besoin qu'a l'homme de s'orner, besoin qui s'unit à celui de se distinguer, c'est l'usage, si répandu chez les peuples sauvages, de se peindre le corps, d'y pratiquer des incisions et des piqûres. Cette coutume persiste, même chez des nations arrivées déjà à un assez grand degré de civilisation, comme par exemple chez les Barmans, qui non contents de se teindre les dents en noir, se gravent sur la peau des figures d'animaux, à la présence desquelles ils prêtent des vertus particulières. Dans l'antiquité, une des populations de la Calédonie dut le nom de Pictes, c'est-à-dire peints (Picti), à cette coutume. Les Bretons, selon César, et les Budins, peuple de la Scythie, selon Hérodote, se peignaient le corps en vert de mer. Les Agathyrses, les Daces et les Sarmates se peignaient des figures sur la peau. Les Thraces, au dire d'Hérodote, s'y imprimaient des stigmates.... Chez les Australiens, à chaque période solennelle de la vie, le tatouage se complique de nouveaux dessins... On comprend donc le caractère religieux qu'a pris le tatouage chez certains peuples : il est devenu un véritable rite, analogue à ce qu'était l'armement du chevalier au moyen âge. Chez les Alfourous, le prêtre ou le radjah lui-même préside à cette cérémonie, qui fait partie du culte des Esprits. D'autres mutilations revêtent également un caractère religieux. Ainsi les insulaires des îles Tonga se coupent parfois le petit doigt pour l'offrir en sacrifice aux Esprits. »

Comment s'étonner, d'après cela, des coutumes et des modes qui durent exister dans les âges antédiluviens ?

# IV

### L'AGRICULTURE.

Dans ce perfectionnement du travail humain, l'agriculture ne reste pas stationnaire.

La charrue à laquelle l'homme s'attelle est, dit Columelle, l'instrument des temps primitifs. Empruntez la force motrice aux muscles des bêtes de somme. Accouplez les bœufs sous le joug. Que le soc soit puissant, car, plus vous labourez profond, plus la récolte est belle. N'écoutez pas Celsus qui conseille les petites charrues et les attelages médiocres; à peine peuvent-ils convenir

Charrue antique.

au sol de la Numidie et de l'Égypte, où les terres ne portent presque pas d'arbres et se composent d'un sol fin comme de la cendre [1].

---

1. Columelle. Liv. II, ch. II.

Ce que conseille Columelle, l'homme le fait depuis longtemps : la charrue a un soc; elle est traînée par des bœufs.

Parmi les plantes que l'on cultive, les céréales sont l'objet de soins particuliers.

Lorsque les épis sont mûrs, on sépare du sol les tiges qui les portent, au moyen de *faucilles* de pierre. Les tiges une fois coupées, on attend que l'humidité dont la plante est imprégnée s'évapore. Les procédés de dessiccation varient suivant le climat :

Plateau à battre.

ici, on laisse la récolte sur terre, avant de la mettre en gerbes et de la lier; ailleurs, on la lie, dès qu'elle est coupée. On met ensuite les gerbes en *moyettes*.

Pour détacher les grains de leurs épis, on a recours à différents procédés. Le *fléau* est inconnu. Le *battage* se fait en foulant aux pieds les épis, ou bien en faisant passer dessus des rouleaux de pierre, de forme un peu conique, traînés par des bêtes de trait, méthode encore en usage dans le midi de la France. On se sert aussi d'une *machine à battre* que l'on retrouve sur certains points du globe. C'est un plateau composé de pièces de bois solidement assemblées au moyen de traverses, et relevé sur le devant comme la proue d'un navire. Le tout est garni d'éclats de silex. Des chevaux sont attelés à cette lourde machine qu'un homme conduit sur les gerbes étalées en lits plus ou

Un hameau et son menhir.

moins épais. Le plateau passe et repasse, ouvre les épis et en fait sortir le grain.

Reste à le séparer de la poussière à laquelle il est mêlé. Pour effectuer ce nettoiement, qui doit précéder la mise en magasin, on jette le grain contre le vent, au moyen de pelles. La poussière, les pailles, les ordures qui s'y trouvent mêlées sont emportées au loin. On se sert aussi de *vans* de cuir ou d'osier, que des femmes agitent, comme on le fait encore dans nos fermes. Le *van* fait partie, chez les Grecs, des objets sacrés et symboliques qui figurent dans les mystères d'Éleusis.

L'usage de cet appareil est remplacé, dans la plupart de nos exploitations rurales, par celui du *tarare*, espèce de blutoir « qui produit une ventilation très-énergique, chasse les corps légers par une ouverture supérieure,

Femme vannant le grain.

Silos.

tandis que le grain, tombant sur une trémie, éprouve un mouvement continu de va-et-vient, et s'entasse sous la machine [1]. »

[1]. Victor Rendu. *Notions élémentaires d'agriculture*.

Il faut maintenant emmagasiner les grains. On les serre dans des greniers souterrains, grandes fosses que l'on creuse en terre, dans un sol bien sec. Les unes sont simplement pratiquées dans une terre argileuse; d'autres ont un revêtement en pierres, superposées sans ciment, ou en briques crues, séchées au soleil. Les briques qui revêtent les parois des *silos* sont presque cubiques, comme celles des ruines de Ninive et de Babylone [1].

La plupart des silos antiques sont disposés en troncs de cônes. Lorsque la fosse est remplie de grain, on étend au-dessus de la paille et l'on ferme le tout au moyen d'une dalle recouverte de terre. Le travail de l'emmagasinage terminé, rien ne révèle à l'extérieur l'existence des silos, et la récolte est à l'abri de l'humidité, des insectes et des pillards.

Les silos sont restés en usage en Algérie [2], en Espagne, en Toscane, dans le royaume de Naples, en Russie, en Pologne, en Hongrie, etc. Chose digne de remarque, dans ces derniers temps, où la question de la conservation des grains a été l'objet d'intéressantes études, on a reconnu que le meilleur moyen de conserver les blés est l'antique procédé des réservoirs souterrains. « Le grenier, si longtemps vanté, le cède au silo, disent les savants modernes, car celui-ci est fermé à l'air extérieur et est à l'abri de toutes les variations de la température. Or, l'air introduit dans les grains un principe de fermentation, en même temps qu'un principe de vie pour les insectes, et les variations de la température favorisent les phénomènes chimiques dont les blés peuvent devenir le siége. Le silo souterrain offre le grand avantage de présenter une température basse et constante. Pour le rendre complétement inaccessible à l'air et imperméable à l'humidité, on se sert aujourd'hui d'enveloppes de tôle très-minces, préservées extérieurement contre l'oxydation par un revêtement inattaquable et comme noyées dans une maçonnerie en béton qui supporte toutes les charges. La tôle n'a d'autre rôle que celui d'un vernis imperméable et indestructible. Elle

---

1. Diodore. Liv. II, ch. viii.
2. Dans nos excursions en Afrique, nous avons trouvé les traces de plusieurs de ces greniers souterrains. Les uns étaient circulaires; d'autres avaient la forme d'un cône renversé; d'autres, d'un cône évasé à sa partie supérieure.

offre, en outre, l'avantage de fournir des orifices qui permettent de les fermer très-exactement [1]. » La science moderne ne fait donc qu'appliquer, en le perfectionnant, le procédé consacré, dans tous les pays chauds, par l'expérience des siècles, procédé dont l'origine se perd dans la nuit des temps.

Afin de dessécher leurs silos, les anciens y allumaient de grands feux. Ils s'aperçurent que, sous l'action de ces feux, les revêtements en briques crues durcissaient et prenaient une couleur plus vive. Cette remarque conduisit à cuire les briques. Certaines espèces devenaient d'un beau rouge; elles furent utilisées dans les constructions polychromes.

A l'origine, on mange les grains sans les écraser. On les fait tout simplement bouillir, ou bien on les grille et on les délaye dans de l'eau. Procope rapporte que les Maures les préparaient de la sorte, et les Arabes de l'Algérie ne les mangent pas autrement. Au Thibet et en Mongolie, on délaye, pour la nourriture journalière, de l'orge grillée dans de l'eau; c'est ce qu'on appelle le *tsamba*. « La boisson nommée *Cycéon* [2], qui jouait un rôle dans les mystères d'Éleusis et dans la légende de Cérès, conservait en Grèce le souvenir de cet antique aliment. » Tant que la température de l'atmosphère est élevée, l'homme a peu de goût pour la nourriture animale. Il trouve ailleurs les éléments de cette nourriture, dans une alimentation végétale. Ne voyons-nous pas, dans la suite, les soldats grecs et romains se contenter d'une ration quotidienne d'environ 600 grammes d'orge ou de blé, à laquelle on ajoute une certaine quantité d'huile ou de graine de lin? Le blé contient l'élément réparateur, le gluten, et l'huile ou la graine de lin, l'élément respiratoire [3].

Plus tard, on écrase le grain. Pour cela, on se sert d'abord des molaires des grands animaux.

La meule primitive.

On fait ensuite usage du

---

1. On doit à MM. Doyère et Herpin d'intéressantes recherches sur les *silos* et *l'ensilage*.
2. De κυκεών, mixtion. A. Maury. *La Terre et l'Homme*.
3. D<sup>r</sup> A. Riant. *Leçons d'hygiène*.

*mortier*, pierre ou morceau de bois creusé, dans lequel on le broye avec des pilons de formes diverses.

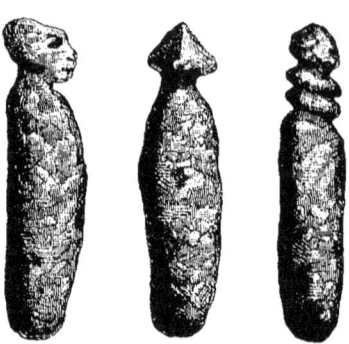

Pilons antiques.

On a trouvé, dans des fouilles récentes, quelques-uns de ces instruments primitifs. Les moins anciens ont une gorge; quelques-uns conservent la trace d'une grossière ornementation.

La gorge qu'ils présentent permet de concevoir la manière dont on s'en servait. On passait dans cette gorge le nœud d'une corde. L'autre extrémité de la corde était attachée à un organe flexible, à une branche d'arbre, par exemple, dont on utilisait le ressort.

Femme écrasant le grain.

L'écrasement des grains au pilon était confié aux femmes. On y employait aussi les esclaves. Par une triste variante, on les condamnera un jour à la meule.

La journée devait être productive. Pour stimuler les travailleurs, le surveillant était armé d'un bâton. Bien des siècles après, à Rome, l'esclave n'est guère mieux traité. Pour les fautes les plus légères, on lui inflige des châtiments barbares : on le fouette de verges, on le livre aux bêtes féroces, on le laisse mourir de faim.

A l'usage du mortier succède celui de la *meule tournante*. Deux pierres dures, de forme circulaire, sont superposées : celle de dessous, convexe; celle de dessus, concave et percée au centre d'un trou en entonnoir.

On y jette le grain, qui est écrasé entre les deux pierres. La farine et les débris de l'enveloppe tombent sur une peau étendue comme un tapis autour du moulin.

La meule tournante.

Les meules romaines, que les armées emportaient avec elles, sont des copies de ce premier type. Nous avons été à même d'en voir de près plusieurs modèles. L'un d'eux, le mieux conservé, était taillé dans un morceau de lave noire, présentant les boursouflures de la mie de pain. Les dimensions de cette meule permettaient de la transporter, quand on changeait de

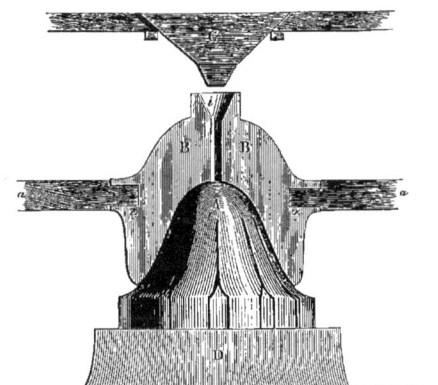
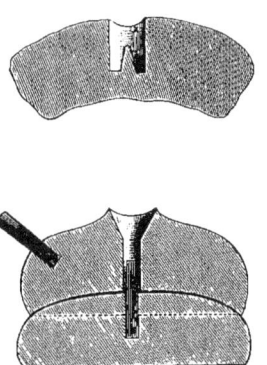

Meules romaines.

campement. Elle pouvait peser environ 100 kilogrammes. La pierre inférieure était un cône arrondi sur le sommet. Vers la base, descendaient des entailles par lesquelles tombait la farine. La pierre supérieure était percée d'un entonnoir par lequel le grain pénétrait entre les deux blocs de lave. Sur les côtés étaient ménagées deux oreilles à cavité carrée dans lesquelles on adaptait les *anspects*, leviers de bois, servant à tourner la meule. Le tout reposait sur un socle qui mettait le moulin à portée de la main.

Le lecteur nous pardonnera de rappeler ici, en quelques mots, comment nous fîmes la découverte de cette meule.

Dans plusieurs de nos voyages, en Grèce, en Asie, en Afrique, nous avions vu des fragments de moulins antiques; mais aucun n'était assez complet pour nous donner une idée exacte de l'ensemble. Le hasard nous vint en aide.

C'était en 1866. — Nous explorions l'Afrique septentrionale, où nous avions mission de rechercher des matériaux pour l'*Histoire de Jules César*. Nous avions établi notre campement près d'un village kabyle, Beni-Hascêm, situé sur le sommet de l'un des contreforts de l'Atlas qui descend vers des plaines sableuses, du côté de Tripoli, et regarde au sud ce vaste bassin d'une mer desséchée, le Sahara.

Un jour de Soûck, c'est-à-dire de marché, la population des vallées environnantes s'était donné rendez-vous dans ce village; spectacle curieux auquel nous résolûmes d'assister.

A notre arrivée, sur une place entourée de misérables habitations, une foule nombreuse était rassemblée. Autour d'un petit monument, des nègres et des négresses exécutaient des danses bizarres, faisant des contorsions de convulsionnaires et poussant des cris, au son des tambours, des darboukas et des castagnettes de fer blanc.

Nous demandâmes ce que cela signifiait.

— C'est, nous dit-on, la fête du *Sultan noir*, chef illustre, qui, dans des temps très-reculés, avant la venue des Arabes, régna sur le pays et y répandit l'abondance.

Nous nous approchâmes du Marabout.

Sous une coupole, on nous montra l'image vénérée. Tout autour brûlaient des lampes entretenues par les croyants. On nous autorisa à jeter les yeux sur la relique, ce que nous fîmes avec les marques d'un profond respect.

Il était dangereux d'en rire, et cependant... Les malheureux avaient pris le Pirée pour un homme. Ce qu'ils adoraient comme un Marabout, était une meule, une *meule romaine*, dont la pierre noire et grêlée tranchait sur les murs de la coupole blanchis à la chaux!

L'eau est nécessaire à l'alimentation et à la culture. Elle manquait dans bien des localités.

Lac artificiel et citerne.

En Afrique, par exemple, où les sources sont rares, le besoin d'eau douce se fait vivement sentir, sous ce ciel brûlant. « Les grands cours d'eau, rivières et fleuves, sont torrentiels. Pendant les pluies continues de chaque hiver, les niveaux, montés brusquement assez haut, baissent de même très-vite, parce que les pentes, très-prononcées, portent rapidement les eaux pluviales à la mer ou dans les lacs. Les lits restent presque tous à sec, pendant les deux tiers de l'année.

» Les lacs sont tous salés ou saumâtres.

» De ces conditions physiques est née, dans tous les temps, et pour toutes les nations qui y ont dominé tour à tour, la nécessité de construire de vastes réservoirs, dans lesquels l'eau douce, de source ou pluviale, peut être emmagasinée soigneusement, non-seulement pour les usages journaliers, mais aussi en vue des années de sécheresse, possibles, sinon fréquentes, sous un pareil climat [1]. »

De là, la construction des *lacs artificiels* et des *citernes*. Dans la campagne, on creusa de vastes réservoirs, où les eaux, descendant des pentes environnantes, se rassemblèrent et se conservèrent, pour l'alimentation de l'homme et des animaux

---

1. A. Daux. *Les emporia phéniciens.*

et pour les besoins de l'agriculture. L'eau fut également recueillie dans des bassins à ciel ouvert, disposés en chapelet sur un plan incliné et communiquant les uns avec les autres. Dans les plus élevés se déposaient les boues et les limons, et, par les trop-pleins, les eaux clarifiées venaient remplir les bassins inférieurs. Les villages avaient également leurs citernes publiques et privées. Les maîtres actuels du pays, Maures et Arabes, ont négligé, dans leur incurable apathie, de continuer la tradition punique. Ils ont bien des citernes sous leurs maisons; mais les réservoirs publics, les vastes citernes des anciens, qu'il eût été si facile et si important d'entretenir, ont été abandonnés par eux. Ils les ont remplacés par des *feskia's,* sortes d'étangs entourés de murs, où les boues se sont tellement accumulées qu'on n'y trouve plus qu'une eau malsaine et puante.

La terre, labourée par la charrue, fécondée par l'eau des lacs et des citernes, multiplia ses présents. L'agriculture fut transformée.

On se demande, quand on trouve des vestiges des *jardins du Wisconsin* (c'est le nom qu'on donne aux anciens champs cultivés) si l'on a bien sous les yeux les traces d'un antique labeur; tant les procédés de culture sont déjà perfectionnés! Et cependant, une végétation bien ancienne recouvre les étages des forêts qui s'y sont amoncelées. Sous ces forêts apparaissent des sillons. Tantôt on voit la terre relevée, de distance en distance, par saillies uniformes, avec une rigole entre les saillies; tantôt, la rigole s'agrandit en un fossé peu profond et aussi large que la plate-bande [1]; travail enseveli des laboureurs d'un autre âge!

Les préceptes des *Géorgiques* semblent avoir été appliqués, longtemps avant Virgile, dans les champs américains!

1. J. A. Lapham. *Les antiquités du Wisconsin.*

# V

LES MESURES ET L'ARITHMÉTIQUE DES ANCIENS.

Le premier moyen de commerce fut l'échange. On échangea des esclaves contre des bêtes de somme, des bêtes de somme contre des outils, des outils contre des armes. De même on voit les Pélasges donner leurs bœufs pour les produits nécessaires à leur industrie. Dans les temps modernes, les Cafres et les Malais paient leurs achats avec des étoffes; — certains nègres du nord de l'Afrique, avec du sel; — les Bhils de l'Hindoustan, avec des flèches, etc.

On eut ensuite l'idée de représenter, par des signes conventionnels, une certaine quantité d'animaux ou d'objets composant la richesse d'un individu, d'une famille, d'une tribu. Des fragments de peau, des cailloux, des grains de blé, furent les premiers billets de banque. A l'image de ces anciennes coutumes, les Carthaginois se serviront un jour de morceaux de cuir portant une marque particulière. Leurs monnaies, en souvenir de cet antique moyen de représenter la richesse, recevront le nom de *nummi scortei*. — Les nègres font usage de grains de caroube; les indigènes de la Guinée et des îles Maldives se servent de cauris (*cypræa*), et les Indiens de l'Amérique centrale, de grains de cacao.

Il fallait aussi des mesures. Les hommes, rapportant tout à

eux-mêmes, estimèrent les forces en les comparant à la leur. Le temps fut évalué au moyen de la durée de la vie humaine. Pour mesurer les longueurs, on prit, pour unités d'ordres différents, le travers des doigts, la largeur de la main, la longueur du pied, le pas, la brasse, etc.

Ces unités une fois établies, on chercha entre elles des rapports de grandeur. On vit, par exemple, que 12 travers de *pouce* équivalent à peu près à la longueur du *pied;* — que la *paume* de la main a la largeur de 4 doigts; — que le *pas* vaut à peu près 2 pieds; — la *coudée* un pas et une palme, etc.

Si le type humain était resté invariable, la valeur de ces mesures, prises sur l'homme lui-même, nous donnerait encore des renseignements précis. Mais les races se sont modifiées; la taille des hommes n'est pas partout la même : le pied, la palme, la coudée, la brasse n'étaient donc pas des unités invariables. Si bien que, lorsqu'on veut convertir aujourd'hui des mesures antiques en mesures modernes, il faut tenir compte de l'époque à laquelle correspond la création de ces mesures. Ainsi, le *pied antique* n'est pas l'équivalent du *pied de Charlemagne*, qui dépasse d'un pouce le *pied romain*, et de 7 lignes le *pied grec*.

Le mètre, pris maintenant pour unité, n'a pas cet inconvénient. Quels que soient les lieux où l'on se trouve, le temps qui s'écoule, il a, il aura toujours, tant que notre globe ne subira pas de déformation nouvelle, une valeur constante [1]. Les anciens, qui ne pouvaient songer à établir une unité de ce genre, comprirent cependant la nécessité de créer un terme de comparaison moins variable que la grandeur de l'homme ou de l'un de ses organes. C'est pourquoi nous les voyons diviser en un certain nombre de parties égales la distance d'une ville à une autre ville, et prendre une de ces parties pour unité.

La comparaison des mesures antiques avec les mesures modernes n'en offre pas moins de grandes difficultés.

Afin de faciliter les conversions, nous avons pensé qu'il ne serait pas sans intérêt de donner, en regard des anciennes

---

1. Chose curieuse et utile à noter pour la facilité des conversions, le *mètre* vaut à peu près le double de la *coudée égyptienne*. On peut le vérifier sur le spécimen conservé au musée du Louvre.

LES MESURES ET L'ARITHMÉTIQUE DES ANCIENS. 209

mesures, leurs valeurs en mesures de notre temps. Peut-être éviterons-nous ainsi bien des tâtonnements au lecteur qui voudra consulter les anciens textes. C'est dans cette pensée que nous rassemblons ici quelques chiffres qui pourront servir de *tables de conversions*.

On sait que le *pied français* vaut 324 millimètres.
et le *pied anglais* — 304 —

Dans le système des mesures anciennes (nous ne parlons ici que de celles qui sont le plus souvent données par les maîtres de l'antiquité),

Le *pied grec* correspond à 309 millimètres.
Le *pied philétérien* [1] — 354 —
Le *pied romain* — — 297 —
Le *pouce grec*, 1/12 de pied, — — 25 à 26 —
Le *doigt*, 1/4 de palme, — — 19 —
La *coudée chaldéenne* — — 460 —
La *coudée sacrée*, *l'amétha* — — 550 —
La *brasse* de 4 coudées — — 1$^m$,840 —

Le *pas* nous offre un exemple des variations des mesures antiques.

Il en existe trois sortes, d'après Vitruve [2] :

Le pas d'un pied, plus l'intervalle qui le sépare de l'autre pied, *vestigium et intervallum*. (Il valait environ 2 pieds grecs ou 618 millimètres);

Le pas de 2 pieds et d'un demi-intervalle, *duo vestigia et medium intervallum*. (Il valait 772 millimètres);

Le pas de 2 pieds et de l'intervalle entier, *duo vestigia et intervallum*. (Il valait 927 millimètres).

Viennent ensuite les multiples du pas :

Le double pas de la 2ᵉ classe réglait les *stades* et les *milles*. On l'appelait *pas géométrique*.

Le *double pas grec* équivalait à 1$^m$,544
et le *double pas romain* — 1$^m$,485.

1. De Philétère, roi de Pergame.
2. Philander, commentateur de Vitruve.

210 LA CIVILISATION ANTÉDILUVIENNE.

D'après cela,

| | | |
|---|---|---|
| Le *mille grec antique* vaut | | 1544 mètres. |
| et le *mille romain* — | | 1485 — |
| Le *stade chaldéen* — | 400 *coudées sacrées* ou | 220 — |
| Le *stade grec*, de 125 pas, — | | 193 — |

Il en fallait près de huit pour faire un *mille romain*.

Il y avait encore pour les mesures itinéraires :
Le *stade olympique*, 8e du mille romain;
Le *stade de Samos*, d'environ 100 mètres;
Le *stade pythique*, de 148 mètres.

Le *stade italique*, corrigé par Pythagore, avait 1/25 de plus que le stade olympique.

En général, il y avait, pour toute mesure, la *mesure commune* et la *mesure sacrée*, celle-ci excédant la première de 1/25 environ.

Pour évaluer les distances, on se servait aussi du *plèthre*, de la *parasange* et du *schène*.

« Tous les hommes qui ont un petit territoire, dit Hérodote, le mesurent à la brasse; au stade, s'ils en ont un peu plus; à la parasange, si leur terrain est vaste; au schène, s'il est de grande étendue [1]. »

Le *plèthre* valait 100 pieds grecs, environ 31 mètres. La *parasange* était de 30 stades, et le *schène*, mesure égyptienne, de 60 stades, environ 6 de nos kilomètres.

Il est difficile d'admettre que les premiers hommes aient connu autre chose que des mesures très-simples. Sur les bords de la Méditerranée, habités et colonisés par les plus anciennes migrations, aussitôt que la formation géologique permet aux races humaines de s'y établir, nous voyons les Etrusques, les Ligures et les autres prédécesseurs des Romains employer le *mille* comme unité de mesure.

On estimait également les distances au moyen de l'espace parcouru dans une journée de marche, comme le font encore les caravanes qui traversent le désert.

Mesurer conduit à compter.

L'homme avait dans les mains les 10 premiers nombres. Il fit comme les enfants, il compta sur ses doigts. Pour aller plus

---

[1]. Hérodote. Liv. II, § 6.

# LES MESURES ET L'ARITHMÉTIQUE DES ANCIENS.

loin que 10, il prit une nouvelle unité, la *main*. Une main signifia cinq; deux mains, dix; et ainsi de suite. Dix mains équivalaient à cent; dix mains et un doigt, à cent-un; dix mains et deux doigts, à cent-deux, etc. Le premier système adopté dut être, comme on le voit, le système décimal.

Pour faire les premières opérations de l'arithmétique, on se servait de cailloux. Les romains faisaient encore leurs calculs, le mot l'indique, avec de petits cailloux (*calculi*).

Lorsque les lettres furent inventées, elles servirent à l'écriture des nombres.

Les anciens Hébreux, d'après les Phéniciens auxquels ils empruntèrent bien des usages, employèrent, pour représenter les quantités numériques, les lettres de leur alphabet, lequel comprenait 22 lettres, dont 5 pouvaient recevoir une forme finale. Les 9 premières lettres représentaient les unités; les 9 suivantes, les dizaines; les 4 dernières et les 5 finales, les centaines. Dans les nombres composés de plusieurs lettres, on plaçait à droite les unités de l'ordre le plus élevé.

Pour les affaires ordinaires de la vie, les Grecs procédèrent d'une manière analogue; ils se servirent des 24 lettres de leur alphabet, auxquelles ils ajoutèrent 3 signes particuliers : l'*épisemon* (Ϛ), le *koppa* (Ϟ) et le *sampi* (Ϡ). L'*épisemon* s'intercalait entre $\varepsilon$ et $\zeta$; le *koppa*, entre $\pi$ et $\rho$; le *sampi* était placé après l'$\omega$. Pour distinguer les lettres numérales des signes alphabétiques, on surmontait les premières d'un accent. On avait ainsi :

| 1 | 2 | 3 | 4 | 5 | 6 | 7 | 8 | 9 |
|---|---|---|---|---|---|---|---|---|
| $\alpha'$ | $\beta'$ | $\gamma'$ | $\delta'$ | $\varepsilon'$ | $\varsigma$ | $\zeta'$ | $\eta'$ | $\theta'$ |

| 10 | 20 | 30 | 40 | 50 | 60 | 70 | 80 | 90 |
|---|---|---|---|---|---|---|---|---|
| $\iota'$ | $\varkappa$ | $\lambda'$ | $\mu'$ | $\nu'$ | $\xi'$ | $o'$ | $\pi'$ | $\varkoppa$ |

| 100 | 200 | 300 | 400 | 500 | 600 | 700 | 800 | 900 |
|---|---|---|---|---|---|---|---|---|
| $\rho'$ | $\sigma$ | $\tau'$ | $\upsilon'$ | $\varphi'$ | $\chi'$ | $\psi'$ | $\omega'$ | $\varsampi$ |

Dans les nombres composés de plusieurs chiffres, la lettre placée à droite prenait seule l'accent. Par exemple, 489 s'écrivait $\upsilon\pi\theta'$; 333, $\tau\lambda\gamma'$, etc.

Pour l'écriture des *mille,* on se servait des caractères représentant les unités, seulement on y ajoutait un ι souscrit. Les *myriades* s'écrivaient de la manière suivante :

|10,000|20.000|30,000|etc.|
|---|---|---|---|
|α|β|γ||
|M .|M|M|etc.|

Dans les inscriptions, les Grecs avaient recours à d'autres caractères. I, Π, Δ, H, X, M, lettres initiales des mots Ια (pour μία, un); Πέντε, cinq; Δέκα, dix; Ηκατον, cent; Χίλιοι, mille; Μύριοι, dix mille, avaient les valeurs indiquées par ces mots. Une convention permettait de quintupler la valeur de ces signes : il suffisait, pour cela, de les intercaler entre les jambages du Π. Ainsi,

X représentait 1,000

IXI — 5,000

1876 se serait écrit XIHIHHHIΔIΔΔIII.

La *notation romaine,* que tout le monde connaît, fut employée jusqu'à l'introduction des *chiffres arabes* que l'on voit apparaître vers la fin du xᵉ siècle. L'usage du zéro, clef du système décimal, est plus récent; il paraît dater de la 2ᵉ moitié du xiiᵉ siècle.

Chiffres arabes.

Un document emprunté à Boëce [1] nous transmet la forme des caractères dont se servait Pythagore. On y reconnaît l'origine de quelques-uns de nos chiffres.

Chiffres de Pythagore, d'après Boëce.

On voit que les chiffres appelés arabes peuvent avoir une origine différente de celle qu'on leur attribue généralement.

---

1. Boëce, né à Rome en 470, mort en 524, avait étudié à Athènes les lettres et la philosophie grecques. Philosophe, il eut un grand succès. Homme d'Etat, après avoir occupé les postes les plus élevés, avoir joui de toute la confiance du roi Goth, Théodoric, il tomba en disgrâce, fut, sur la fin de sa vie, jeté dans l'une des prisons de Pavie, et, bientôt après, périt au milieu des plus cruels supplices.

LES MESURES ET L'ARITHMÉTIQUE DES ANCIENS. 213

Quant aux *signes préhistoriques* employés pour représenter les nombres, il est probable qu'ils furent empruntés à la main de l'homme. Un trait ou un doigt levé, voulut dire un; deux traits ou deux doigts levés représentèrent deux; trois traits ou trois doigts, trois. Une main signifia cinq; deux mains, dix, etc.

D'antiques inscriptions semblent montrer qu'on écrivit aussi les nombres au moyen de points, de barres, de points et de barres combinés, etc.

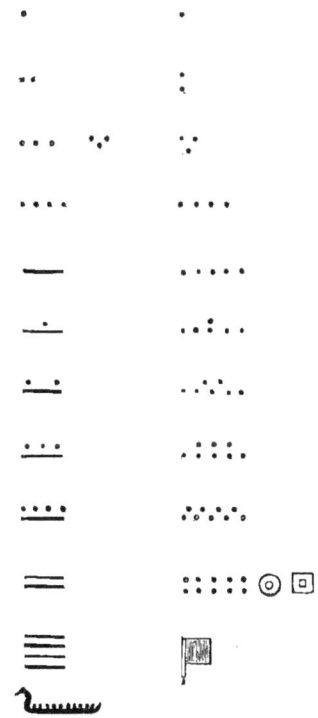

Ecriture des nombres, d'après d'antiques inscriptions.

Ainsi font les enfants. L'enfance de l'homme est comme la reproduction en miniature de l'enfance de l'humanité.

# VI

### LES NAVIRES.

A l'origine, la traversée des rivières et des fleuves se fit en recourant aux moyens les plus simples : on se mit à cheval sur un arbre; on s'attacha, sous la poitrine, des écorces légères ou des outres, etc. Les bas-reliefs des monuments assyriens peuvent, jusqu'à un certain point, nous donner une idée des procédés employés.

L'homme s'exposait ainsi à toutes sortes de dangers : les eaux, par exemple, étaient peuplées de monstres qui le happaient au passage; sans parler des autres périls résultant de ce procédé primitif. — Il perfectionna alors ses moyens de transport sur les eaux; il gonfla de plus grandes outres, s'y étendit et s'avança en pagayant, c'est-à-dire en manœuvrant une large rame terminée en forme de pelle, comme la *pagaie* dont se servent les Indiens.

Une puissante végétation offrait d'ailleurs d'autres ressources. Certaines graminées atteignaient la taille des arbres. On en creusa la tige entre deux nœuds, ainsi que le faisaient encore les habitants des bords de l'Indus, au temps d'Hérodote. On eut de la sorte des canots légers et faciles à transporter. Les Sibériens procèdent d'une manière analogue et se construisent des *vetkas* qu'ils emportent sur leur dos.

Ces embarcations étaient fragiles. Quand les outils de pierre

## LES NAVIRES.

permirent de couper les grands arbres des forêts, on en façonna les troncs, que l'on creusa, comme nous l'avons vu, au moyen de pierres rougies au feu. Un seul arbre donnait une pirogue de grande dimension. A l'époque de la découverte des Antilles par Christophe Colomb, les Espagnols trouvèrent, enfouis dans le sable, des canots qui rappellent ceux des premiers âges. L'un d'eux, que l'on montre au musée de Mexico, est creusé dans un seul tronc et n'a pas moins de $3^m,60$ de largeur, sur $19^m,50$ de longueur. D'autres embarcations, faites d'une seule pièce, sont plus grandes encore. « Les arbres de nos forêts, dit le comte de Waldeck, sont des nains auprès de ceux des forêts antédiluviennes. J'ai vu, dans les ruines de Palenqué, des tables, d'un seul morceau, dont les dimensions paraissent fantastiques. » M. de Waldeck a également trouvé des dessins de pirogues gigantesques, faites d'une seule pièce, sur les murs des grandes cités construites par les premières races civilisées dans le Tollan, races depuis longtemps disparues à l'époque de la conquête espagnole, mais dont les traditions s'étaient conservées aux Antilles et se retrouvent au Mexique et jusqu'au Pérou. Le *Popol-Vuh* parle d'un navire dont le dessin est gravé sur un rocher de l'île de Pedro, dans le Rio-Negro, affluent de l'Amazone. Il passe, dans le pays, pour un souvenir de certaine émigration venue d'Afrique, dans des temps reculés.

L'un des plus anciens moyens de transport sur les eaux fut le *radeau*. Il était d'une construction légère, quand il s'agissait de traverser des rivières. On le faisait avec des outres gonflées et

Le radeau.

jointes ensemble, avec des joncs, avec des roseaux. Lorsqu'on s'aventura sur la mer, on le construisit avec des troncs d'arbres fortement assemblés. Les indigènes des îles Gambier et de la Nouvelle-Zélande, les Indiens de diverses côtes, voyagent sur de pareilles embarcations. Les *balsas* du Pérou ne sont pas autre chose qu'un plancher composé de troncs d'arbres, solidement attachés les uns aux autres, au moyen de lianes.

Par un temps calme, la pagaie suffisait à la direction du

Radeau à voile.

radeau; mais, par une mer agitée, elle était impuissante pour conduire l'embarcation. Le radeau fut muni d'un mât, et le mât,

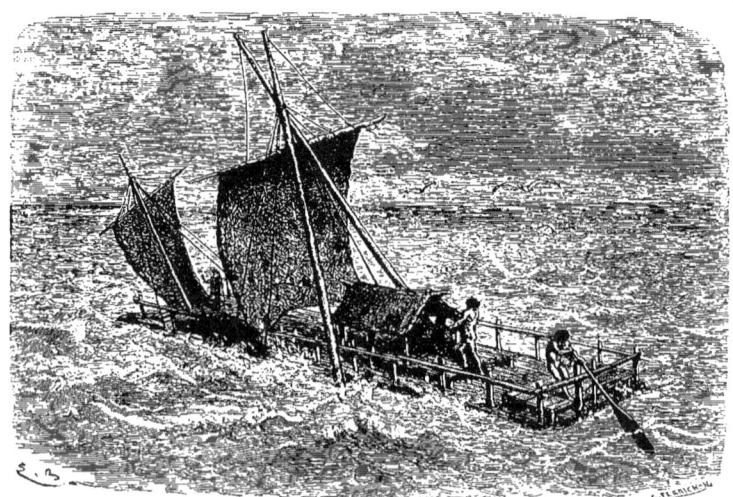

Radeau à parapets.

d'une voilure centrale faite avec des peaux cousues ensemble. Un second mât, penché en avant, fut ensuite fixé à la proue.

LES NAVIRES.  217

Toutefois, le radeau, suffisant pour la navigation sur les fleuves, se prêtait mal aux excursions maritimes d'une certaine étendue. Les vagues embarquaient de tous côtés, emportant à tout moment des hommes à la mer. On lui donna des parapets. Une espèce de cabane solidement construite fut établie sur le navire.

Comme l'eau passait à chaque instant par-dessus bords, on naviguait généralement le corps nu. Pour diminuer l'action du

Navire de Thésée (mosaïque).

froid, on se frottait le corps avec une substance grasse, telle que l'huile de poisson. Les Phéniciens, les Grecs, les Egyptiens, presque tous les anciens peuples navigateurs, conservèrent cette coutume. Il existe en Afrique, dans les régions que nous avons explorées, à Utique, à Carthage, etc., des mosaïques qui l'attestent. L'une d'elles, d'origine romaine, que nous avons découverte à Hadrumète, près de la Suse actuelle, représente la fuite de Thésée de l'île de Crète, après sa victoire sur le Minotaure.

218   LA CIVILISATION ANTÉDILUVIENNE

Tout l'équipage est nu, Ariane, Egée, les rameurs et le nautonnier.

Non-seulement les vagues balayaient les radeaux primitifs, mais, dans les coups de mer, l'avant plongeant sous l'eau, elles

Embarcation à proue et à poupe relevées.

noyaient l'embarcation. On releva la proue et la poupe. Un *faux-pont* fut de plus établi près du gouvernail. Là se tenait le pilote, dont la vue pouvait ainsi s'étendre au loin.

Les galères furent une imitation et un perfectionnement des premières pirogues.

La manœuvre des avirons y était confiée à des esclaves que

Galères antiques (dessins scandinaves).

l'on dressait à cet effet. Le commandement s'exécutait au moyen de signaux. Le navarque, armé d'une lance, placé dans une corbeille attachée au haut du *grand mât*[1], dirigeait les mouvements des rameurs.

---

1. Dans les navires modernes de hauts bords, les mâts ont reçu des noms qu'il n'est pas inutile de connaître. On les appelle *beaupré*, *mât de misaine*, *grand mât* et *artimon*, en

LES NAVIRES.  219

Malgré ces perfectionnements, la galère primitive manquait de stabilité. Elle chavirait sous le vent. On lui donna une *fausse-*

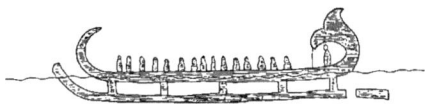

Embarcation à fausse quille.

*quille*[1]. On fixa, en dessous, par une forte membrure, une traverse de bois plongeant assez profondément sous l'eau. Le

Dessins de navires relevés sur les rochers de la Scandinavie.

centre de gravité de l'embarcation se trouvant ainsi abaissé, le navire fut moins exposé aux accidents.

allant de l'avant à l'arrière. Ces mâts sont divisés, dans le sens de la hauteur, en plusieurs parties superposées : les *bas-mâts*, les *mâts de hune* et les mâts de *perroquet*. Ceux-ci supportent le mât de *cacatois*. Les voiles prennent les noms des mâts. Le beaupré porte une série de voiles triangulaires nommés *focs*.

1. On sait que la *quille* d'un navire est la pièce de bois qui va de la poupe à la proue. « Cette sorte d'arête se relève à l'avant, sous le nom d'*étrave*, et, à l'*arrière*, en prenant celui d'*étambot*. Elle reçoit des espèces de côtes transversales, plus ou moins espacées, appelées *couples*... Tout ceci constitue une véritable carcasse. On la recouvre entièrement de

On peut, en quelque sorte, suivre les progrès de l'art naval, en consultant les dessins gravés sur les rochers de la Scandinavie.

La société des antiquaires de Stockolm y a relevé, entre autres dessins, un type curieux. C'est une galère, dont le *nez* est retroussé à une assez grande hauteur. Elle a une fausse-quille et un pont. Au milieu sont deux cabanes closes.

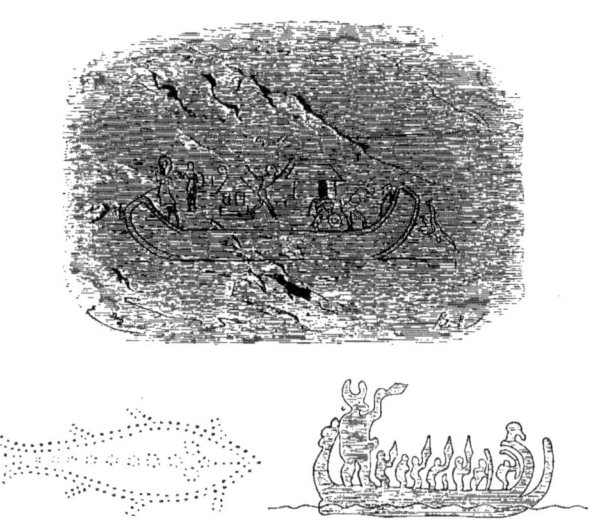

Dessins d'embarcation relevés sur les rochers de la Scandinavie.

Les rameurs sont disposés sur 4 files, deux à l'avant, deux à l'arrière, de manière à laisser le centre dégagé. Le navire a la forme d'un poisson. Les constructeurs ont trouvé naturel de prendre comme modèle l'animal que le créateur a disposé pour vivre et se mouvoir dans l'eau.

Quand un navire avait touché terre, on le hâlait sur le rivage afin de le mettre à l'abri de la mer et du vent. La fausse-quille rendait cette manœuvre difficile; elle se désarticulait fréquemment. Les navires à coque pleine se tiraient au contraire plus aisément. On les amenait, sur des rouleaux de bois, au

madriers jointifs, régnant de l'avant à l'arrière et de haut en bas, et reçus, aux extrémités, dans des feuillures faites à l'étrave et à l'étambot. Ces feuillures, en charpente maritime, sont appelées des *râblures*. » E. Leclert. *La voile, la vapeur et l'hélice.*

moyen de cordages, et quand ils étaient à une distance convenable, on les maintenait debout, avec des béquilles. Pour donner plus de solidité aux fausses-quilles, on les *murailla,* c'est-à-dire qu'on ferma, avec de fortes pièces de bois, l'espace compris entre la coque et le madrier inférieur. Ainsi armée, la fausse-quille fit en quelque sorte partie intégrante de la coque, et se rapprocha de ce qu'est aujourd'hui la quille de nos vaisseaux.

On trouve, sur les rochers du Nord, plus d'un modèle de navire de ce genre. L'un des dessins exposés dans la collection

Dessin de navire à ancre (rochers du Nord).

de Stockolm, représente une galère commandée à l'arrière par un chef qui porte les emblèmes de Thor [1]. L'équipage est armé de haches et de poignards de pierre. Sur l'avant est une pièce de bois qui, de même que dans la galère de Thésée, sert à tenir le câble au moyen duquel s'amarre l'embarcation.

Dans un autre dessin, existent, à l'avant et à l'arrière, plongeant sous l'eau, bien au-dessous de la ligne de flottaison, certains agrès qui ont intrigué les archéologues. Ce qu'on voit à

---

[1]. *Thor*, fils d'Odin, est un des dieux principaux de la mythologie scandinave. Il était représenté avec une longue barbe, une massue ou un sceptre à la main et la couronne sur la tête. — Le nom que porte le jeudi, dans quelques langues du nord, rappelle celui de ce dieu de la force et du tonnerre (en anglais *thursday*).

l'arrière est, selon nous, une *ancre*. C'est une pièce de bois, sorte de grappin, qu'un câble retient dans une position horizontale, quand le navire est en marche. Lorsqu'on veut s'arrêter sur des bas-fonds, on lâche le câble. Le grappin, tournant autour d'un axe, tombe verticalement par son poids et s'enfonce

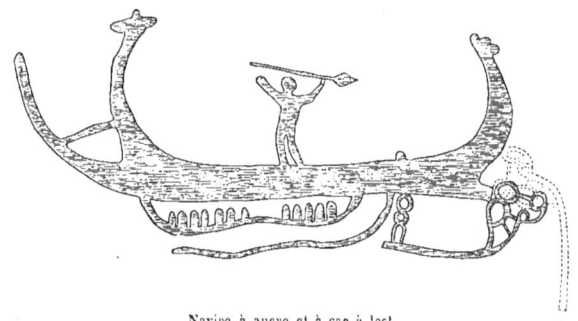

Navire à ancre et à sac à lest.

dans le sable ou s'accroche aux anfractuosités des rochers. Pour lever l'ancre, on fait un mouvement-arrière, le grappin s'incline, se dégage, et le câble le ramène dans la position hori-

Navire de peaux.

zontale. — Dans d'autres dessins, la disposition est différente : l'ancre au lieu de rester sous la coque, est tirée sur le pont.

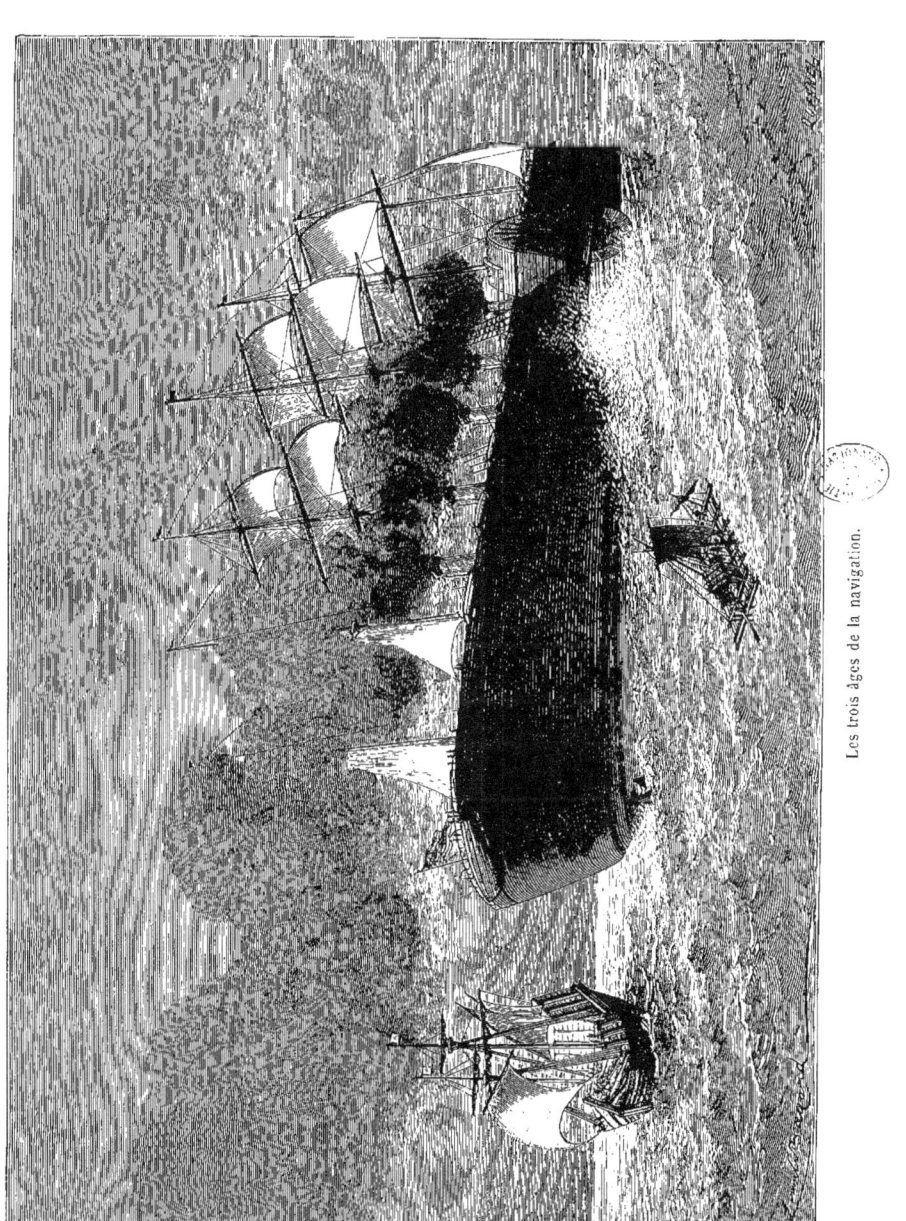

Les trois âges de la navigation.

Quant au singulier appendice placé à l'avant, au-dessous du navire, c'est, à notre avis, un sac de peau lesté. Le plus souvent, le *sac à lest* est double : si l'un se déchire sur les bas-fonds, l'autre donne la stabilité nécessaire.

A côté des navires de bois se placent les navires de peaux. On leur donnait une membrure, une carcasse, faite avec de fortes branches flexibles. Tout autour, on tressait une sorte de corbeille, et, par dessus, extérieurement, on attachait des peaux cousues ensemble. Au temps de Strabon et de Pline, les peuplades des bords de l'Atlantique naviguaient encore sur des vaisseaux faits ainsi d'osier et de cuir. Tacite et Jules César décrivent des embarcations de ce genre. Avienus dit, dans un passage qu'il consacre aux Cassitérides :

> Du côté du midi, dans l'Océan s'élance
> Un cap, bloc de rochers, dont le soleil levant
> De ses premiers rayons dore la crête immense.
> Au pied, la mer profonde. Agité par le vent,
> Le golfe d'Œstrymnis, vers les lignes bleuâtres
> De l'horizon, ondule au loin ses noirs contours.
> . . . . . . . . . . . . . . .
> De ce golfe, on voyait surgir les hautes cimes
> Des Œstrymnides, dont le sol, riche en métaux,
> Suspend le plomb grisâtre au-dessus des abîmes,
> Et l'étain, qui gémit sous le choc des marteaux.
> Dans ces îles, habite une tribu nombreuse
> Que le commerce anime et l'échange enrichit;
> Laborieuse et fière, agile, industrieuse.
> Son rapide vaisseau, par tous les temps, franchit
> Les gouffres du détroit, les dangereux passages
> Où l'Océan nourrit des monstres furieux,
> Et, plus à redouter, les vents et les orages.
> Intrépide navire, et non moins merveilleux!
> Ainsi que nos canots il n'a point de carène;
> Mais c'est avec des cuirs accouplés et des peaux
> Que ces hardis marins, sur l'inconstante arène
> Construisent, sans érable et sans pin, leurs vaisseaux.

# VII

LES MIGRATIONS MARITIMES.

M. d'Eckstein signale les Cares parmi les plus anciens et les plus intrépides navigateurs. Leur puissance, leurs institutions, leur industrie, leurs lointaines excursions, furent, dit-il, divinisées sous la forme emblématique des dieux Macares. « Ce culte est celui des Cares, premiers dominateurs de la mer, comme il fut, très-anciennement aussi, celui des Lydiens, des Cariens, des Phout, des Ibères, en tant que navigateurs des côtes de la Méditerranée et des rivages de l'Atlantique, bien avant qu'il passât aux Pélasges et après avoir été le lien commun des Cares et des Phéniciens. Il naquit sur les rives de l'océan Indien et domina dans les régions du Guzzerat, du Katch, des bouches de l'Indus, des côtes de la Gédrosie, de la Perside, du golfe Persique et de l'Arabie, jusqu'aux extrémités des régions éthiopiennes. Le nom de *Makara* fleurit partout, et cela, avec un sens précis, dans les légendes du Guzzerat. »

Ce nom de Cares, plus ou moins altéré, se retrouve de tous côtés, à toutes les époques. — En Asie Mineure, il y a les Cariens; en Italie, dans l'antique pays des Etrusques, s'élève Carrare; en Amérique, il y a encore des Caraïbes. Polybe parle d'un fleuve appelé le Macare, la Medjerda actuelle. Les Cares, dit l'abbé Brasseur de Bourbourg, sont les ancêtres des

Phéniciens, des Pélasges et des Etrusques. « Ils le furent peut-être des Egyptiens eux-mêmes qui, s'ils ne furent pas identiques avec eux, profitèrent au moins de leur habileté dans la navigation, pour transporter, sur les bords du Nil, leurs divinités persécutées sur le sol natal... On ne peut douter que ces migrations n'aient continué durant de longues années. Les descendants des hommes rouges du Sud pourraient bien s'être rencontrés, en Afrique ou dans la péninsule Ibérique, avec ceux des hommes cuivrés du Nord, devenus les pères et les instituteurs des Celtes et des druides [1]. »

L'art naval s'étant développé, la forme des côtes, la position des îles ayant été étudiées, la direction des courants observée, les routes maritimes reconnues, de grandes migrations se produisirent. Nous avons raconté la légende qui fait venir *Œil-juste* de l'Orient. Les documents mexicains disent que les Atlantes visitèrent à leur tour le nord de l'Afrique, l'Ibérie et les trois grands lacs antérieurs à la formation du bassin méditerranéen. Ils se seraient avancés jusque dans l'Asie occidentale.

Une autre race, habitant les vastes continents polaires septentrionaux, serait allée, par un courant inverse, s'établir sur la terre du Tollan et des Amériques du centre et du Nord. Des migrations, parties des côtes orientales de l'Asie, de la Chine, du Japon, auraient également pris la direction des terres occidentales. Des colonies de noirs seraient venues s'établir sur les terres atlantes. Enfin l'Asie aurait versé ses populations sur l'Amérique par les vastes terres, îles ou continents, qui, se rattachant aux terres polaires, s'étendaient alors du côté du Pacifique; îles ou continents engloutis, qui ont cependant laissé, comme traces de leur existence, les archipels océaniens. Le cap Horn et le cap de Bonne-Espérance n'existaient pas alors, au moins avec la configuration qu'ils ont aujourd'hui. Les annales mexicaines parlent de contrées disparues dans ces parages. Nous savons, en effet, que, dans les derniers cataclysmes, la masse des mers s'est précipitée vers les régions australes.

Les courants complexes qui se produisirent, les uns, autour

---

[1]. L'abbé Brasseur de Bourbourg. *Quatre lettres sur le Mexique.*

du tropique, d'ouest en est, les autres d'est en ouest, d'autres, du nord vers le sud, durent établir, chez les peuples de cet âge, une sorte d'équilibre de civilisation. Il en résulta une espèce de fusion des idées générales et un adoucissement des mœurs.

« Ils vivaient tous ensemble, et grande était leur existence et leur renommée dans les contrées de l'Orient... Ils tournaient leurs visages vers le ciel et ils ne savaient ce qu'ils étaient venus faire de si loin. Les hommes noirs vivaient dans la joie, mêlés aux hommes blancs. Doux était leur aspect; doux, le langage de ces peuples.....

» Ils n'invoquaient ni le bois, ni la pierre, et ils ne se souvenaient que de la parole du créateur et du formateur, du Cœur du ciel et du Cœur de la terre.

» Et ils parlaient, en méditant sur ce qui cachait le lever du jour. Et, remplis de la parole sacrée, remplis d'amour, d'obéissance et de crainte, ils adressaient leurs prières au Grand-Être. Levant les yeux au ciel, ils demandaient des filles et des fils :

» — Salut, ô créateur, ô formateur! Toi qui nous vois et nous entends, ne nous abandonne pas, ne nous délaisse point. O Dieu, qui es au ciel et sur la terre, donne-nous notre descendance et notre postérité, tant que marchera le soleil et que l'aurore éclairera l'horizon. Que les semailles se fassent, ainsi que la lumière! Donne-nous d'aller toujours dans les chemins ouverts et les sentiers sans embûches [1] ! »

C'est la peinture de l'âge d'or.

Ce commerce de l'Orient et de l'Occident, du Nord et du Midi, fournit peut-être la solution de questions encore pendantes. « Les plus savants égyptologues se taisent, quand on leur demande d'où venaient les Égyptiens... D'où sortait donc cette population de quelques millions d'hommes, isolés au bord du Nil, sans connexion aucune avec leurs voisins, ni pour les coutumes, ni pour le langage, ni pour la couleur, ni pour l'aspect physiologique? Si nous les interrogeons, leur orgueil national leur fait répondre tout d'abord qu'ils sont autochthones

---

[1]. Popol-Vuh.

et qu'ils furent créés par le dieu Horus [1], entre les sables des déserts environnants et les bords de ce fleuve dont le nom même n'a d'étymologie dans aucune langue de l'ancien monde ; mais les traditions anciennes nous montrent les Égyptiens, nouveaux venus dans leur pays, et conquérant le sol sur les races noires, d'où l'Égypte tirait son nom, et qu'ils refoulèrent au midi pour s'établir à leur place. Dans leurs peintures murales, on les voit la tête de profil et l'œil de face : les hommes se distinguent par une couleur tirant plus ou moins sur le rouge brun, et ils sont sans barbe, signe caractéristique qui a été trop peu observé ; les femmes, en jaune, avec un jupon étroitement serré autour du corps... Rien d'analogue, dans l'ancien monde. Mais tournons-nous vers l'ouest, passons les mers, franchissons l'Océan, et, sur le continent opposé, nous reverrons immédiatement réunies toutes ces particularités... Pour 60 pyramides que l'on a découvertes en Égypte, on en aura 1,000 au Mexique et dans l'Amérique centrale [2]. »

Si l'on jette les yeux sur la carte de l'ancien monde, ajoute l'abbé Brasseur, et que l'on examine les lieux décrits par Platon dans *le Critias,* « on y retrouve, précisément en Afrique comme en Europe, tout un ensemble de populations dont il a été jusqu'à présent, non-seulement difficile, mais à peu près impossible de tracer la filiation, soit avec les souches aryanes, soit avec les races sémitiques. Ce sont tout d'abord les Égyptiens... Ce sont ensuite les Berbères, ainsi que la plupart des races libyennes, à qui l'on trouve des liens de parenté avec les Égyptiens, liens que les découvertes modernes semblent resserrer davantage chaque jour. Ce sont les Ibères et les Basques, que, de toutes parts, on commence à renouer à leur tour aux Berbères d'un côté, de l'autre aux Finnois et aux Lapons, qui, au moyen des Groënlandais, s'enchaînent, non moins par les langues que par la conformation, à plusieurs des populations

---

[1]. Brugsch. *Histoire d'Égypte depuis les premiers temps de son existence jusqu'à nos jours.* Leipzig, 1859.

[2]. L'abbé Brasseur de Bourbourg. — *S'il existe des sources de l'histoire du Mexique dans les monuments égyptiens, et de l'histoire primitive de l'ancien monde dans les monuments américains.* 1864.

les plus importantes de l'Amérique [1]. Entre les Basques et les Finnois, il existait anciennement et il existe encore aujourd'hui, en Europe, d'autres nations qui paraissent avoir eu une origine commune avec eux : ce sont, d'un côté, en France, celles dont on a signalé les traces, dans des noms de localités antiques, entre la Loire et les Pyrénées; de l'autre, en Suisse, les Grisons, que leurs caractères physiologiques rapprochent du type primitif [2]. Enfin, en Italie, les Étrusques et les diverses autres tribus Italiotes que leur caractère, leurs mœurs et leurs institutions, autant que leur langage, rattachent aux Égyptiens [3], bien plus qu'aux populations sémitiques auxquelles on a cherché à les assimiler. »

1. Charencey. *La langue basque et les idiomes de l'Oural.* 1862.
2. Pruner-Bey. *Sur la mâchoire d'Abbeville.* (Bulletin de la société d'anthropologie.)
3. Chavée. *Sur les origines étrusques.*

# VIII

LE VÊTEMENT.

Tant que la température fut celle des tropiques, tant que l'homme habita des régions chaudes, il resta nu. Sa peau acquérait, au contact de l'air, une épaisseur plus grande et une sensibilité moindre. Cette nudité n'avait d'ailleurs rien qui choquât. Le sauvage, comme le fait très-justement observer M. Alfred Maury, « est moins nu sans vêtements que l'Européen déshabillé. La simplicité des mœurs tient lieu de pudeur. » Quant aux femmes, elles portaient souvent une ceinture, sorte de pagne analogue au *saroung* des Malais, ou à la peau dont les négresses du Haut-Nil s'entourent les reins.

Ceintures primitives.

Toutefois, pour se mettre à l'abri des injures de l'air et de la piqûre des insectes, l'homme imagina de se frotter le corps avec certaines substances, terres argileuses colorées, telles que l'ocre. Mêlées au suc des plantes, ces substances produisaient une sorte de cautérisation qui insensibilisait la peau dans une certaine mesure. De là sans doute vint la croyance qu'il y eut, à l'origine, des hommes pétris avec un limon rouge et faits d'une autre matière que le reste de l'espèce humaine.

Hérodote raconte qu'un très-antique usage avait appris aux Libyens à se teindre le corps en vermillon [1].

Dans les ruines de Palenqué, quelques figures des bas-reliefs ont conservé leur couleur rouge. Il en est de même dans les monuments égyptiens. Sur les murs des temples de Babylone, on voyait également des hommes peints en vermillon [2]. — Pline dit que Camille, vainqueur des Gaulois, entra dans Rome le corps et le visage peints en rouge. Chaque censeur, au moment d'entrer en charge, barbouillait de minium la face de Jupiter Capitolin.

Quand on ne se teint plus le corps, on recherche les vêtements de couleur rouge; témoin, la pourpre des Phéniciens, des Grecs et des Romains. Les hommes rouges passaient pour les favoris des dieux [3]; la pourpre est réservée aux triomphateurs, aux princes et aux rois. — Dans les temps modernes, les plus hauts dignitaires de l'Église portent encore la robe rouge.

Les anciens extrayaient la matière colorante dont ils se servaient, pour teindre ainsi leurs étoffes, d'un coquillage que les naturalistes appellent le *Murex* ou *Rocher*. Ils en attribuaient la découverte à un chien qui, ayant mordu, disaient-ils, une de ces coquilles, et l'ayant brisée, s'était teint la gueule couleur de sang.

Lorsque le froid contraignit l'homme à se couvrir de vêtements, il les emprunta tout d'abord aux premiers objets qui lui tombèrent sous la main, aux grandes herbes des prairies, au feuillage des arbres. Il tua ensuite des animaux pour se couvrir

---

1. Hérodote. Liv. IV.
2. D'après Ézéchiel, l'un des quatre grands prophètes des Juifs, emmené en captivité à Babylone, avec Jéchonias, roi de Juda, vers 599 avant J.-C.
3. Une coutume polynésienne, analogue à celle de plusieurs nations du continent américain, rappelle cette antique croyance.

de leurs dépouilles, variant ses vêtements selon les productions et le climat. Habitait-il un pays peuplé de bêtes à longs poils, il s'enveloppait de leurs fourrures. Vivait-il dans une région humide, il utilisait les intestins des animaux aquatiques pour s'en faire un vêtement imperméable. « Le Créateur a placé près de l'homme les animaux qui peuvent lui fournir les vêtements convenant le mieux au climat sous lequel il vit. Le poil du chameau fournit à l'Arabe un feutre excellent dont il fait une étoffe qui sert tantôt à le couvrir, tantôt à envelopper les objets qu'il veut préserver. La laine de la vigogne servait aux Péruviens à se fabriquer des manteaux pour se garantir contre le froid, sur les hauteurs des Andes; le Groënlandais emprunte aux phoques et aux cétacés la peau qui doit le mettre à l'abri des frimas et de l'eau; le Lapon trouve, dans le cuir du renne, son vêtement le plus chaud [1]. »

L'homme avait d'ailleurs des sens d'un incroyable développement, pour découvrir sa proie. La civilisation n'avait pas encore émoussé la finesse primitive de l'ouïe, de l'odorat et du toucher. En approchant l'oreille de terre, il reconnaissait les bruits les plus lointains et en devinait la nature et la cause. Il savait reconnaître son chemin dans les endroits où n'existaient aucun point de repère. — L'habitant des Pampas retrouve de même sa route sans qu'on sache comment, dans ses vastes plaines. — Il sentait, à des distances incroyables, l'animal qu'il poursuivait, et reconnaissait sa piste au moindre vestige, comme le Bédouin devine, aux traces laissées sur le sable, non-seulement le passage de son ennemi, mais sa race et sa tribu. Sa vue était si perçante qu'il distinguait sous l'eau, à de grandes profondeurs, les substances ou les animaux qu'il voulait atteindre.

Les peaux, employées d'abord avec leurs poils, furent ensuite converties en cuir, nous avons dit par quels procédés. « Les Grecs, dit Hérodote, ont pris des femmes Libyennes le costume et l'égide de Minerve. Sauf que le vêtement de ces femmes est en cuir et que les franges de leurs égides ne sont pas des serpents, mais des courroies, elles sont habillées comme la déesse. Le nom donné au costume de nos Pallas prouve que ce costume vient

---

[1]. A. Maury. *La Terre et l'Homme.*

de la Libye. Les Libyennes, en effet, portent *par dessus leurs tuniques*, des peaux de chèvres sans poils, avec des franges teintes en rouge. De là vient le nom d'égides [1]. »

Ces tuniques mises à même la peau, ces premières *chemises*, étaient faites de substances végétales douces au toucher. Diodore cite quelque part, à propos des races indiennes, certains vêtements faits d'une écorce de roseau couverte partout d'un duvet fin et lustré.

Les fibres végétales employées pour la fabrication des vêtements furent d'abord nattées. L'art de tresser conduisit peu à peu au tissage.

On peut se faire une idée de ce que dut être le premier appareil employé à cet usage. Il s'est, pour ainsi dire, conservé intact, chez les paysans égyptiens, qui s'en servent pour la fabrication des nattes.

Deux traverses horizontales sont attachées à quatre pieux plantés en terre. D'une traverse à l'autre sont tendus des cordons composant la *chaîne* de la natte. Entre ces cordons, passent alternativement par dessus l'un et par dessous l'autre, de manière à les réunir tous perpendiculairement, des brins de jonc, composant la *trame*. Un jonc plus fort, disposé de la même manière dans la chaîne, permet de serrer cette trame et représente le premier rudiment de ce que les tisserands nomment le *battant*.

Tel fut, à peu de chose près, le premier *métier à tisser*.

L'étoffe fabriquée avec cet appareil avait deux inconvénients : elle tenait mal sur les côtés, et elle ne pouvait être que d'assez petite dimension. L'invention de la *navette* noua la trame sur bords. Les cylindres tournants, les *ensouples*, comme on les appelle aujourd'hui, donnèrent aux étoffes une longueur qui n'eut d'autre limite que la longueur même des fils employés.

La navette était et est encore tout à la fois une longue aiguille et une bobine. Pour la faire courir entre les fils, de manière à passer entre eux, en alternant, il fallait trouver le moyen de lever simultanément tous les fils de rang pair, par exemple, puis, pour le retour, d'abaisser ces fils et de lever

---

1. Hérodote. *Melpomène*

ceux de rang impair. On y arriva à l'aide de tringles en bois et de cordes dont le jeu se réglait à la main. De là, l'origine des *lames* et des *lisses* de nos métiers.

Quant aux cylindres tournants, aux *ensouples*, ils remplacèrent les traverses fixes auxquelles étaient d'abord attachées les extrémités de la chaîne. L'étoffe fabriquée s'enroulait sur l'un de ces cylindres, tandis que l'autre cylindre déroulait les fils entre lesquels devait passer la navette.

Enfin, au lieu d'élever et d'abaisser à la main les fils de la chaîne, on disposa, pour cette manœuvre, des leviers que le tisserand fit aller avec le pied. — C'est ainsi que se constitua peu à peu le *métier à pédales* ou *à marches,* encore en usage, dans toute l'Europe, chez les tisserands de village.

Les anciennes étoffes ainsi fabriquées ou faites à la main n'ont pas toutes disparu : on en retrouve dans les palafites, et les musées ainsi que les collections particulières en offrent de curieux échantillons. L'art naissant trace sur ces étoffes des dessins ingénieusement combinés : espèces de grecques, ronds, triangles entrelacés, etc., etc. — Une torsade forme la bordure à laquelle pend une frange d'une autre couleur que l'étoffe.

En consultant les anciens monuments, on arrive à restituer la forme de vêtements très-antiques et à se faire une idée de quelques modes antédiluviennes. La *tunique,* par exemple, se compose d'un morceau d'étoffe replié sur lui-même et cousu sur les côtés, avec des ouvertures pour les bras. Un trou permet de passer la tête. La tunique gauloise, la blouse de l'ouvrier, ne sont pas autre chose que des copies de la tunique primitive. Chez les Pélasges,

Tunique primitive.

chez les Hellènes, les bras sont nus. Chez les Perses, le vêtement a des manches. Une mosaïque de Pompeï nous montre Darius dans ce costume, à la bataille d'Issus.

Un autre vêtement se mettait également sur la peau : sorte de *dalmatique* sans manches, sans coupe ni façon. Le morceau d'étoffe, plié en deux, était encore percé d'un trou pour passer la tête, mais il tombait par devant et par derrière, sans couture sur les côtés. Une ceinture retenait le vêtement autour du corps, comme dans le costume que portent les Kabyles.

Il ne suffit pas, dans les régions froides, de se couvrir le corps; il faut aussi protéger les extrémités, les pieds, les mains.

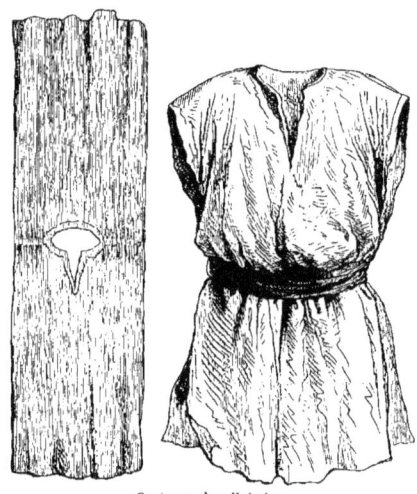

Costume des Kabyles.

On s'enveloppa les jambes de peaux; premiers *bas*, premières *bottes,* dont la chaussure de l'Esquimau et du Lapon peut donner une idée. Des peaux servirent de même à préserver les mains, et constituèrent le premier *manchon* et les premiers *gants*.

Tout cela, bien imparfait, bien grossier; mais si l'homme, dans l'état primitif, que représente assez fidèlement l'état sauvage, avait les sens plus fins, il avait d'autre part une sensibilité nerveuse, une irritabilité moins grande. On est frappé, lorsqu'on lit les récits des voyageurs, des souffrances que peuvent supporter certaines peuplades. Les Peaux-rouges résistent à des épreuves qui nous tueraient. On s'explique ainsi, jusqu'à un certain point, leurs coutumes barbares et leurs usages féroces : écorchement, émasculation, ablation des membres, arrachement de la peau du crâne, etc., etc. On est moins sensible pour les autres, quand on est prêt à subir soi-même le supplice qu'on leur inflige.

Dans tous les âges, il y a eu des chasseurs de chevelures. Les Sarapares, peuplades des montagnes de l'Arménie, épargnaient, dit Strabon, leurs ennemis. Comme ils ne voulaient point leur mort, ils se contentaient de les scalper.

# IX

LE CASQUE ET LE BOUCLIER.

Le costume des guerriers diffère peu, à l'origine, de celui des autres hommes. On se borne à se couvrir le corps de peaux plus résistantes et à se garantir la tête en l'entourant de lianes, de tresses, d'épaisses bandelettes, ou de peaux [1], comme le reste du corps.

Dans les combats représentés sur d'antiques monuments, avant l'invention du casque et du bouclier, on voit les guerriers s'élancer ainsi dans la mêlée. Les ruines du Yucatan en fournissent quelques exemples. Encore mal connue, cette partie du Nouveau-Monde renferme des trésors pour l'archéologie et pour l'histoire. « Le Yucatan est appelé, ainsi que les régions voisines, à nous apprendre non-seulement des coutumes ignorées, mais tout un système d'épigraphie avec lequel les savants auront probablement à compter d'ici à peu d'années, car il y a tout lieu d'espérer aujourd'hui que la lecture des *Katuns* nous fera d'importantes révélations [2]. »

---

[1]. On retrouve cet usage dans des temps relativement récents. Les Éthiopiens orientaux de l'armée de Xerxès avaient pour casque une peau de cheval. La crinière et les oreilles laissées à la peau en formaient le cimier. Dans la même armée, les Thraces étaient coiffés de peaux de renards.

[2]. L'abbé Brasseur. — *S'il existe des sources de l'histoire primitive du Mexique*, etc. Les

Les chefs se reconnaissent à leur coiffure. Quand ils vont au combat, ils portent sur la tête la tête même de l'animal dont la dépouille leur sert de vêtement. A la main, ils ont le *bâton de commandement*. Le bâton a été, de toute antiquité, le signe de l'autorité ou de la domination. Ce symbole est de toutes les époques et de tous les pays. A Rome, les consuls portent un bâton d'ivoire; les préteurs, un bâton d'or. « La *main de justice* des rois de France est d'abord un simple bâton. La crosse de l'évêque, le sceptre des rois, le bâton des maréchaux, et autrefois celui des maîtres d'hôtel, des capitaines des gardes, des exempts, les bâtons de cérémonie des chantres, les verges des huissiers et des bedeaux, les masses des appariteurs, la canne du tambour-major, etc., sont à divers titres les emblèmes d'un pouvoir quelconque, les signes d'une autorité plus ou moins considérable [1]. » Le bâton est encore un des signes du pouvoir chez quelques tribus sauvages. Il est vraiment curieux d'observer, à travers les âges, la marche persistante de certaines coutumes. Le temps efface les traces de l'histoire écrite, il renverse les monuments, il détruit jusqu'à l'équilibre du monde; mais certains usages semblent échapper à son influence, sous la sauvegarde de la tradition.

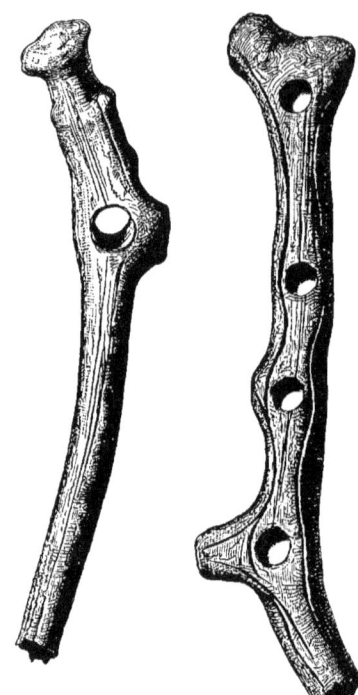

Bâtons de commandement.

*Katuns*, de *Kat*, interroger, et *tun*, pierre, sont, dit cet auteur, les pierres qu'on interroge, auxquelles on demande l'histoire du pays. C'est le nom qu'on donnait antérieurement, au Yucatan, aux pierres gravées portant des dates et des inscriptions relatives aux événements historiques et qu'on incrustait dans les murs des édifices publics.

1. *Encyclopédie moderne*. Firmin Didot.

Les premiers *casques* furent faits avec des peaux de taureau, de cheval, de lion, de bouc, de renard, de loup, etc. Ils abritaient le crâne, la nuque et le visage. On voyait clair par deux trous pratiqués en face des yeux.

Puis, le casque prend une forme; les parties dont il se composera un jour s'ébauchent. La calotte emboîte la tête, retenue sous le menton par des *joues* ou *jugulaires* qui protégent les parties latérales de la figure. Le sommet a des reliefs qui, par une série de transformations, conduiront au casque de la Minerve colossale du Parthénon, dont le *cimier* porte un sphinx avec un griffon de chaque côté. Les saillies sont formées par des figures emblématiques indiquant le caractère ou le rang du personnage auquel le casque appartient.

Casque à cimier de plumes.
(Monuments américains.)

On donne ensuite au casque une crête faite avec la crinière d'un animal; c'est à la fois un ornement et un épouvantail.

Mais, dans sa forme primitive, le casque est loin de présenter toutes ces parties. Ce n'est qu'avec le temps qu'il se dessine et se complète. Dans les bas-reliefs des monuments antiques, on voit des dessins de casques qui durent être construits en bois, de pièces distinctes, jointes ensemble de manière à former des espèces de boîtes, avec deux trous pour les yeux, et une fente ou une saillie pour le nez.

Les premières *cuirasses* consistent en peaux dont on s'enveloppe le corps. Au temps de Strabon, les montagnards de la Sardaigne se couvrent encore de toisons de moufflon. Les Maces, tribu libyenne, se servent de peaux d'autruche.

Le *bouclier* n'est pas moins simple. On pare les coups avec une massue que l'on tient de la main gauche ou avec une peau dont on s'entoure le bras.

Peu à peu, cette espèce de rempart portatif se perfectionne. On mouille les peaux et on les applique sur des carcasses d'osier.

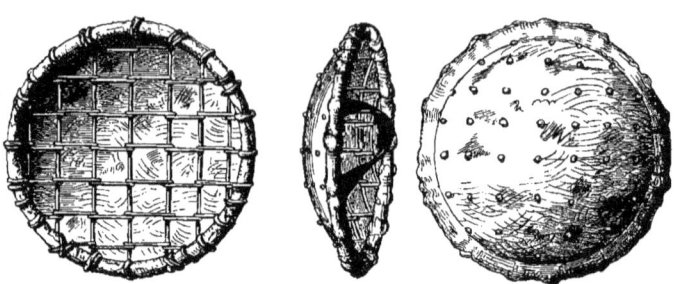

Bouclier de peaux à carcasse d'osier.

On les noue à ces carcasses avec des lianes, avec des lanières, avec des cordes en boyaux. Le bouclier est suspendu au cou par une lanière; puis on le munit d'anses, invention qu'Hérodote attribue aux Cariens. Quand la peau a été solidement attachée, bien tendue, on a une arme défensive offrant une assez grande résistance. Pas si grande cependant, qu'un vigoureux coup de hache ou de lance ne puisse la déchirer ou la percer. Aussi cherche-t-on un abri plus efficace. De là, les boucliers de bois dur.

Mais le bois nécessaire pour les fabriquer ne croît pas dans tous les climats. Il a d'ailleurs une densité très-grande, ce qui rend le bouclier pesant, difficile à manier, difficile à creuser. C'est pourquoi l'on revient aux boucliers de peaux; seulement on met plusieurs épaisseurs de cuir et l'on emploie des peaux plus dures, comme celles des squales, de l'éléphant, du rhinocéros, de l'hippopotame, etc.

Les grands requins étaient alors communs dans les mers tropicales de l'Inde, de l'Afrique, des Terres atlantes et de l'Amérique centrale. On leur déclare la guerre. Un canot, monté par de vigoureux nageurs, raconte Diodore, gagne la haute mer. On attire l'ennemi avec des débris de viande pourrie. Quand il se montre, un nageur se jette à l'eau et va droit à l'animal qui, de son côté, s'avance menaçant. Le nageur a les deux mains armées de bâtons taillés en pointes. Dans la gueule ouverte du squale, il plonge hardiment le bras. Le monstre ferme la bouche pour dévorer sa proie. Alors les deux pointes aiguës

Ceintures et Bouclier.

du bâton pénètrent profondément dans ses chairs : la gueule reste béante et comme clouée. A ce moment, le nageur remonte sur le canot, suit à distance l'animal furieux qui se débat, se tord, et finit par se noyer. Pendant son agonie, il lui plante dans le corps des harpons de jet tenus en laisse par de longues cordes à l'aide desquelles il amène sa proie. La peau sert à faire des boucliers, et les dents arment les casse-têtes ou forment des scies et des pointes de flèches.

Une des peaux les plus recherchées est celle de l'éléphant. Aussi la chasse de cet animal est-elle en honneur. Les jeunes guerriers, avides de renommée, s'y consacrent. Diodore, si riche en renseignements de toutes sortes sur une foule de coutumes qui rappellent celles des temps primitifs, nous raconte une de ces chasses. Pour découvrir les éléphants, dit-il [1], les Ethiopiens montent sur les arbres les plus élevés, et, de ce poste d'observation, ils les voient venir ou découvrent leurs retraites.

« Ils n'attaquent point ces animaux lorsqu'ils vont par

---

1. Diodore. Livre VIII, § XIII.

bandes, parce qu'ils n'espéreraient pas en venir à bout; mais, lorsque les éléphants sont séparés, ils se jettent sur eux avec une audace merveilleuse.

» Quand l'éléphant passe près de l'arbre où est caché celui qui le guette, l'Ethiopien, sautant lestement à terre, empoigne sa queue et bondit sur lui par derrière, appuyant aussitôt le pied sur la cuisse gauche de l'animal. Ensuite, prenant sur son épaule, de la main droite, une hache tranchante et assez légère pour qu'on puisse s'en servir d'une seule main, il frappe à coups redoublés sur le jarret de l'éléphant, jusqu'à ce qu'il lui ait coupé les nerfs. Il apporte à cet exercice une vigueur et une attention extrêmes, car il y va de la vie : si l'animal n'est pas vaincu, le chasseur est mort; le combat ne finit jamais autrement.

» L'éléphant, ayant ainsi les nerfs coupés, ne peut plus se remuer. Il tombe sur la place même où il a été blessé et, sous son poids, il étouffe souvent son vainqueur. D'autres fois, il le pousse contre une pierre, contre un rocher, contre un arbre, jusqu'à ce qu'il l'ait écrasé. Quelquefois aussi l'éléphant, vaincu par la douleur, ne songe point à se venger. Il s'élance à travers les plaines, jusqu'à ce que celui qui s'est attaché à sa perte, le frappant sans relâche au même endroit avec sa hache, lui coupe complétement les nerfs, et l'abatte.

« Quand l'animal est tombé, tous les chasseurs se jettent sur lui, et, quoiqu'il vive encore, ils en coupent les chairs et mangent les parties de derrière. »

La victoire est fructueuse : elle donne un repas succulent, l'ivoire des défenses, et la peau, si précieuse pour une foule d'usages.

La peau des serpents et des reptiles écailleux est également très-convoitée. La chasse de ces animaux n'est pas moins émouvante que celle des éléphants.

« Le Roi [1], dit le même auteur, récompensait par de grands présents ceux qui allaient à la chasse des bêtes les plus extraordinaires.

1. Ptolémée Philadelphe.

» Quelques chasseurs, excités par la grandeur des récompenses, résolurent d'aller, en troupe, combattre ces monstrueux ennemis et de risquer leur vie pour en apporter un vivant.

» A force de chercher, ils aperçurent un de ces serpents, qui avait 30 coudées de long. Il se tenait ordinairement couché auprès d'une mare, ne faisant aucun mouvement, jusqu'à ce qu'il vît quelque animal qui vînt s'y désaltérer. Alors, se levant tout d'un coup, il le déchirait de ses dents ou l'enveloppait de sa queue, de telle sorte que celui-ci ne pouvait plus se dégager.

» Quelque monstrueux que fût ce serpent, comme il parut aux chasseurs très-lent de sa nature, ils ne désespérèrent pas de s'en rendre maîtres.... S'étant munis de tout ce qu'ils jugeaient être nécessaire, ils s'en approchèrent avec confiance; mais ils furent bientôt saisis d'effroi, en voyant ses yeux enflammés, sa langue qu'il agitait de tous côtés, ses dents terribles, sa gueule d'une largeur étonnante et les replis immenses de son corps. Ils furent surtout épouvantés, quand ils entendirent ses sifflements étourdissants et le bruit que faisaient les écailles du monstre qui s'avançait vers eux.

» Ils jetèrent leurs cordes sur sa queue. Mais il ne les eut pas plus tôt senties qu'il se retourna, avec des sifflements plus effrayants encore, et s'élevant par-dessus la tête de celui qui était le plus près, il le dévora tout vivant. Il en prit un second avec sa queue et, le ramenant sous son ventre, l'étouffa. Les autres chasseurs, terrifiés, cherchèrent leur salut dans la fuite.

» Cependant, voulant mériter les bienfaits et les faveurs du Roi, ils revinrent à leur entreprise, quoiqu'ils en appréciassent le danger. Pour se saisir de leur proie qu'ils ne pouvaient avoir par la force, ils eurent recours à la ruse.

» Voici l'expédient dont ils s'avisèrent. Ils firent, avec du sparte, une espèce de filet qui avait la forme d'une barque et qui, par sa longueur et son étendue, pouvait aisément contenir le monstre. Ils observèrent ensuite la grotte dans laquelle il se retirait, l'heure à laquelle il sortait pour chasser, et celle à laquelle il rentrait.

» Un jour que le serpent était parti pour chercher sa nourriture, comme d'ordinaire, ils commencèrent par boucher l'entrée de la grotte avec d'énormes pierres et de la terre. Ils creusèrent ensuite tout auprès une allée souterraine dans laquelle ils étendirent leur filet, bien ouvert du côté par où le serpent devait venir. Ils avaient posté de part et d'autre des archers, des frondeurs, des cavaliers et beaucoup de trompettes, comme pour un combat.

» Quand le serpent revint, à chaque pas qu'il faisait, il levait la tête beaucoup plus haut que celle des cavaliers. Les chasseurs l'entourèrent, mais de loin, le malheur de leurs compagnons les ayant rendus circonspects; et ils se mirent à décocher de tous côtés des traits contre l'énorme monstre.

» Cependant, la vue des cavaliers, le bruit des chiens qu'ils avaient amenés en grand nombre, l'éclat des trompettes, l'épouvantèrent. Il tâcha de gagner sa retraite dans la caverne. Les chasseurs ralentirent un peu leur poursuite, de peur de l'irriter trop et de le faire revenir sur eux.

» Il était déjà près de l'entrée de la grotte, lorsque le grand bruit que faisaient les chasseurs en frappant sur leurs armes, la vue d'une infinité de gens et le son redoublé des trompettes augmentèrent sa frayeur et le troublèrent entièrement. Alors, ne pouvant plus trouver l'orifice qu'il cherchait, il se jeta dans l'ouverture pratiquée à côté, et il remplit le filet qu'elle cachait. Aussitôt les chasseurs arrivèrent et fermèrent rapidement avec des chaînes, l'ouverture de ce filet; après quoi, ils tirèrent l'animal sur des rouleaux.

» Cependant le serpent, qui se sentait pris, poussait des sifflements épouvantables et tâchait de briser sa prison avec ses dents. Il se débattait avec tant de furie et de force, que ceux qui le menaient, craignant qu'il ne leur échappât, s'arrêtèrent et se mirent à le piquer sans relâche vers la queue, afin que la douleur, lui faisant tourner la tête, l'empêchât de rompre ses liens.

» Enfin, l'ayant amené à Alexandrie, ils en firent présent au Roi qui le regarda comme un des plus monstrueux animaux dont on eût jamais entendu parler....

» Une infinité de gens ayant vu le monstre, il ne serait pas juste de prendre ce récit pour une fable. »

Ainsi durent procéder les chasseurs de serpents et de reptiles des premiers âges. Leur récompense était, non la faveur d'un roi, mais les ressources que la dépouille du monstre leur fournissait.

C'est avec des peaux acquises au prix de pareils combats que furent faits les solides boucliers qui succédèrent aux boucliers de bois. D'antiques dessins nous donnent des renseignements sur leur forme.

Généralement ils sont ronds. Ils se tiennent au bras gauche par des lanières. Un grand nombre sont munis, à la partie inférieure, d'une espèce de tablier de cuir, en lanières de peau, qui pend sur les jambes et protége le bas du corps.

La forme ronde du bouclier primitif se retrouve dans les plus anciens modèles des temps historiques. Tel est l'*aspis* des Grecs et le *clipeus* des Romains. Un auteur du IIᵉ siècle, dans un ouvrage qui contient de précieux renseignements sur les arts et les monuments de la Grèce primordiale [1], rapporte que Prœtus et Acrisius d'Argos en firent usage les premiers. De là le nom de *clipeus argolicus* que Virgile donne à ce bouclier. Le clipeus, si souvent représenté dans les sculptures romaines, était oblong.

Bouclier à lanières de peau.

Les boucliers oblongs, qui succèdent aux boucliers ronds, affectent des formes assez variées. Chez certains peuples helléniques, le *thureos* a, comme son nom l'indique, la forme d'une porte (θύρα); le bouclier *béotien* est ovale et échancré sur chacun de ses grands côtés, etc. A Rome, l'infanterie pesamment

---

1. Pausanias. *Voyage historique en Grèce.*

armée porte le *scutum*[1], carré long, convexe extérieurement, concave du côté du corps dont il épouse la forme. Les soldats, en élevant ce bouclier au-dessus de leurs têtes, forment une espèce de toit sous lequel ils peuvent se mettre à l'abri des projectiles de l'ennemi.

Bouclier orné du double triangle.

Parmi les modèles qui rappellent le mieux le type primitif sous le rapport de la forme, nous citerons, dans l'armée romaine, la *parma* des vélites, bouclier rond, qui avait un diamètre d'un mètre environ; et, chez les Grecs, la *pelta*, arme défensive de bois léger ou d'osier tressé recouvert de cuir. Au point de vue de la construction, le *bouclier gaulois* se rapproche aussi des anciens modèles. Il était fait en osier ou en bois recouvert de cuir et pouvait au besoin servir de nacelle pour traverser les rivières[2]. — Nous citerons enfin le bouclier de quelques nations barbares. Les habitants de la Mauritanie avaient une *cetra*[3] ronde, en peau d'éléphant.

Tout le monde connaît la description du bouclier d'Achille par Homère, de celui d'Hercule par Hésiode, de ceux des sept chefs devant Thèbes, par Eschyle. Ce n'est que la continuation,

---

[1]. D'après Polybe, le *scutum* avait des dimensions qu'on peut évaluer, en mesure moderne, à $1^m,18$ de longueur, sur $0^m,74$ de largeur. Afin que les soldats pussent se reconnaître dans la mêlée, les boucliers étaient peints de couleurs voyantes, en blanc, en rouge, etc., selon les cohortes.

[2]. Grégoire de Tours rapporte que les soldats de Sigebert, battus devant Arles, se sauvèrent en passant le Rhône sur leurs boucliers.

[3]. La *cetra*, dit Tacite, était aussi le bouclier des Bretons. La *targe* des Highlanders écossais rappelle la *cetra* des anciens habitants de la Bretagne.

avec tous les perfectionnements dus aux progrès de l'industrie humaine, d'un antique usage. Dans les temps les plus reculés,

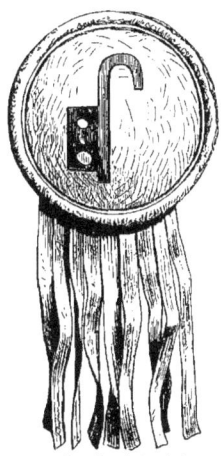
Bouclier à la clef.

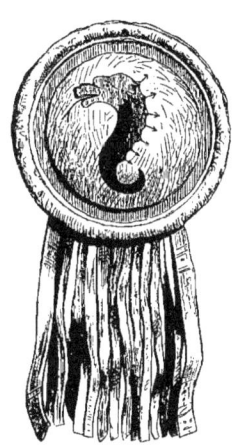
Bouclier au scorpion.

dès que l'art commence à poindre et à se développer, le bouclier est, en effet, orné de figures et d'emblèmes. Sur l'un on représente un double triangle; sur un autre, un ornement en forme de clef; sur un troisième, une espèce de scorpion. C'est à la fois une décoration et un symbole. Les deux triangles paraissent représenter la divinité. Le disque du milieu est peut-être la lune qui sert à mesurer l'année. Les Hébreux avaient des emblèmes analogues, et les Berbères frappent encore une petite monnaie de bronze

Monnaie Berbère.

sur laquelle on remarque le double triangle et le disque central. Cette monnaie nommée *Phall's* est très-commune en Afrique. Certaines pièces remontent assurément à une haute antiquité. On sait que des hommes éminents soutiennent aujourd'hui que les Berbères ont la même origine que les Atlantes des terres disparues.

Une autre arme en usage, dès que la guerre et la chasse se font à cheval, est le *lasso*. C'était une forte lanière de cuir, longue de 15 à 20 mètres, et terminée par un nœud coulant.

Après avoir attaché l'extrémité libre de la lanière soit à leur ceinture, soit à leur monture, chasseurs et cavaliers, arrivés à une certaine distance de leur proie ou de leur ennemi, jetaient le lasso, convenablement lesté, et saisissaient leur victime dans le nœud coulant. Le cheval étant alors lancé au galop, le nœud se serrait, abattait l'homme ou l'animal, souvent même l'étouffait. Dans le cas contraire, on achevait de le tuer à coups de pierres, de flèches ou de lances de jet.

Le lasso a été employé dans tous les temps. « Les nomades Sagarties, dit Hérodote, se servent, pour la chasse et pour la guerre, de cordes de cuir tressé. Dans la mêlée, ils lancent ces cordes sur l'ennemi, et, homme ou cheval sur qui tombe le filet, est enlacé, entraîné, tué. »

De nos jours, le lasso est une arme redoutable entre les mains de l'Indien des Pampas.

# X

LES ARTS GRAPHIQUES.

Témoin des révolutions du globe, des grandes migrations, des guerres, des premières conquêtes du travail, l'homme voulut

Rocher gravé.

consigner quelque part le souvenir de ce qu'il avait accompli, de ce qu'il avait vu, afin de le transmettre à la postérité.

Il avait fait parler la terre; il inscrivit ses impressions sur la pierre; il fit parler les rochers.

Pour traduire ses pensées, il traça d'abord les images des objets correspondants. L'idée d'un monstre fut représentée par le portrait de ce monstre; l'idée d'une arme, par le dessin de l'arme elle-même; *écriture figurative* qui fut l'origine de ces caractères sacrés que les Grecs ont nommé *hiéroglyphes* [1].

Les hiéroglyphes furent d'abord *linéaires*. Tantôt on les gravait sur la pierre; tantôt on en dessinait les contours avec une matière colorante; après quoi, on les peignait.

Pour aller plus vite, on imagina d'autres signes, employés surtout par les Ministres des Dieux; de là leur nom de *signes hiératiques* [2]. Dans ce système, on ne reproduisait souvent que le contour principal des objets, ou seulement une de leurs parties. D'autres fois, on employait, pour les représenter, des caractères arbitraires, plus simples de forme. L'écriture hiératique fut une espèce de *tachygraphie hiéroglyphique*.

On ne s'en tint pas à cette simplification : on réduisit les signes à la représentation des objets nécessaires aux usages ordinaires de la vie; de là l'*écriture démotique* [3] ou *populaire*.

Les hiéroglyphes furent plus spécialement employés dans les inscriptions monumentales; les signes hiératiques, dans les manuscrits.

L'emploi du papyrus, matière ligneuse, provenant d'un arbuste qui croissait dans les marécages, amena dans les usages une révolution. Ce fut, dans les temps anciens, quelque chose de comparable aux effets de l'imprimerie. Le rocher, le monument gravé, ne pouvaient être consultés que par ceux qui passaient ou qui naissaient dans le voisinage. Ce que racontaient ces monuments ne pouvait être transmis dans d'autres lieux que sous forme de récit et par voie de tradition. Le manuscrit, au contraire, facile à transporter, se propagea comme la feuille d'un livre. On put ainsi faire connaître sa pensée, à de grandes distances, autrement que par le secours de la parole.

---

1. De ἱερός, sacré, et γλύφω, je grave.
2. De ἱερατικός, sacerdotal.
3. De δῆμος, peuple.

Les relations lointaines qui s'établirent alors entre des peuples séparés par de grandes distances sont révélées par la similitude que présentent leurs hiéroglyphes. Quand on jette les yeux sur le tableau dans lequel le comte de Waldeck met en regard les hiéroglyphes égyptiens et mexicains, tableau que confirment les travaux de Stephens et de Catherwood, on est frappé des rapports de ressemblance qui existent entre ces caractères.

Nous croyons intéressant de placer ce tableau sous les yeux du lecteur.

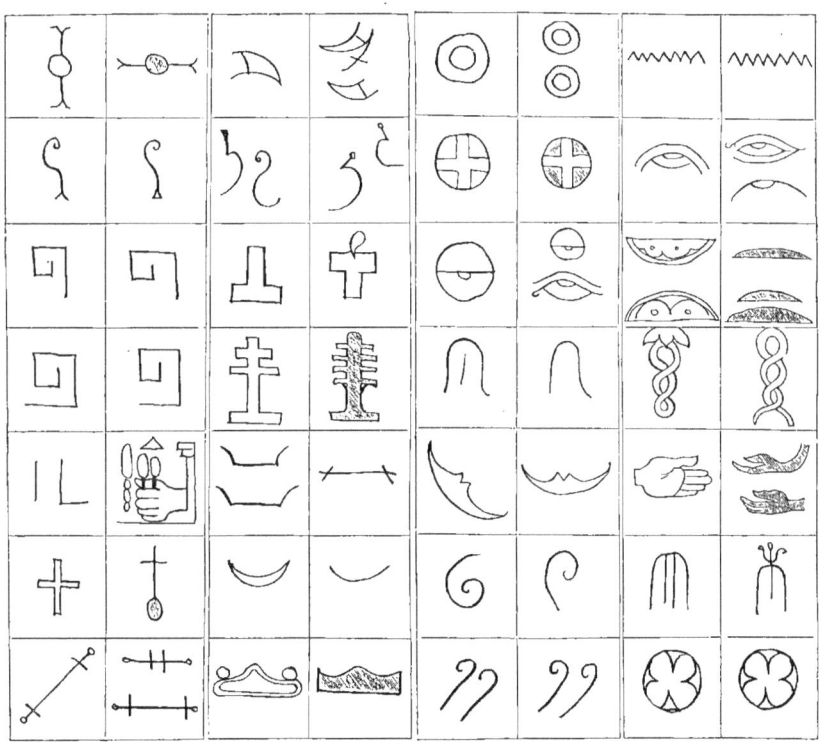

Hiéroglyphes égyptiens et mexicains, d'après le comte de Waldeck.

Diodore signale l'existence des signes hiératiques chez les Ethiopiens occidentaux. « Certains signes, dit-il, ressemblent à différentes espèces d'animaux ; d'autres, aux extrémités du corps humain ; d'autres, à des instruments mécaniques. Ainsi, les

Egyptiens, qui tiennent cet art de leurs ancêtres, composent leur écriture, non d'un assemblage de lettres et de mots, mais d'un arrangement de figures dont un long usage a gravé la signification dans leur mémoire. Ils représentent un milan, un crocodile, un serpent, ou quelque partie du corps humain, comme un œil, une main, un visage, et d'autres choses semblables. Le milan, par une métaphore assez naturelle, signifie tout ce qui est prompt et subtil, car il vole plus légèrement que les autres oiseaux. Le crocodile est le signe de la méchanceté. L'œil indique un observateur de la justice et tout ce qui défend le corps. Entre les autres parties, la main droite, avec les doigts étendus, exprime l'abondance des choses de la vie. La main gauche fermée dénote l'avarice et la paresse. Il en est à peu près de même des autres parties du corps, aussi bien que des instruments. Les Ethiopiens, connaissant la signification de chacune de ces figures, et exercés par une longue application, trouvent de suite ce qu'elles représentent [1]. »

Outre les signes figuratifs, il y eut donc des *caractères symboliques*. Tels sont ceux dans lesquels la partie est prise pour le tout : deux bras, l'un armé d'un trait, l'autre tenant un bouclier, pour représenter un combat ou une armée ; — la cause pour l'effet ou inversement : une colonne de fumée, pour le feu. Une mère eut, par métaphore, un vautour pour image, parce que cet oiseau, disait-on, aime ses petits au point de les nourrir de son propre sang.

Souvent le signe employé est *énigmatique*. Une plume d'autruche est l'emblème de la justice, parce que, croyait-on, toutes les plumes de cet oiseau sont égales ; — l'année a pour signe un rameau de palmier, parce qu'on supposait que cet arbre pousse douze rameaux par an, etc. L'interprétation de ces signes devint peu à peu mystérieuse : seuls, les initiés en conservèrent le secret. Il arriva même qu'ils le gardèrent si bien, que ce secret mourut avec eux. C'est ainsi que les hiéroglyphes restèrent longtemps indéchiffrables, et que l'ancien monde et le nouveau furent couverts d'inscriptions que nul, avant Champollion et Brasseur de Bourbourg, ne put comprendre.

[1]. Diodore. Liv. III, § 11

LES ARTS GRAPHIQUES.                                   251

Nous donnons ici, à titre de spécimen, quatre lignes d'un texte américain, avec la traduction qu'en propose l'abbé Brasseur :

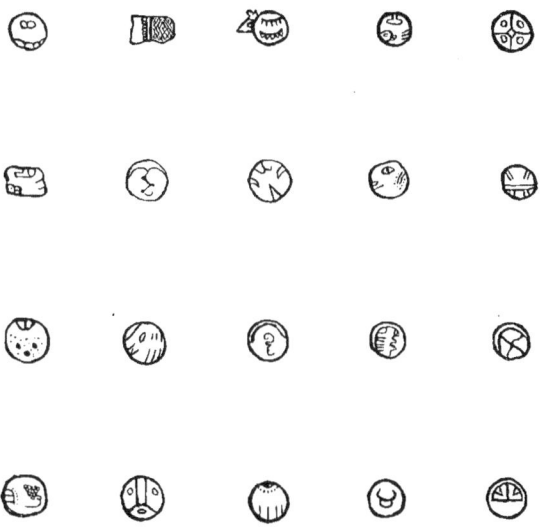

« La terre s'est accrue en s'élevant. Morte, elle était demeurée sans vigueur, abîmée sous les eaux amoncelées. Elle est sortie de la calebasse, descendue peu à peu. Elle a monté, surface descendue, foyer caché fait de lave en ébullition, qui a amoncelé ses feux. Puis elle a débordé l'énergie volcanique, foyer profond qui a soufflé de la terre changée en eau [1]. »

Nous voilà loin des exemples si simples au moyen desquels nous avons tenté de faire comprendre l'origine et les procédés de l'écriture primitive.

Les caractères copiés, dans les ruines de Palenqué, par le comte de Waldeck [2], rappellent, d'une manière frappante, les hiéroglyphes égyptiens. On y voit l'uréus, le corps humain, le ɬ, l'ibis, le pouce et l'index, la lune et les étoiles, l'hémisphère

---

1. *Étude sur le système graphique des Mayas*, par l'abbé Brasseur de Bourbourg, ouvrage publié en 1869, par ordre du gouvernement.
2. Au moment où nous écrivons ces lignes, nous apprenons la mort de ce vénérable et savant vieillard dont nous aimions à écouter les curieux récits.

divisé en zones, les mains jointes, la demi-lunette, si fréquemment représentée dans les ruines palenquéennes, des espèces de signes cunéiformes, l'équateur et les tropiques, etc.

L'ordre dans lequel se lisent ces hiéroglyphes est extrêmement variable. Toutes les dispositions s'y rencontrent : de haut en bas, de bas en haut, de gauche à droite, de droite à gauche. Quand ils sont tracés par tranches horizontales, on reconnaît la direction de l'écriture au sens dans lequel sont tournées les figures d'hommes ou d'animaux, les parties saillantes, anguleuses, courbes ou renflées des objets dessinés. L'arrangement des signes hiératiques est plus simple : il est rare qu'ils ne soient pas disposés en lignes horizontales, se succédant généralement de droite à gauche.

Aux signes figuratifs, aux signes symboliques, succédèrent, mais à un long intervalle, les *caractères phonétiques* [1], représentant non des objets, mais des sons ou des articulations. Habituée, dit Champollion, à une écriture idéographique peignant les idées et non les sons de la langue, l'Egypte (elle n'est en ceci que le reflet de coutumes beaucoup plus anciennes) ne pouvait s'élever, du premier bond, à la simplicité tout arbitraire de nos alphabets. Obligée ainsi de combiner la forme des nouveaux signes, c'est-à-dire des signes phonétiques, avec ceux dont elle avait déjà consacré l'usage par une longue pratique, elle ne renonça pas à la figure des objets naturels; elle en confirma l'emploi, et décida seulement, après avoir analysé les syllabes de son langage et en avoir décomposé les sons jusqu'aux plus simples éléments qui sont les lettres, que la figure d'un objet dont le nom, dans la langue parlée, commencerait par la voix *a*, serait, dans l'écriture, le caractère A; que la figure d'un objet dont le nom, dans la langue parlée, commencerait par l'articulation *b*, serait, dans l'écriture, le caractère B, et ainsi de suite. Par exemple, en égyptien, aigle se dit Ahôm; un aigle représentait la lettre A; bouche se dit Rô; une bouche représentait la lettre R, etc. Le manuscrit Troano nous donne, dans un système analogue, souvent avec les mêmes signes, l'alphabet des peuples Cares, Atlantes et Mayas.

1. De φωνή, voix.

## LES ARTS GRAPHIQUES.  253

Un grand nombre de mots commencent par la même lettre; un même signe alphabétique avait donc plusieurs représentations. De là, une grande complication; le même mot pouvant s'écrire de bien des manières différentes. Souvent aussi les signes alphabétiques étaient mêlés aux signes figuratifs, comme le montrent les inscriptions égyptiennes et celles qu'on a recueillies au Mexique.

Pour reconnaître les noms propres, on avait établi certaines conventions. Un nom d'homme, dans les hiéroglyphes égyptiens, est suivi d'une figure humaine, assise ou accroupie, un bras tendu, armé du fouet. Un nom de femme est terminé de même par une figure ayant les bras collés le long du corps, avec une fleur de lotus entre les jambes. Un nom de souverain est entouré d'un encadrement ou cartouche. Dans les grands bas-reliefs historiques, le cartouche qui contient le nom d'une nation étrangère est orné extérieurement d'une ligne de palissade; un prisonnier, peint à mi-corps, le porte. S'il s'agit d'un peuple Africain, les liens qui attachent le prisonnier se terminent par une fleur de lotus; par une houppe de papyrus, s'il s'agit d'un peuple Européen ou Asiatique.

L'usage des signes phonétiques révèle une civilisation déjà avancée. Ces signes étaient usités chez les Pélasges :

« Denys de Mitylène affirme que Cadmus introduisit le premier, dans la langue grecque, les lettres qui, auparavant, n'étaient connues que des Phéniciens. Il leur donna leurs noms et forma les signes dont on s'est servi depuis. On appela ces lettres *Phéniciennes,* parce qu'elles avaient été apportées de Phénicie en Grèce; et ensuite *Pélasgiennes,* parce que les Pélasges sont les premiers chez qui elles aient été en usage.... Pronapidès, précepteur d'Homère, excellent musicien, se servait de caractères Pélasgiens... Et aussi Thymcétès, qui visita le pays des Atlantes, sur les côtes occidentales de l'Afrique [1]. »

On voit, par ce document, que les Phéniciens ne furent que les dépositaires et, pour ainsi dire, les organes de transmission des Pélasges. Ceux-ci n'étaient pas seulement en commerce avec les pays occidentaux d'Afrique; ils avaient avec eux des rapports

---
1. Diodore. Liv. III, § xxxv

d'origine. Platon et Diodore parlent tous les deux de la grande invasion qui fut repoussée, selon le premier, par les Athéniens; selon le second, par les Thraces et les Scythes. On a conjecturé, non sans raison peut-être, que l'histoire de cette guerre rappelle, sous une forme mythique, la lutte de la civilisation de la race cuivrée, venue de l'Occident, avec celle de la race blanche ou caucasique, qui l'emporta. Quoi qu'il en soit, on voit à quelle antiquité remontent les colonies Pélasgiques. La race atlante ne se perdit pas tout entière dans les profondeurs de l'Océan; il en resta des débris en Amérique, en Afrique, en Europe même, et ces débris conservèrent et transmirent leurs coutumes et leurs arts. Si l'on compare un certain nombre d'inscriptions américaines avec quelques caractères phéniciens, on remarque une ressemblance frappante. Nous avons trouvé en Afrique, non loin de Carthage, dans les fouilles que nous avons faites par ordre du gouvernement français, des inscriptions phéniciennes bien curieuses sous ce rapport[1]. Sans nous permettre d'en chercher le sens, ce que nous laissons aux hommes compétents, nous ne pouvons nous empêcher de signaler la ressemblance qu'elles offrent avec les caractères américains.

Rien de mobile d'ailleurs comme ces signes traducteurs de la pensée et de la parole. Dans les inscriptions d'origine Pélasgique que nous avons rapportées de nos voyages, on aurait peine à retrouver l'alphabet grec que Cadmus y puisa, d'après le récit de Diodore. L'écriture cursive n'avait pas, en effet, la fixité des caractères sacrés dont la valeur n'était connue que des initiés. Chaque peuple en tourmentait la forme, en dénaturait le tracé, dont il est difficile de suivre les transformations.

Lorsque les Hébreux prirent possession de la Terre promise, ils adoptèrent peu à peu quelque chose de la langue et des symboles des peuples conquis, Philistins, Chananéens, etc., dont les mœurs et le langage parlé ou écrit se ressentaient du voisinage des Phéniciens du littoral. L'écriture hébraïque en porta la marque. Ce ne fut qu'au retour de la captivité de Babylone que les signes chaldéens se substituèrent aux caractères antiques. Les savants du bureau des affaires indiennes constatent une

---

1. A Daux. *Les emporias phéniciens.*

# LES ARTS GRAPHIQUES.

similitude manifeste entre les vestiges américains et les signes hébraïques primitifs, qui, eux-mêmes, ressemblent à ceux du Phénicien antique.

Ces rapports de l'Amérique et de notre continent ont laissé des traces, non-seulement dans le bassin de la Méditerranée, mais jusque dans les pays septentrionaux. Sur une pierre découverte, en 1846, à Grave-Creek (Amérique du Nord) sont des *runes* analogues à ceux des rochers de la Scandinavie. Dans une autre inscription d'origine américaine, on voit des lignes verticales, tracées pour faciliter la lecture. La même chose existe dans le nord de l'Europe, et, en Asie, jusqu'aux Indes orientales, ainsi que l'atteste la première écriture qui servit pour les livres sacrés.

Caractères américains et runiques.

Les rochers d'Amérique, ceux de la Scandinavie, ne nous ont pas seulement conservé des modèles

Carte gravée sur un rocher.

de l'écriture antique ; ils nous apprennent encore comment on représentait alors la configuration d'un pays. Nous avons vu la copie de l'une de ces cartes. Les fleuves, les rivières, les chemins y sont tracés. Le pied et le pas y servent de mesure. Les distances, vérifiées de nos jours, sont d'une rigoureuse exactitude. Les villages ou les villes sont indiqués par des objets ou des êtres consacrés : une roche, un arbre gigantesque, un lac, une sauterelle, un lapin, une panthère, un serpent. A côté, est un homme assis, le chef de la tribu. Un soleil radié indique l'Orient.

Avant la conquête, il existait en Amérique un grand nombre de cartes géographiques sur papyrus [1]. De quels précieux documents le fanatisme espagnol n'a-t-il pas privé la science!

Le travail nécessaire pour l'inscription ou la sculpture des hiéroglyphes ne fut pas étranger aux progrès des arts, dont quelques ruines et des fragments de poterie nous indiquent les grandes lignes. Les dessins, les sculptures, révèlent de véritables artistes. Ceux-ci s'inspirent des croyances et des superstitions qui ont cours. L'intervention de la divinité est l'idée dominante; partout elle se manifeste. Que l'on transmette la mémoire d'une guerre, d'une migration ou d'une catastrophe géologique, la divinité est toujours présente. Elle prend toutes les formes, sorte de Protée antédiluvien.

1. Diego de Landa, Las Casas, Ximénès.

# CHAPITRE IV

L'AGE DES MÉTAUX.

I

LES PREMIÈRES EXPLOITATIONS.

Dans l'incendie de Corinthe, l'an III de la 158° olympiade (146 ans avant J.-C.), les statues des dieux furent réduites en lingots. Ces lingots composèrent un alliage de cuivre, d'or et d'argent, resté célèbre dans l'antiquité. Verrès, que Cicéron fit condamner, ne fut, d'après Pline, proscrit par Antoine, que pour lui avoir refusé des vases faits avec cet alliage.

D'après Diodore, la découverte des métaux aurait eu lieu d'une manière aussi fortuite. « Des pasteurs ayant mis le feu aux forêts des Pyrénées et l'embrasement ayant duré longtemps, la surface de la terre parut brûlée. Ces montagnes prirent, pour cette raison, le nom de Pyrénées. Des ruisseaux d'argent coulèrent, et des Phéniciens apprirent l'usage qu'on pouvait faire de ce métal [1]. »

Ce qui est certain, c'est que, parmi les métaux précieux, l'or et l'argent furent connus dès une haute antiquité. L'éclat de ces métaux, qui se présentent dans la nature à l'état natif, leur inaltérabilité à l'air, leur malléabilité, devaient, en effet, les signaler à l'attention des premiers observateurs. L'argent abondait alors, comme il abonde encore en Amérique. L'or se trouvait également en énormes pépites. Enfin, désagrégées par

[1]. Diodore. Liv. V, § xxiv.

les agents atmosphériques, entraînées par les eaux courantes, les roches aurifères avaient formé un sable d'or sur lequel les fleuves roulaient leurs eaux.

Le fer qui, avec la houille, fait la puissance et la richesse de l'industrie contemporaine, le fer, engagé dans des combinaisons d'un traitement difficile, ne fut employé que plus tard, après les alliages, après l'airain, après le bronze. « Les armes, les maisons, les ouvrages des premiers habitants de la Grèce, dit Hésiode, étaient d'airain, le fer n'étant pas encore en usage. » A l'époque de la guerre de Troie, époque relativement récente, puisqu'elle ne remonte pas au delà de 31 à 32 siècles, les chefs militaires se servaient seuls d'épées en fer; le reste des combattants avait des casques en bois, des boucliers en peau, des épieux durcis au feu, des lances munies de pierres, et des instruments d'airain. Le fer est le dernier en date, « parce que son extraction suppose des connaissances métallurgiques très-avancées. Et en effet, lorsque les Européens pénétrèrent dans le Nouveau-Monde, les Mexicains et les Péruviens étaient déjà en possession du cuivre et de l'or, qui se trouvent en veines métalliques dans la roche native; mais ils n'avaient pas la moindre idée du fer, qu'ils voyaient, pour la première fois, dans les mains de leurs futurs conquérants [1]. »

Pendant longtemps, du reste, l'usage des anciennes armes et des outils de silex se continua concurremment avec celui des instruments métalliques, de même que l'emploi de l'airain et du bronze se prolongea, pendant une longue série de siècles, en même temps que celui des instruments en fer.

Sur l'autre hémisphère, c'est pareillement le feu qui donne les métaux. « Ils sortirent de terre, disent les annales mexicaines, mélangés et en fusion, aux yeux mêmes des populations échappées aux convulsions qui firent surgir la chaîne volcanique des Antilles. »

Deux grands centres d'exploitation apparaissent les premiers dans les traditions, sinon dans les annales : l'un, en Asie, dans les Indes; l'autre, en Amérique. « Dans les montagnes qui

---

[1]. *Notions de chimie*, par Malaguti, recteur de l'académie de Rennes, et Fabre, professeur de chimie au lycée d'Avignon.

s'élèvent en amphithéâtre autour du golfe de Darien, entre la baie de Maracaïbo et l'isthme de Panama, se trouvent encore aujourd'hui des mines d'or et d'argent, les plus riches et les moins exploitées du globe. C'est entre les sommets les plus inaccessibles de ces montagnes qu'existent les ruines gigantesques des cités cares, ainsi que les débris des forges célèbres où les Cyclopes de l'Amérique fabriquaient les armures d'or des rois et des princes de ces régions [1]. » Les grottes d'Haïti, où Bartholomé Colomb découvrit, à de grandes profondeurs, des mines et des travaux métallurgiques abandonnés depuis un grand nombre de siècles, grottes immenses, travaillées de main d'homme, témoignent, de leur côté, de l'antique exploitation de l'or aux Antilles. L'âge reculé de ces grottes est attesté par les monuments qui existent dans le voisinage, sous les forêts actuelles; vastes cryptes taillées dans le roc, ou murailles d'une longue étendue, en pierres sèches, et quelquefois en terre.

S'il faut en croire les documents mexicains, très-précis à cet égard, les peuples des Antilles se seraient répandus vers le nord, dans les vastes contrées où s'étendent aujourd'hui les États-Unis. Ils se seraient avancés dans le Labrador, et jusqu'aux pays septentrionaux que les géographes anciens appellent la grande Scythie, les terres hyperboréennes [2]. Ils auraient pénétré dans les régions où Hercule vint visiter Saturne, enfermé par Jupiter; régions comprenant l'île d'Ogygie, dont parle Homère, et le continent Chronien, cité par Plutarque. De là, par le Groënland, par l'Islande, par la Scandinavie, plus étendus qu'ils ne le sont de nos jours, ils auraient mis le pied sur l'est scythique de l'Europe, et, transportant leurs mœurs et leurs industries, se seraient avancés jusque dans l'Asie.

Par une autre route, les peuples Atlantes auraient gagné, en allant droit vers l'est, l'Espagne, l'Italie, l'Afrique septentrionale, la mer Rouge et les Indes. La mer Rouge devrait même son nom aux colonies d'hommes rouges, Cares ou Atlantes, établies sur ses rives. Les Phéniciens [3] seraient les descendants, de sang plus ou moins pur, de cette race venue d'Amérique.

1. Sources de l'histoire du Mexique.
2. La Méropide de Théopompe.
3. De φοίνιξ, rouge.

Ainsi, partis d'un même centre, l'un des deux courants aurait remonté, par les terres du nord, jusqu'aux régions polaires, pour se répandre en Europe et jusque dans l'Asie; l'autre aurait suivi les îles et les terres Atlantiques, sous la zone intertropicale, pour toucher l'Afrique, peupler le littoral méditerranéen et rejoindre le premier courant dans les Indes asiatiques.

Quoi qu'il en soit, sur ces deux points extrêmes, dès la plus haute antiquité, une grande activité règne dans les régions métallifères. Les richesses enfouies dans le sol sont extraites par des milliers de bras et plusieurs stations métallurgiques s'établissent.

Comment s'y fait le travail? Qui pourrait le dire, si la tradition ne nous offrait le secours que nous refuse l'histoire?

Elle nous apprend que les mineurs sont esclaves; que les prisonniers sont condamnés aux mines, chargés d'entraves, marqués d'un stigmate, menés comme des bêtes de somme. Elle nous les montre armés de pics en corne, de marteaux de pierre, de pelles en bois de cerf. Des feux les éclairent et servent en même temps à amollir la roche. De fréquentes explosions, de terribles éboulements les ensevelissent. Les galeries sont basses : un homme ne peut s'y tenir debout; l'ouvrier y travaille à genoux ou couché sur le flanc. Les éclats de pierre sont portés par les femmes, concassés au marteau, pulvérisés dans des mortiers ou écrasés sous des meules, supplice auquel on condamne les vaincus.

A cette peinture des mines antiques, la pensée se reporte au tableau que trace Diodore : « Il est, dit-il[1], un endroit rempli de métaux et surtout d'or que l'on extrait avec bien du labeur et de la dépense, car la terre, dure et noire de sa nature, y est entrecoupée de veines d'un marbre très-blanc et si luisant qu'il surpasse en éclat les matières les plus brillantes.... Les rois y envoient, avec toute leur famille, ceux qui ont été convaincus de crimes, les prisonniers de guerre, ceux qui ont encouru la colère royale ou qui sont sous le coup d'accusations vraies ou fausses..... Ils tirent ainsi de grands revenus du châtiment qu'ils

---

[1]. Diodore. Liv. III, § vi.

# LES PREMIÈRES EXPLOITATIONS.

infligent. Les malheureux mineurs, et ils sont en grand nombre, sont tous enchaînés par les pieds... Ils sont gardés par des soldats étrangers qui parlent d'autres langues que la leur, de sorte qu'il leur est impossible de les corrompre..... Quand la terre qui contient l'or est trop dure, on l'amollit d'abord avec le feu; après quoi, on la rompt à grands coups de pics ou de marteaux... Comme pour suivre les veines découvertes il faut souvent faire des détours et s'engager dans des allées tortueuses, les ouvriers qui, sans cela, ne verraient pas clair, portent des lampes attachées au front, changeant de posture autant de fois que la nature du lieu l'exige... Ils travaillent ainsi jour et nuit, sous le fouet, aux cris de leurs gardiens. De jeunes enfants entrent dans les ouvertures que les coins ont faites dans le roc et en tirent les petits morceaux qui s'y trouvent et qu'ils portent ensuite à l'entrée de la mine. Les hommes d'une trentaine d'années prennent une certaine quantité de ces pierres qu'ils pilent dans des mortiers, avec des pilons de métal, jusqu'à ce qu'ils les aient réduites à la grosseur d'un grain de millet. Alors, les femmes et les vieillards reçoivent ces pierres mises en grains et les jettent sous des meules rangées par ordre. Se mettant deux ou trois à chaque meule, ils les réduisent en une poussière aussi fine que de la farine... Les maîtres recueillent cette espèce de farine et achèvent le travail de la manière suivante : Ils l'étendent sur de larges planches un peu inclinées et l'arrosent de beaucoup d'eau. Les parties terreuses sont emportées, et l'or reste au-dessous, à cause de son poids. Après ce lavage répété plusieurs fois, ils frottent la matière entre leurs mains, puis, l'essuyant avec de petites éponges, ils enlèvent ce qui y reste de terre, jusqu'à ce que la poudre d'or soit entièrement nette. D'autres ouvriers, prenant cet or au poids et à la mesure, le mettent dans des pots

Vase antique servant de mesure.

de terre. Ils mêlent, dans une certaine proportion, du plomb, des grains de sel, un peu d'étain et de la farine d'orge, versent le tout dans des vaisseaux couverts et lutés exactement, qu'ils tiennent cinq ou six nuits de suite dans un fourneau, les laissent refroidir, pour séparer le métal des autres matières, et trouvent enfin l'or entièrement épuré, avec très-peu de déchet..... »

On l'a dit avec raison : un pays de mines sans voies de communication est une maison sans escalier. Pour faciliter l'exploitation, on creuse des canaux, on construit des chaussées. L'Amérique nous offre d'antiques travaux de ce genre dont le type primitif s'est plus ou moins modifié à travers les âges. « Les immenses ruines que les conquérants espagnols découvrirent dans ces contrées, surtout en s'avançant dans la direction de Cartama et de Caramanta, au bassin du haut Magdalena, les routes taillées dans le roc vif ou construites en pierres énormes, dans des proportions plus vastes encore qu'au Pérou, tout cela, avec des traces remarquables de canalisation et en face des vestiges de la civilisation qu'avaient conservée les nations riveraines de ce fleuve, prouve de quel haut degré de culture celles-ci étaient alors descendues! »

Lors de la conquête du Pérou, les Espagnols découvrirent deux routes, larges de 25 pieds et longues de 900 lieues. L'une d'elles allait de Cuzco, antique résidence des rois de l'Amérique méridionale, jusqu'à l'extrémité sud du Chili, le long des versants orientaux de la grande chaîne des Cordillières. Cette route avait été tracée, à une époque qui se perd dans la nuit des temps, au pied de l'immense glacier. Elle dominait le vaste espace qui s'étend au-dessous de cette grande chaîne, l'une des plus hautes du globe. Il y régnait un froid si intense que ceux qui s'engageaient dans une course trop longue s'exposaient à y geler debout [1].

Sur les routes des gisements métalliques, les tumuli s'élèvent de tous côtés. Ils se comptent par milliers. Dans ces tumuli, on dépose, à côté du mort, des objets qui lui ont servi : quelques armes, des bracelets, des colliers, des coquillages. L'usage de l'incinération se répand. Il existe, à l'âge du bronze, en Amérique comme en Gaule; non pas que les sépultures assises ou accroupies disparaissent, car on en trouve encore un certain nombre; mais elles semblent moins dans les mœurs

---

[1]. Diego Almagro. *Mémoires de l'Académie de Madrid.*

L'exploitation des mines.

et ne se montrent, pour ainsi dire, que par la persistance ou les réminiscences d'une habitude invétérée. Avec les cendres du cadavre et de la gomme, dit un savant archéologue, on pétrissait une statuette dont le masque représentait les traits du mort, et on l'enfermait dans une urne funéraire, avec des statuettes d'argile. Pareil usage semble avoir existé en Égypte où, dans les sarcophages, on trouve souvent des figurines rappelant les traits du défunt. De même, en Égypte comme en Amérique, les tumuli des serviteurs et des amis sont rangés autour des tumuli des chefs, avec une orientation identique.

Le travail des mines ne se fait pas toujours dans des galeries souterraines. Toutes les fois qu'on le peut, on exploite à ciel ouvert. On voit, en Amérique, le long du bord méridional du grand lac, des gîtes métallifères exploités sur une longueur de 50 lieues. De l'une de ces mines on a pu enlever jusqu'à dix charrettes de marteaux de pierres et une masse de cuivre natif, sorte d'échantillon posé sur un support de chêne, et pesant plus de six tonnes. A côté se trouvaient des haches de diorite, faites pour être emmanchées, et des rouleaux, de diorite également, qui avaient sans doute servi au transport du métal. Près de l'Ontonogon, à 25 pieds de profondeur, le capitaine Peck a découvert des outils du même genre. Au niveau actuel du sol, car la tranchée est comblée de détritus végétaux, croissent des sapins. Sous ces sapins sont des cèdres morts de vieillesse; sous ces cèdres, des détritus, et, sous les détritus, une autre végétation!

Les galeries d'extraction étaient de véritables antres [1]. Elles

---

1. « De nos jours, on a poussé jusqu'au dernier degré de perfectionnement l'art de creuser les galeries. Celles du Cornouailles sont célèbres. Dans des terrains où, sur certaines roches, le travail avance à peine de quelques mètres par mois, on a *foncé* des puits jusqu'au delà de quatre et six cents mètres, avant de rencontrer le filon. A cette limite, on a approfondi encore les chantiers par le percement de puits intérieurs... On attaque les gîtes métallifères même sur le rivage de la mer. Il faut défendre les ouvrages contre les irruptions des vagues, contre la marée montante elle-même, et ces obstacles n'ont pas arrêté les travailleurs. Dans la mine, les ouvriers ont poursuivi leurs galeries à un mille et plus sous les eaux; c'est à peine si l'épaisseur des roches qui protégent les mineurs atteint quelques centaines de pieds en certains endroits. Dans les jours d'orage, on entend mugir l'océan au-dessus de sa tête; les galets, au fond de la mer, roulés les uns sur les autres, imitent le bruit du tonnerre. De galerie en galerie se répercute un effroyable grondement. »
L. Simonin. *La Vie souterraine*.

couraient sans ordre, à travers des roches stériles, où bien souvent elles se perdaient. Point de galerie centrale se ramifiant pour l'exploitation des veines. Des pentes mal ménagées, causant de fréquentes invasions des eaux. Le mineur rampait en traînant son panier rempli de fragments de roches. A l'ouverture de la grotte, ces fragments étaient versés dans des sacs que, du haut des murailles à pic, on tirait avec des cordes du fond de cet enfer. Point de pitié pour le mineur, point de trêve : on ne faisait grâce ni aux enfants, ni aux femmes, ni aux vieillards. Les malheureux! Ils n'avaient de crainte qu'une vie trop longue, et d'espérance que dans la mort!

## II

LES MÉTAUX ET LEURS ALLIAGES. LE VERRE.

Il n'est pas étonnant que les métaux précieux aient été découverts les premiers. « L'attention des peuples qui recherchaient les pierres compactes pour la confection de leurs armes ne pouvait être éveillée par l'aspect de la plupart de nos minerais, naturellement sombres, peu résistants, presque friables, et que la connaissance antérieure des métaux, ainsi qu'un usage prolongé, pouvaient seuls faire rechercher [1]. » Au contraire, l'or et l'argent attiraient les regards. Il en fut de même du cuivre natif, lequel se présentait par masses et en lames soudées aux roches qui en formaient la gangue. « Il s'en trouve encore des amas considérables, en particulier sur les rives méridionales du lac Supérieur, aux Etats-Unis. Dans ce gisement cuprifère, il y a des masses de cuivre pur pesant de 20 à 50 tonnes. On en cite un bloc d'une trentaine de mètres de longueur, sur 7 à 9 de largeur, et 2 mètres d'épaisseur. Si l'Europe et l'Asie, à l'époque des armes de bronze, ont présenté des amas pareils, maintenant épuisés, l'apparition du cuivre, devançant celle des autres métaux, s'explique d'une manière très-naturelle [2]. » Dans

---

1. Roisel. *Les Atlantes.*
2. Malaguti et Fabre. *Notions de chimie.*

un certain nombre de tumuli américains existent des amas de cuivre, tantôt à l'état brut, tantôt martelé à froid; premiers fragments métalliques, que l'homme ne sait pas encore fondre et dont il se sert comme d'une pierre.

La nature avait, sur plus d'un point, fondu les métaux ensemble. Dans le vaste creuset de ses cratères, elle avait fait de l'airain et du bronze. Les premiers instruments métalliques furent principalement fabriqués avec ces alliages naturels.

Frappés de leurs propriétés, les hommes imitèrent ces produits des volcans, et, par des tâtonnements successifs, ils arrivèrent à combiner de même les métaux.

L'alliage du cuivre, de l'argent et de l'or, donna l'*airain;* airain blanc, airain jaune, airain couleur de foie [1], selon les proportions employées.

Le *bronze* vint ensuite, alliage nouveau, ayant la même base, le cuivre, avec lequel se combinait un autre métal, l'étain.

A ces combinaisons se joignirent d'autres alliages, désignés plus tard sous les noms d'orichalque et d'électre. — L'*orichalque* [2] jouissait de propriétés merveilleuses, analogues à celles du guânin des Cares. Quant à l'*électre* [3], son nom l'indique, il ressemblait au succin, produit résineux de certains arbres verts. Sa couleur d'ambre était due à l'or qu'il renfermait. Il se composait, suivant Pline, de 4 parties d'or pour une partie d'argent. Peut-être quelques-unes des monnaies gauloises, grecques ou siciliennes qui nous sont parvenues, nous en offrent-elles des échantillons.

A peine découverts, les métaux furent répandus avec profusion. Les armes, les monuments, l'ameublement, tout ruisselle d'or et d'argent. Longtemps après l'époque dont nous parlons, Sésostris fait construire un vaisseau en bois de cèdre, de

---

1. Les Grecs appelèrent cette variété d'airain, *hepatizon* (de ἡπατίζω, je ressemble au foie).
2. De ὄρος, montagne, et χαλκός, airain.
3. De ἤλεκτρον, ambre jaune. On sait que l'ambre jaune, appelé aussi *succin* et *karabé* est très-abondant sur les bords de la Baltique. En France, on en rencontre à Auteuil et dans les dépôts de lignites des départements de l'Aisne, du Gard et des Basses-Alpes. *Les arbres à ambre* du monde primitif étaient plus résineux que les conifères du monde actuel. Dans ceux-ci, la résine est placée sur l'écorce et à l'intérieur de l'écorce; dans ceux-là, le bois lui-même est rempli de succin.

LES MÉTAUX ET LEURS ALLIAGES. LE VERRE. 269

280 coudées, qu'il revêt d'argent à l'intérieur, et d'or à l'extérieur [1]. Dans le pays des Atlantes, même profusion, mêmes splendeurs : les plaques d'or et d'argent, les plaques d'airain, les plaques de bronze, servent au revêtement des édifices et sont employées avec la même prodigalité que le marbre l'est de nos jours.

Le travail des métaux donna lieu à une importante découverte.

Lorsqu'on fond ensemble un silicate alcalin et un silicate métallique, comme les silicates de plomb et de zinc, on sait que l'on obtient un produit amorphe, transparent, rayant la plupart des corps, le *verre*. Le verre fut probablement trouvé en traitant, par une chaleur intense, les minerais naturellement ou artificiellement mélangés de certains fondants. On vit que, dans la fournaise, se produisaient des substances transparentes, et l'idée vint de les isoler, d'en faire un produit séparé. Pline, il est vrai, prête au verre une autre origine. Des marchands phéniciens, dit-il, ayant pris terre sur les bords du fleuve Bélus, voulurent préparer leurs aliments sur le rivage. Faute de mieux, ils se servirent de quelques blocs de natron, pour supporter le vase qui contenait leur nourriture. Pendant la cuisson, les blocs de natron fondirent et transformèrent le sable en verre... Un chimiste contemporain, M. Girardin, rejette cette origine. Par suite de la température nécessaire à la préparation du verre le plus fusible, ce composé, dit-il, n'a pu prendre naissance dans ces conditions [2]. — Il est infiniment plus probable que le verre fut découvert dans le travail des métaux et de leurs alliages.

L'un des premiers usages qu'on en fit, fut la préparation des verres destinés à protéger la vue. Des monuments et des vases antiques en fournissent la preuve. Les personnages représentés sur ces monuments et sur ces vases portent, en effet, des *lunettes*. On en voit sur les bas-reliefs de la pyramide de

[1]. Diodore. Liv. I.
[2]. « Peu de questions ont été plus discutées que celle de l'origine du verre. Est-ce à la Phénicie, à la Phrygie, à Thèbes ou à Sidon que nous en sommes redevables? ou bien, reculant encore dans les siècles précédant de beaucoup la fondation de ces royaumes, faut-il, ainsi que plusieurs auteurs le prétendent, fixer son invention à l'époque où les hommes, ayant découvert le feu et soumis à son action les corps de la nature, ou isolés ou mélangés, purent remarquer, entre autres phénomènes, la vitrification de certaines briques? » A. Sauzay. *La Verrerie.*

Hachicalco et sur des débris de vases conservés au musée de Mexico. L'usage de ces lunettes, dont la monture était probablement en bois, indique que les hommes de ces climats cherchaient à se protéger contre les poussières pénétrantes en suspension dans l'air, et sans doute aussi contre l'éclat des rayons solaires. Etaient-ce des instruments d'optique[1]? Ici, les avis sont partagés. C'étaient, dans tous les cas, des boucliers transparents derrière lesquels on s'abritait les yeux.

L'art de la verrerie, bien grossier à l'origine, se développe peu à peu. Il se continue et se perfectionne à travers les âges. Chez les Phéniciens, il devient célèbre. On sait la réputation dont jouissaient les fabriques de Sidon. L'industrie du verre se répand ensuite : on la voit en honneur à Alexandrie, dans la Grèce et à Rome. Du temps de Pline, elle pénètre en Espagne, en Gaule et en Italie. A Herculanum, à Pompeï, des salles de bains ont leurs fenêtres garnies de vitres. Toutefois, les ouvertures des maisons sont plus ordinairement munies de lames légères d'albâtre translucide ou de feuilles demi-transparentes de sulfate de chaux. L'emploi des verres à vitres ne devient commun, dit saint Jérôme, que vers l'an 200. — Bien des siècles s'étaient écoulés depuis l'époque où, pour la première fois, les hommes avaient *vitré* leurs lunettes.

Nous venons de voir l'usage, nous allions dire l'abus qu'on fit des métaux. Comment, à l'origine, ces métaux et leurs alliages furent-ils travaillés? Avec quels marteaux et quelles limes? Sur quelles enclumes? — Avec des marteaux de pierre, avec des limes de pierre ponce, sur des enclumes de pierre dure. C'est de la sorte qu'on forge et qu'on prépare les premiers outils et les premières armes de bronze; de la sorte qu'on lamine les métaux. Le laminoir est une invention toute moderne : il n'y a guère plus de 40 ans qu'on l'applique en grand dans nos usines... Dans les antiques excavations américaines retrouvées en 1847, le filon métallique était littéralement jonché de maillets en pierre. Il y avait encore là quelques écuelles de bois, une auge et des pelles à long manche.

---

1. MM. de Paravet, Pouchet et Édouard Fournier s'accordent à proclamer l'existence d'instruments d'optique dans l'antiquité. M. Th.-Henri Martin, dans un mémoire publié à Rome, sur *les prétendus instruments d'optique des anciens,* soutient l'opinion contraire.

# LES MÉTAUX ET LEURS ALLIAGES. LE VERRE. 271

Afin d'obtenir une température suffisante pour la fusion des métaux, il fallait des *fourneaux* et une *soufflerie*. — D'antiques débris, que nous avons découverts en Afrique, peuvent, jusqu'à un certain point, nous donner une idée de la manière dont procédaient les anciens.

Dans une vallée de la Tunisie, vallée encaissée par des montagnes couvertes de forêts épaisses, nous arrivâmes un jour, en suivant les traces d'un filon de cuivre sulfuré, à la lisière d'un bois. Au pied de l'un des chênes qui poussent sur les versants occidentaux, notre pioche heurta un corps dur, bien au-dessous des racines les plus profondes. Nous crûmes d'abord avoir touché le roc, et nous mîmes à nu la partie du sol dans laquelle nos outils refusaient d'entrer... C'était, en effet, un bloc de rocher qui nous résistait, mais de rocher travaillé par la main de l'homme, coupé à angles droits, comme une pierre de taille. Sur une certaine étendue, nous fîmes abattre les arbres, enlever les broussailles, déblayer le terrain et fouiller le sol jusqu'à une certaine profondeur.

Haut-fourneau antique restauré.

Dans la roche en grès rouge, sur une longueur d'environ 2 mètres, étaient taillées de larges gradins. Le gradin inférieur était percé de trois trous, un peu déformés, mais qui, visiblement, avaient été circulaires. Au-dessous de chacune de ces cavités était une ouverture carrée, évasée en avant, assez étroite au fond, et communiquant avec le trou supérieur. A droite et à gauche, s'élevaient des murs en pierres sèches, s'écartant à partir de leur point de jonction avec les gradins, et se dirigeant vers la vallée.

Nous venions de découvrir un *haut-fourneau* sous une végétation bien des fois séculaire. — Les 3 trous ronds percés dans la dalle horizontale n'étaient autre chose que les ouvertures des fourneaux, et les 3 trous carrés, percés dans la paroi verticale, que les cendriers. A défaut de grille, un galet d'argile réfractaire servait à poser, sur les fourneaux, les creusets dont les fragments jonchaient le sol.

Quant aux murs construits en éventail, ils formaient une sorte d'entonnoir où le vent s'engouffrait et au fond duquel il pénétrait dans les cendriers. Afin d'augmenter l'effet de cette soufflerie naturelle, les murs étaient surmontés de claies qui, emprisonnant l'air, en augmentaient le courant et lui donnaient plus de force pour activer la combustion.

On peut par là se faire une idée de ce que furent les premières usines métallurgiques. En tenant compte de l'état des connaissances possibles à cette époque, on y arrivait à des résultats surprenants. Le minerai pris sur place et rapporté par nous à Paris avec des haldes de scories, nous a permis de reconnaître que l'extraction du métal était relativement très-habilement pratiquée.

Ce haut-fourneau antique n'est pas le seul que nous ayons trouvé en Tunisie. Plus au nord, il existe une mine de galène argentifère, dont les filons sont situés à la limite supérieure de roches métamorphiques. Comme dans les plus anciennes mines, les galeries d'extraction sont inégales, sinueuses, pratiquées dans les fentes des rochers. Les eaux s'y sont maintenant amassées, et l'air y est tellement vicié qu'on ne peut pénétrer qu'en prenant de grandes précautions. — Près de la mine, sont des fourneaux analogues à celui que nous venons de décrire. Ils sont taillés dans la roche et munis de murs en éventail.

A la ventilation obtenue par cette disposition donnée aux murailles latérales, on dut songer à substituer le jeu d'une machine. On imagina le *soufflet*.

Une coutume qui existe dans tous les douars des versants

# LES MÉTAUX ET LEURS ALLIAGES. LE VERRE. 273

méridionaux de l'Atlas pourrait bien n'être que la continuation d'un usage primitif. Les Kabyles de la montagne ont une allure particulière, qui fait penser à l'homme des premiers âges. On les appelle les hommes de l'occident et, quand on leur demande d'où ils viennent, ils montrent la direction de l'Atlantique. Habiles métallurgistes, ils exploitent le fer, le cuivre, le plomb, l'étain, etc. Pour fondre ces métaux, ils installent, autour de leurs fourneaux, des espèces d'outres en peau de mouton enduites de résine à l'intérieur. Ils ne font, disent-ils, qu'imiter en cela leurs ancêtres, de toute antiquité. Ces outres, à l'endroit du cou de l'animal, sont munis d'un manchon de bois autour duquel la peau est fortement nouée. Au bout est un tube de bois ou de métal. — A l'autre extrémité est une ouverture assez large, dont les lèvres sont garnies de légers bâtons que des lanières de cuir permettent d'écarter ou de rapprocher. On a ainsi un soufflet que l'on manœuvre d'une seule main, les quatre doigts d'un côté, le pouce de l'autre.

Soufflet antique.

Les anciens ne connaissaient pas seulement les propriétés des métaux, ils savaient les modifier par la trempe. « Il résulte des recherches récentes du D$^r$ Wibel[1] sur la composition des anciens alliages, que les forgerons antéhistoriques ont dû connaître l'art de recuire le bronze. En effet, le bronze, pour être malléable à froid, ne doit pas contenir plus de 5 pour 100 d'étain. Chauffé, il s'étale encore sous le marteau, lorsqu'il contient 15 pour 100 d'étain. Pour travailler les bronzes qui renferment une proportion plus grande de ce métal, on est obligé de les soumettre au procédé de d'Arcet, en les refroidissant

---

1. *Die cultur der bronzezeit.* Kiel, 1863.

subitement. On leur donne, de cette manière, une malléabilité qu'ils n'ont pas naturellement et qu'ils ne peuvent pas non plus prendre, lorsqu'on les fait refroidir lentement. Or, parmi les bronzes des palafittes, il s'en trouve de martelés qui ont dû nécessairement être travaillés à froid. Il s'ensuit que l'art de recuire le bronze doit être à peu près aussi ancien que l'art de le préparer. Il est surprenant que, connaissant cette influence du refroidissement sur les métaux, les peuples de l'âge du fer n'aient pas été conduits à la découverte de l'acier, qui n'est qu'un procédé inverse [1]. »

Non-seulement, à l'âge du bronze, on fait, avec les métaux, des outils et des armes, mais on coule des statuettes pour les idoles. J'ai tenu, dit l'annotateur des lettres américaines, une de ces statuettes. Elle était creuse comme une momie. Certaines parties étaient d'or, d'autres d'argent, et l'on n'y distinguait cependant aucune trace de soudure. J'ai vu également des vases ou des plats à 8 faces, chacune d'un métal différent, sans soudure visible. J'ai vu des poissons dont les écailles étaient faites de plusieurs métaux.

Les vases de l'âge du bronze sont souvent revêtus de matières vitreuses, diversement colorées, auxquelles on a donné le nom d'*émaux*.

« L'*émail* est un cristal rendu opaque au moyen de certains oxydes métalliques et particulièrement de l'oxyde d'étain. Quelquefois on parvient au même résultat à l'aide du phosphate de chaux (os calcinés). Si l'on introduit des oxydes colorants dans la composition de l'émail blanc, on obtient les *émaux colorés* [2]. »

L'emploi des émaux montre que la liste des métaux dont on se servait, sans les connaître encore, était déjà longue, car, dans l'émail bleu, entre de l'oxyde de cobalt; dans l'émail jaune, un mélange d'oxyde d'antimoine, de carbonate de plomb, d'alun et de sel ammoniacal; dans l'émail vert, de l'oxyde de chrome et du bioxyde de cuivre; dans l'émail rouge, le sesquioxyde d'un métal qui eût changé la face des choses, si, dès cette époque, on avait su l'isoler, le fer.

---

1. Desor. *Les palafittes*.
2. Malaguti et Fabre. *Notions de chimie*.

Les émaux antiques diffèrent par l'aspect, par le procédé de fabrication, par le mode d'application, des émaux orientaux. Ceux-ci, comme le montrent les vases chinois et japonais, sont cloisonnés : l'émail s'applique dans des cellules métalliques. — Les artistes de l'âge du bronze employaient des matières vitrifiables qu'une fusion secondaire faisait adhérer au métal. On peut en juger par les échantillons récemment découverts au mont Beuvray, près d'Autun, et fabriqués, dans des ateliers souterrains, par les imitateurs des émailleurs Atlantes.

Nous voilà loin du temps où l'homme, avec un caillou pointu, traçait de grossières images sur les premiers vases de pierre!

# III

## LES PALAFITTES DE L'AGE DU BRONZE.

Ce haut degré de perfectionnement marque l'apogée d'une civilisation. L'humanité ne l'atteint qu'au prix d'un labeur de longue durée. Bien des étapes séparent la grande époque du bronze et les origines de cette période.

Les débris retrouvés dans les palafittes de l'âge du bronze, la construction particulière des pilotis, permettent de reconstituer une civilisation intermédiaire.

Dans ces palafittes, les pieux ne sont plus des troncs d'arbres entiers, coupés tant bien que mal à la hache; les arbres sont fendus en long, équarris. Au lieu de s'arrêter à fleur du fond, ils s'élèvent au-dessus de la vase. Les stations ont parfois une grande étendue; les pieux s'y trouvent par milliers. On reconnaît, à première vue, les isthmes artificiels, les passerelles, qui reliaient le village lacustre à la terre ferme.

La poterie est faite avec un certain art. Si la pâte des grands vases est encore grossière et semée de cailloux qui la déparent, celle des petits vases est déjà fine, homogène, et souvent enduite d'un vernis de graphite. Des dessins, gravés à la pointe, servent d'ornements : anneaux circulaires, torsades, lignes brisées, semis de points, etc. Coniques à la base, les vases s'enfoncent dans le sable ou se posent sur des torches. Plusieurs sont percés de trous à la façon de nos écumoires. D'autres sont si bien lutés qu'on y retrouve des provisions de bouche. A côté de ces vases sont des morceaux de pain. Le grain n'est qu'imparfaitement broyé, ce qui permet d'en reconnaître la nature.

Quant aux instruments de métal, ils sont nombreux : outils, armes, objets de parure.

Les outils sont des haches, des couteaux, des faucilles, des ciseaux, des marteaux, des hameçons, des pesons de fuseaux, etc. Leurs formes sont caractéristiques. Les haches ont, les unes, des oreilles recourbées de chaque côté entre lesquelles s'engage le manche; une petite anse permet de les suspendre à la ceinture. D'autres ont une douille complète, circulaire ou carrée. Les couteaux et les faucilles sont commodément emmanchées. Les ciseaux sont d'un maniement facile. Dans la douille des marteaux s'adapte un bois recourbé. Les pesons de fuseaux en terre cuite, percés d'un trou à leur centre, remplacent les fuseaux en pierre de l'époque précédente.

Les armes sont également fabriquées avec art. La lame des poignards s'attache au manche au moyen de clous rivés. Les pointes de lance sont habilement travaillées : des ailes étroites les rendent plus pénétrantes, et le milieu, renflé en côte arrondie, leur donne une grande solidité. Les flèches légères, triangulaires, sont munies de barbes plus ou moins écartées; elles se fixent au bois par une tige ou quelquefois par une douille. Quant aux épées, elles sont petites et faites comme pour une race de pygmées. Telle est celle qu'on a découverte, il y a une cinquantaine d'années, au milieu de la station de Concise, et qui est exposée au musée de Neufchâtel. Sa poignée, terminée en double volute et composée d'un métal plus rouge et plus tendre que celui de la lame, a de 7 à 8 centimètres de longueur. A l'une des expositions de l'art rétrospectif, M. Charvet avait exposé, dans la section consacrée à l'industrie antéhistorique, un poignard de bronze, à lame triangulaire, fixée au moyen de rivets dans une poignée de la même dimension.

En parcourant les autres salles de l'exposition, dit M. de Mortillet, on pouvait faire une observation fort intéressante au point de vue de l'origine des populations antéhistoriques de l'âge du bronze. Parmi les armes de l'Empereur, on voyait cinq grands poignards indiens, à lame triangulaire fort large à la base. Il y en avait également un de M. Spitzer, et un autre de M. le comte de Nieuwerkerke. « Les lames en acier de ces poignards affectent tout à fait la forme des anciennes lames en bronze, sauf qu'elles sont de plus grandes dimensions, surtout plus longues. Ces lames d'acier, comme celles de bronze, sont fixées dans un demi-cercle qui tient à la poignée, et cette poignée, du moins la place qui doit être occupée par la main, est très-courte : elle varie de 6 à 8 centimètres. — Il est curieux de voir, dans l'Inde, se conserver l'usage d'une forme si spéciale, et cela, avec les caractères de courtes poignées, caractères que l'on retrouve dans toutes les armes du pays [1]. »

Parlerons-nous des objets de luxe et de parure? Les femmes retiennent leurs cheveux au moyen de longues épingles. Il y en a, dans les collections, qui ont jusqu'à 57 centimètres. C'est presque la longueur des épées.

La tête n'est parfois qu'un renflement de la tige, massive, sans ornement. D'autres fois, la tige traverse de part en part la tête percée de trous cylindriques, et s'en détache en rivet. Quelques-unes se terminent par un bouton plat, d'un assez grand diamètre. En 1863, nous avons vu tous ces modèles exposés à la Chaux-de-Fonds, sous le titre de *bijouterie lacustre*.

Bracelet de bronze.

Les bracelets ont des formes variées. Les uns se composent tout simplement d'une tige de bronze recourbée laissant une ouverture par laquelle on passe le bras ou la main, en écartant les extrémités qui reviennent sur elles-mêmes par le ressort du métal. On trouve aussi de larges anneaux couverts de dessins et des tresses de fil de bronze tordu. On peut voir,

---

1. G. de Mortillet. *Matériaux pour l'histoire positive et philosophique de l'homme.*

au musée de Wiesbaden, un de ces anneaux entourant la jambe d'un squelette découvert aux environs de Hœchst. Les bracelets témoignent comme les épées, au moins dans les stations de la Suisse, de la petitesse de la race.

Les femmes portent des pendants d'oreille quelquefois recouverts d'émail. Leurs vêtements sont de lin, ainsi que l'attestent les lambeaux d'étoffe qu'on a retrouvés. De petites plaques triangulaires ou à plusieurs branches, munies d'un anneau au sommet, semblent avoir servi d'amulettes. « Les dessins qui ornent ces différents objets de parure ainsi que les couteaux et autres ustensiles sont en général très-frustes, ce qui permet de supposer qu'ils ne sont que la reproduction des dessins du moule, gravés eux-mêmes sur le modèle primitif.

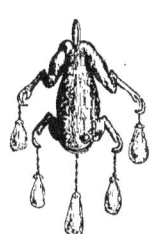

Pendant d'oreille.

Mais il y en a d'autres qui sont trop nets pour n'être qu'une simple reproduction par le moulage. Ceux-ci ont probablement été retouchés à la main, au moyen de burins en bronze dont on a recueilli un certain nombre.

« Il résulte des analyses nombreuses que M. de Fellenberg a faites de ce bronze, que la proportion du cuivre et de l'étain n'est pas aussi fixe qu'on le croyait dans l'origine, lorsqu'on assignait à tout bronze lacustre 10 pour 100 d'étain et 90 de cuivre. La proportion de l'étain peut, au contraire, varier de 4 à 20 pour 100, suivant que les fondeurs de l'époque trouvaient plus ou moins de facilité à se procurer ce métal.

» Ces proportions se trahissent d'une manière plus ou moins sensible, par la nuance du métal. Le bronze dans lequel il entre 1/10 d'étain (comme dans le métal du canon), a la plus belle couleur; c'est le plus commun dans nos lacs et celui qui, par sa nuance, se rapproche le plus de l'or. Lorsque l'étain est en moindre proportion, le métal est rouge et plus tendre. Il prend en revanche une teinte claire et devient très-dur, lorsque la proportion de l'étain dépasse sensiblement le dixième [1]. »

Dans les palafittes, on fabrique aussi des emblèmes religieux. Tels sont les *croissants lacustres*, dont la courbe et les cornes

---

1. Desor. *Les Palafittes*.

varient à l'infini. La plupart sont en argile mélangée de grains quartzeux et de petits cailloux; quelques-uns sont en pierre. On suspend ces espèces de talismans soit à l'intérieur, soit à la porte des habitations, au moyen d'une courroie qui passe dans les trous dont ils sont percés. L'un des plus beaux modèles qu'on ait trouvés est en grès rougeâtre.

Rien qui rappelle notre monnaie avec effigie. Le plus souvent, comme c'est l'usage chez tous les anciens peuples, le commerce se fait par voie d'échange. On trouve cependant certains objets qui paraissent avoir représenté la valeur des produits naturels ou fabriqués. Ce sont de petits anneaux en bronze, à bords dentelés, dont la forme est analogue à celle de nos anneaux de rideaux.

Les palafittes de la Suisse fournissent encore des fragments de moulins en pierre, pour broyer le blé, et certaines pierres discoïdes, munies d'une rainure sur leur pourtour. Ce sont des espèces de *poulies* en quartzite, en granite, en diorite. Des pierres analogues servent pour les jeux; la corde destinée à les lancer s'enroule sur la gorge creusée dans ces pierres circulaires.

On trouve jusqu'à des ossements humains remontant à cette époque. A la vérité ces ossements sont rares; mais une découverte de M. Gerlach, près de Sion, en Valais, en donne peut-être l'explication. Dans les atterrissements de la Sionne, il a trouvé des bracelets caractéristiques de l'âge de bronze, accompagnés d'ossements humains calcinés. Les peuples de cette époque brûlaient leurs morts.

Les habitations terrestres, d'où, en cas de danger, on se réfugiait sur les palafittes, sont, dans le voisinage des lacs, en bois ou en claies, avec revêtements de boue mêlée de paille hachée. Dans nos demeures modernes, certains détails rappellent ces pratiques anciennes. Nos plafonds, nos cloisons, sont souvent faits d'un lattis revêtu d'un enduit plus ou moins épais. Le pisé est encore en usage dans la campagne. Les maisons dont se composent les villages berbères ou maures, maisons faites en joncs entrelacés dans des lattis de bois et recouverts d'un crépissage, représentent assez bien les modèles primitifs. Les toits, pour n'être pas enlevés par le vent, sont chargés de pierres ou d'une certaine épaisseur de terre, et les eaux pluviales, conduites dans des espèces de drains en terre cuite, se rassemblent dans une citerne, sous l'habitation.

« De l'âge de la pierre à l'âge du bronze (même en prenant pour terme de comparaison une époque intermédiaire), il y a progrès manifeste. Ce progrès est dû avant tout à l'introduction du métal qui, en dotant les colons lacustres de meilleures armes et de meilleurs outils, avait eu pour résultat nécessaire d'augmenter leur sécurité et leur bien-être. Une fois en possession d'armes en bronze, on devait chercher à s'approprier complétement ce nouvel élément, en le préparant soi-même. On ne tarda pas à fabriquer le bronze chez soi, comme l'attestent les matrices des haches qu'on a recueillies au lac de Genève et qui se trouvent dans la collection de M. Forel, à Morges... On n'eut sans doute pas plus tôt pourvu au nécessaire que le luxe apparut; les ornements et parures qui nous ont été conservés prouvent que les artistes de cette époque ne manquaient ni de goût, ni d'habileté. Nous avons vu des bracelets, tirés d'une des palafittes de la Suisse, qui ne feraient pas honte à nos joailliers. Ce goût se retrouve dans les objets usuels, témoin les formes élégantes des vases en terre et des outils, et le soin que l'on mettait à décorer jusqu'aux couteaux et aux faucilles... Chose étrange cependant, les gens des palafittes de la Suisse n'eurent pas, comme les aborigènes du Périgord, l'idée d'imiter la nature dans leurs ornements; ils se renfermèrent plutôt dans quelques lignes arbitraires et traditionnelles, comme le font encore de nos jours les Kabyles. S'il était permis de les comparer à quelque peuple moderne, nous dirions que leur manière stéréotypée nous rappelle un peu celle des Chinois [1]. »

1. Desor. *Les Palafittes.*

# IV

LES CONSTRUCTIONS EN PIERRE.

Dans les constructions en terre, les talus, pour avoir la solidité nécessaire, avaient d'abord été établis avec une pente de 45° environ, comme on le voit de nos jours dans les remblais de nos routes et de nos chemins de fer. En damant la terre, on put établir des rampes de 50 à 55°. L'emploi des revêtements en pierres sèches permit d'atteindre 65°, et l'on se rapprocha encore de la verticale, on alla jusqu'à 80 et 85°, lorsque ces revêtements, au lieu d'être faits en pierres non équarries, employées telles quelles, furent construits en pierres façonnées et posées par assises régulières. Les ruines des anciennes enceintes fortifiées en témoignent. Ils ne sont pas encore verticaux; mais ils se rapprochent de plus en plus du fil à plomb, à mesure que progresse l'art de tailler la pierre.

Ces murs antiques ont, en général, une épaisseur au sommet qui égale la moitié de leur hauteur. On peut ainsi établir, sur leurs crêtes, un chemin qu'on utilise pour la défense. A Carthage, à Babylone, 4 chars peuvent passer de front au sommet des murailles.

Dans les enceintes celtiques, le mode de construction est à la fois analogue et différent. Analogue, en ce que le revêtement extérieur est toujours en talus; différent, par suite de l'emploi combiné de la pierre et du bois qui abonde en Gaule et dans la Scandinavie. Ces murs mixtes sont couronnés de palissades. Les fondations sont formées de libages, joints à sec au moyen de pierres plus petites et d'arbres équarris, lesquels sont posés

Fortification celtique.

à plat sur ce lit de roches, en alternant de sens. Les assises de bois et de pierres se superposent jusqu'au sommet du mur que l'on recouvre de terre. Ce genre de défense était d'une telle solidité que le bélier avait peine à y pratiquer une brèche. On sait qu'Alésia était entourée de fortifications semblables et que César ne put parvenir à les entamer.

L'habitude et aussi la nécessité de construire en talus firent qu'on adopta, pour les constructions autres que les murs d'enceinte et les fortifications, la forme pyramidale. La pyramide est, avec le tumulus, un des plus anciens monuments de grande proportion. Le sommet sert de refuge en cas d'inondation; c'est un lieu sûr où l'on place l'image de la divinité. On y entretient le feu sacré. *Pur*, dans la langue américaine antique, signifie rouge, d'où Πῦρ le feu, et pyramide [1].

Parmi les constructions de ce genre, on peut citer les

---

1. L'abbé Brasseur.

monuments d'Ytzamal, dans le Yucatan. « Il existe, dans cette ville, cinq pyramides sacrées, d'une grande hauteur, entièrement édifiées de pierres sèches, avec soutiens et contreforts au moyen desquels la pierre se dresse jusqu'au sommet... Sur l'une de ces pyramides existait, dans les âges primitifs, le temple d'une idole profondément vénérée et dont la tradition rapporte que le nom était *Itz-mat-ul,* c'est-à-dire la substance du ciel et

Pyramide observatoire à rampes centrales (monuments américains).

des nuages... Une autre, la plus haute, portait un temple dédié au feu... A midi, le foyer sacré s'allumait sur l'autel où s'effectuait le sacrifice [1]. »

---

[1]. Diego de Landa.

LES CONSTRUCTIONS EN PIERRE.

Le plus souvent la pyramide est à base quadrangulaire; il y en a cependant dont la base est un triangle ou un cercle. Une des plus remarquables est celle de Chichen-Itza, dans le Yucatan[1].

Pyramide observatoire à gradins latéraux.

Avant l'emploi du mortier, il n'est pas rare de voir, à la place des ravalements, des revêtements métalliques. C'est un moyen de masquer l'irrégularité des pierres de toutes formes employées dans un genre de construction que les Romains appelleront *opus incertum*, de suppléer au défaut d'ornementation, et de donner plus de richesse à l'édifice.

[1]. Comte de Waldeck. *Notes inédites*.

Tout d'abord, les pyramides constituent le monument lui-même. Elles deviennent ensuite de vastes soubassements portant,

Pyramide mexicaine.

sur leurs plates-formes, le temple auquel on parvient par des

Modèle de pyramide temple.

gradins ménagés sur l'une des faces, ou par des escaliers latéraux. La plupart des monuments antiques que l'on retrouve dans les Indes, en Chine, en Égypte, en Amérique, sont construits sur ce plan.

Parfois le palais du Roi est à côté du temple. Tel est le monument chaldéen dont parle Hérodote : « D'un côté le palais du Roi, vaste et solide; de l'autre, le temple de Jupiter Bélus (ou Baal)... Ce dernier existe encore de mon temps. Il est carré et il a 2 stades de côté. Au centre s'élève une tour massive, longue et large d'un stade. Cette tour en supporte une autre, et celle-ci, une autre encore. Ainsi de suite jusqu'à huit [1]. »

Au temps de Diodore, ce temple n'existe plus, mais la mémoire s'en est conservée. « Comme il est absolument ruiné, dit-il, je n'en puis rien dire de bien exact; mais on convient qu'il était d'une très-grande hauteur et que les Chaldéens y ont fait beaucoup de découvertes astronomiques, par l'avantage qu'il y avait là de pouvoir observer facilement le lever et le coucher des astres [1]. »

La construction des temples, des observatoires, des palais qui couronnent les soubassements pyramidaux, donna carrière à l'imagination des premiers architectes. Tout ce que l'art avait enfanté y fut transporté pour le plaisir des yeux, en l'honneur des chefs, ou pour la plus grande gloire de la divinité.

Quel que soit du reste le degré de perfectionnement auquel l'art architectural arrive chez un peuple, on y retrouve toujours certains traits caractéristiques qui rappellent son point de départ.

Porte mexicaine antique.

L'architecture chinoise dérive visiblement de la tente; l'architecture grecque, de la cabane, et celle de l'Inde, des

---

[1]. Diodore. Liv. I, § CLXXXI.
[2]. Diodore. Liv. II, § IX.

excavations souterraines. Les architectures égyptienne et mexicaine procèdent de la combinaison de ces différents genres.

Porte à jambages inclinés.

Prenons pour exemple la construction des portes. On peut

Porte en mitre d'une enceinte fortifiée.

suivre la série des évolutions qui se sont succédé dans l'art de les disposer.

LES CONSTRUCTIONS EN PIERRE.   289

Les bâtis en bois des demeures primitives, les supports naturels des grottes suggèrent l'idée des piliers. Ce sont d'abord des pierres brutes, puis des pierres équarries, verticales ou inclinées, sur lesquelles d'autres pierres sont placées en travers. Les portes peuvent encore être faites au moyen de pierres obliques, appuyées l'une contre l'autre. Cette disposition est celle qu'on donne aux tuiles, au-dessus d'une cheminée, pour l'empêcher de fumer. Placez ces pierres sur des murs verticaux, et vous

Porte de remparts.

avez l'*arc en mitre* ou *angulaire,* comme on en voit à Palenqué.

Porte américaine antique.

Les monuments américains fournissent à l'archéologue des modèles de tous genres. Les ruines du *Nouveau-Monde* permettent de se faire une idée des premières conceptions de l'architecture antique. Les fortifications en pierres sèches, les enceintes des palais, sont percées d'ouvertures qui révèlent la recherche persévérante de la solution de ce grand problème : la construction des voûtes. Les portes ne manquent ni de solidité, ni même d'une certaine élégance; mais leur forme trahit les efforts du constructeur. On sent qu'il en est encore aux tâtonnements, aux expédients; il

37

tente de suppléer à la science architectonique qui lui manque par des combinaisons plus ou moins tourmentées, mais souvent ingénieuses. Les pressions sont transmises sur les points d'appui.

Galerie en pierres sèches.

On trouve également en Amérique des restes de galeries dont la construction se rapporte évidemment à l'architecture primitive. Sur chaque pilier construit en pierres sèches sont posés des blocs aux arêtes obliques. L'obliquité se continue et se complète aux assises supérieures et la charge des pierres du couronnement donne à l'ensemble la stabilité nécessaire.

A l'origine, les piliers sont nus, sans signes d'aucune sorte. On y inscrit ensuite, en caractères figuratifs, l'histoire de l'érection du monument, comme nous l'avons fait nous-mêmes sur l'obélisque de Luksor de la place de la Concorde, à Paris.

Les portiques de Chichen-Itza.

Puis, au-dessus du pilier, on place un *abaque,* sorte de table de pierre[1]. L'abaque élève la façade, lui donne plus d'élégance et permet d'écarter les piliers, sans nécessiter l'emploi de pierres plus longues pour les linteaux qui ont déjà des proportions colossales, 4, 5 et jusqu'à 10 mètres.

1. Ἄβαξ, tablette.

# LES CONSTRUCTIONS EN PIERRE.

Peu à peu le pilier se transforme en colonne. La nature offre des modèles que l'on copie et que l'on perfectionne. D'abord prismatique, comme dans certaines grottes, elle devient ensuite cylindrique et repose sur un soubassement; l'abaque se modifie en chapiteau.

La porte ronde des anciennes constructions.

La voûte proprement dite n'existe encore nulle part; nulle part, dans les temps primitifs, on ne sait la construire par voussoirs. Les plus anciennes portes rondes sont taillées en plein dans un gigantesque monolithe ou dans des blocs superposés. On élève les murailles de manière à ce qu'à la rigueur on puisse après coup y découper des ouvertures circulaires. L'idéal paraît être de superposer des blocs énormes et de faire un plein-cintre d'un seul morceau. Petit à petit les pierres employées diminuent de grosseur; les pleins et les joints alternent; le manœuvre tend à se faire architecte; l'architecte vise à devenir ingénieur. C'est ainsi qu'ont été construites les portes rondes de Palenqué, d'Uxmal et du Pérou. Par leur forme, par leur construction, elles rappellent les ruines de l'architecture des Pélasges qui, sur le sol de la Grèce, remontent à un temps immémorial.

Porte en arc à encorbellement.

De même que les constructions primitives, les ruines Pélasgiques, attribuées aux Cyclopes, sont faites avec des blocs de pierres ajustées sans ciment. Les plus célèbres sont les enceintes des acropoles que les Pélasges avaient élevées sur le sommet

Voûte à claveau.

des montagnes. A Tirynthe, les murs de l'acropole ont plus de 7 mètres 1/2 d'épaisseur. Trois rangées parallèles de pierres, larges de plus de 1$^m$,50, laissent entre elles deux vastes

Porte cyclopéenne.

galeries. On se demande quelles mains ont pu remuer ces masses. A la partie supérieure, deux autres assises horizontales s'avancent l'une vers l'autre et se rencontrent au sommet, de façon à figurer à peu près un arc en mitre. Six ouvertures établissent une communication avec une construction placée dans l'enceinte de la citadelle.

Ruines de Tirynthe.

L'acropole de Mycènes date également d'une époque très-

Porte aux lions de Mycènes.

reculée. La *porte aux Lions* est formée par deux pierres servant de jambages et légèrement inclinées l'une vers l'autre. Une seule pierre forme le linteau au-dessus duquel sont sculptés les deux lions. Dans l'épaisseur des remparts, des galeries étaient ménagées. L'une d'elles ouvrait des débouchés sur une chaussée qu'on pourrait appeler le *chemin de ronde*. Sous les blocs superposés s'installaient, dans des chambres reliées par des galeries, les soldats de la garnison. On y établissait aussi les chevaux, les éléphants, le matériel de guerre, des magasins de toutes sortes, et, au-dessous, les citernes. Des fouilles récentes que nous avons faites en Afrique montrent que ce genre de fortification se continua jusqu'à la chute de la grande Carthage.

Près de l'acropole de Mycènes, est un autre édifice que les uns désignent sous le nom de *trésor d'Atrée* et que d'autres indiquent comme étant le tombeau d'Agamemnon. Au premier aspect, on dirait une voûte. Un examen plus attentif montre comment il est formé. Ce sont des assises horizontales superposées. L'assise supérieure fait saillie en avant de l'inférieure, de sorte que l'édifice devenant plus étroit à mesure qu'il s'élève, et les angles saillants étant abattus, l'intérieur a l'aspect d'une voûte. « Cette construction ressemble assez à une ruche. » Des clous de bronze, distribués à des hauteurs différentes, se voient sur toutes les parois... Une porte ménagée à l'intérieur de l'édifice donnait entrée dans un caveau taillé dans le roc.

Ces constructions cyclopéennes représentent une architectonique dont les révolutions du globe n'ont pu détruire la tradition.

# V

LA SCULPTURE ET L'ORNEMENTATION.

La première ornementation consiste en quelques dessins faits avec la pointe d'un silex. On en trace également avec des

Rochers gravés de l'Amérique du Nord.

pierres de couleur. Comme le temps et la pluie effacent les lignes de ces dessins, on les grave avec des burins et des ciseaux.

Ainsi nous sont parvenus les anciens signes figuratifs et les caractères hiératiques des premiers âges. Puis, on tente de

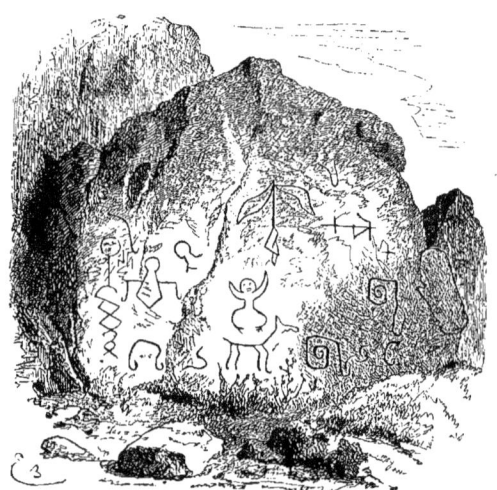

Rocher gravé de l'Amérique du Nord.

reproduire ces dessins et ces signes par le relief, au lieu de les tracer en creux; la sculpture prend naissance. Mais quelle

Fragment de bas-relief de la pyramide de Hachichalco.

sculpture! Des bourrelets de pierre figurent, tant bien que mal, les objets dont on veut transmettre l'image.

L'un des débris du bas-relief de la pyramide de Hachichalco

## LA SCULPTURE ET L'ORNEMENTATION.

rappelle les produits de cet art primitif. Il représente un chef accroupi, les jambes croisées. Une espèce de tiare, d'où s'échappe l'uréus, orne sa tête. Il tient à la main une autre tiare renversée; c'est un conquérant. Un cercle, dans lequel une croix est tracée, représente une ville, peut-être la ville vaincue. Sous le regard du vainqueur, un lapin, emblème de l'Ibérie. Le grand-chef porte des lunettes; il a la ceinture traditionnelle; un collier tombe sur sa poitrine.

Ce bas-relief est une page d'histoire, écrite dans une langue encore peu connue. Un vieux savant dont nous avons souvent parlé, le comte de Waldeck, y lisait le récit d'événements merveilleux. Il prétendait posséder le secret de l'interprétation de cette langue figurative. Nous laissons aux maîtres de l'avenir le soin d'apprécier la valeur des interprétations consignées dans ses notes encore inédites.

La difficulté qu'éprouvent les premiers artistes à travailler la pierre explique pourquoi la sculpture en relief, pratiquée sur le bloc, est précédée par un modelage fait, avec des spatules, sur une espèce de cartouche en stuc. On enchâsse ce cartouche dans la pierre, ou bien on le plaque, en avant de la construction, sur des treillages de bois dur. Le stuc est fait avec une poudre blanche mêlée au suc que donne l'écorce de certains arbres [1]. On retrouve dans cette composition les deux substances dont se servira la chimie moderne : le plâtre ou la poudre de marbre, et la gomme. — Dans les édifices péruviens, on voit encore de ces placages qui ont survécu aux révolutions géologiques et aux bouleversements humains. Les constructions contre lesquelles ils sont appliqués sont en pierres sèches et à joints incertains, signe des temps auxquels remontent ces édifices.

On ne se borne pas à modeler le stuc, de manière à en faire des revêtements ou à tracer des sculptures en relief : l'édifice ou l'une de ses parties prend la forme des animaux qui sont devenus les auxiliaires de l'homme ou qui sont restés ses ennemis. La gueule béante d'une espèce d'éléphant figure le portique. Ses longues défenses forment à la fois, sur les côtés, des ornements et des points d'appui. On arrive ainsi à

---

[1]. Diego de Landa.

l'intérieur du temple qui est pour ainsi dire creusé dans de vastes cubes de pierre superposés en gradins [1].

Modèle d'un édifice antique.

Ailleurs, c'est au frontispice d'un monument qu'une tête d'éléphant est sculptée. Peu à peu le dessin s'altère, s'écarte du modèle vivant que l'on a d'abord tenté de copier; les lignes architecturales se forment. La trompe devient un motif d'enroulements; la bouche adoucit son expression farouche; le coin des lèvres se courbe en demi-cercle; les yeux, les sourcils, deviennent autant de motifs d'ornements. Ce n'est plus la demeure du Dieu qui menace; c'est le temple de la divinité

---

[1]. On puisera des renseignements intéressants sur ces échantillons de l'architecture américaine dans l'ouvrage plusieurs fois cité, dû à la collaboration du comte de Waldeck et de l'abbé Brasseur de Bourbourg. On y trouve les dessins d'un certain nombre de modèles en terre cuite qui paraissent être des miniatures d'antiques édifices.

## LA SCULPTURE ET L'ORNEMENTATION.

qui protége. — L'Inde et la Chine nous offrent de nombreux spécimens d'emprunts faits à cette époque de la sculpture antique.

Le serpent, symbole de l'éternité et de l'énergie fécondante, est fréquemment représenté. Tantôt il se glisse, en ondulant, au bord d'un escalier dont il forme la rampe; tantôt il s'enroule en torons au-dessus d'un listel, ou bien il s'enlace avec un autre serpent et figure une espèce de caducée. De là sans doute l'origine de cet emblème dont les anciens font un symbole de paix et qu'ils donnent pour attribut à Mercure, médiateur entre les hommes et les Dieux.

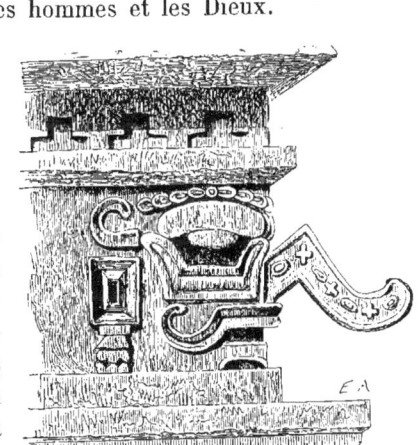
Tête d'éléphant au frontispice d'un temple.

Sur d'autres édifices, on représente un dragon. La gueule ouverte et armée d'un dard formidable est le symbole des volcans et des flammes qu'ils vomissent. La tête est hérissée d'aspérités, images des rochers qui couronnent les cratères [1]. Le corps est écailleux; les pieds sont munis de griffes. L'imagination de l'artiste s'évertue à semer l'épouvante.

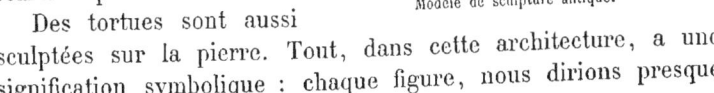
Modèle de sculpture antique.

Des tortues sont aussi sculptées sur la pierre. Tout, dans cette architecture, a une signification symbolique : chaque figure, nous dirions presque

[1]. L'abbé Brasseur.

chaque trait, est une énigme à déchiffrer. La tortue symbolisera l'étoile Wéga alors voisine du pôle, Wéga qui chemine lentement sur la voûte céleste, Wéga, soutien du monde, pivot du mouvement sidéral. La tortue est un emblème sacré. — De même les Gaëls placent au ciel l'animal qu'ils avaient eu à combattre à l'époque quaternaire : l'ourse, qui passe à leur zénith.

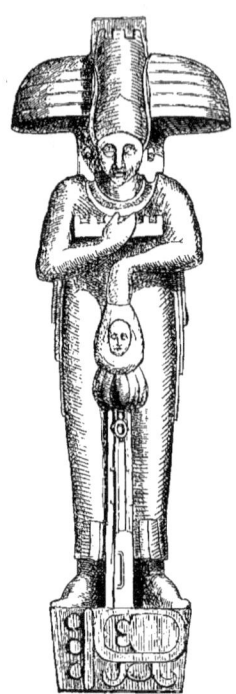

Caryatide de la crypte du temple de la Croix.

Un des plus curieux monuments que représente l'architecture antique est celui que les Espagnols, à l'époque de la conquête, appelèrent le *temple de la croix*. Il est placé sur une pyramide tronquée de 30 mètres de hauteur. Sur l'une des faces de la pyramide est taillé un gigantesque escalier qui conduit, avant d'arriver à l'édifice couronnant le sommet, à une porte monumentale donnant accès dans des cryptes. Le fronton de cette porte repose sur deux caryatides qui représentent, en demi-relief, deux personnages mythiques rappelant, par leur attitude et par leur forme, les modèles égyptiens. — Un *globe ailé* décore le couronnement.

Le *globe ailé*, symbole mystérieux, se retrouve, de ce côté de l'Océan, dans les antiquités égyptiennes; communauté d'emblèmes qui semble, une fois de plus, accuser les rapports qui existèrent jadis entre toutes les parties du monde. Plus on étudie la science archéologique, plus on arrive à cette conviction que le Nouveau-Monde n'a été qu'un monde longtemps perdu. Cette similitude, si manifeste dans les symboles, n'est, paraît-il, pas moins sensible dans le langage. L'abbé Brasseur de Bourbourg a laissé sur cette intéressante question des travaux du plus grand prix. Nous ne pouvons ici que citer son

LA SCULPTURE ET L'ORNEMENTATION.    301

autorité. Pour parler en notre nom, il faudrait posséder comme lui les anciennes langues américaines et, comme lui, pouvoir les comparer avec celles de l'ancien continent. Dans cet art délicat et compliqué, l'abbé Brasseur a été notre maître; mais il ne nous a pas été donné de pousser assez loin nos études,

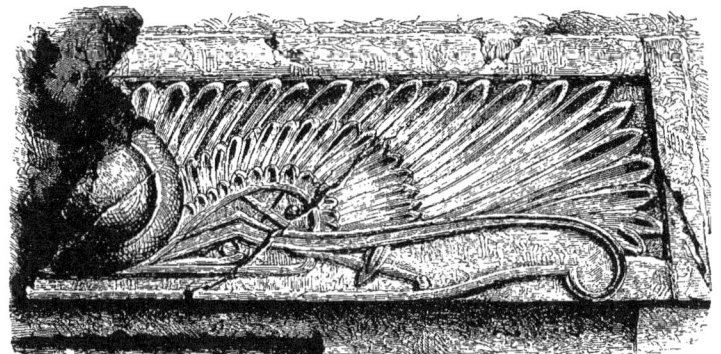

Le globe ailé du temple de la Croix.

sous sa direction savante et habile, pour qu'il nous soit permis de nous prononcer autrement qu'en invoquant son témoignage. D'autres, plus versés que nous dans cette science, pourront suivre, sur les textes qu'il explique, ses indications et ses rapprochements et les confirmer ou les contredire. Ce qui nous paraît certain, c'est que, si l'on s'en tient à la comparaison des monuments, on arrive à constater des ressemblances qu'il est bien difficile d'attribuer au hasard. Le hasard, disait avec raison Voltaire, n'est et ne peut être que la cause ignorée d'un effet connu [1].

La magnificence des édifices antiques fait songer aux merveilles du palais du Soleil décrit par Ovide : « Il s'élevait sur de hautes colonnes; l'or y étincelait de toutes parts avec le pyrope dont l'éclat égale celui du feu. Un ivoire pur en couvrait le faîte. L'argent rayonnait sur les portes à deux battants. La beauté du travail surpassait encore la richesse de la matière. Vulcain y avait gravé les mers qui entourent la terre comme une ceinture, puis la terre elle-même et le ciel qui est suspendu au-dessus. »

[1]. Voltaire. *Dictionnaire philosophique*. Athéisme.

Dans son sanctuaire, le temple renferme le bas-relief d'une croix gigantesque. Au pied de cette croix, deux grands-prêtres apportent des offrandes. Autour sont des cartouches hiéroglyphiques dont nul, jusqu'à ce jour, n'a pu trouver la signification.

Les ruines de cet édifice existent encore à Palenqué au milieu d'imposants débris. On en trouve le dessin dans la collection du comte de Waldeck, et plusieurs voyageurs en ont rapporté des photographies.

Si, après cette vue d'ensemble sur l'architecture antique, nous entrons dans le détail de l'ornementation, nous trouvons des dessins dont il ne serait pas impossible que l'art grec eût fait son profit. La *grecque,* par exemple, cet ornement composé d'une série de lignes droites qui reviennent sur elles-mêmes en formant toujours des angles de 90°, la *grecque* existe dans les frises de plusieurs monuments américains. Il en est de même des *oves* qui s'entremêlent de *postes* représentant des plumes; celles-ci remplacent les langues de serpent ou les feuilles d'acanthe de l'ornementation grecque.

La croix mexicaine.

Ce qu'on ne peut nier, c'est la ressemblance frappante de la sculpture américaine antique et de la sculpture égyptienne. Humboldt rapprochait avec raison « les Tescallis mexicains des temples égyptiens décrits par Hérodote. » Telle sculpture hiéroglyphique appuyée sur le serpent rappelle celle de Sésostris.

« A l'ouest de la pyramide du Soleil, à Teotihuacan, est une énorme tête monolithe, malheureusement fort endommagée, qui fait songer aux sphinx accroupis des plaines d'Egypte [1]. » Les hommes-singes, génies souterrains soumis par Hercule, auprès duquel ils jouent le rôle des satyres près de Bacchus, ont leurs images sculptées sur les monuments de l'Inde et du Mexique.

La même similitude existe dans les premiers essais d'*architecture polychrome*. Le tombeau d'un des premiers rois d'Égypte, à Thèbes, offre, d'après le récit d'un témoin oculaire, Hécutée, un échantillon de cette architecture imitée des plus anciens modèles :

L'homme-singe des monuments mexicains.

« L'entrée du tombeau est un vestibule fait de pierres de plusieurs couleurs. Sa longueur est de 200 pieds, et sa hauteur, de 45 coudées. Au sortir de là est un péristyle carré dont chaque côté a 400 pieds de long. Des animaux, chacun d'une seule pierre taillée à l'antique, de 16 coudées de haut, tiennent lieu de colonnes. Des pierres de 18 coudées ou 27 pieds en tous sens forment la largeur du plafond qui, dans toute son étendue, est semé d'étoiles sur fond bleu [2]. »

L'art ancien ne s'en tient pas là. Des statues polychromes ornaient les temples et les palais des cités atlantes.

La polychromie n'est pas seulement usitée, elle domine dans l'antiquité. Les plus anciens statuaires cherchent à donner aux yeux leur couleur, à l'œil, son éclat, aux lèvres, leur carmin, aux dents, leur blancheur. Le cou est le plus souvent orné d'un collier de pierreries ou d'un métal précieux; les reins sont entourés d'une ceinture d'or. La plupart des idoles sont polychromes. Chez les tribus sauvages, les images de la divinité sont de même peintes de couleurs voyantes.

La polychromie n'est pas moins fréquente dans les monuments que dans la sculpture. On entremêle les pierres de couleurs différentes pour donner plus d'éclat à l'édifice; si les matériaux

---

[1]. Comte de Waldeck.
[2]. Diodore. Liv. 1, § v.

dont on dispose sont de la même couleur, on les peint en tout ou en partie. Cet usage antique est, quoi qu'on en ait dit, si général, si consacré, qu'on en retrouve la tradition (le témoignage des historiens ne laisse aucun doute à cet égard) chez

Modèle d'architecture polychrome antique.

les Perses, chez les Assyriens, chez les Babyloniens. On sait que ces peuples se plaisaient à décorer leurs temples et leurs monuments des couleurs les plus éclatantes.

L'architecture polychrome, telle qu'elle dut exister dans les temps reculés, a sa représentation chez les Arabes et chez les Indiens. Le dessin que nous plaçons sous les yeux du lecteur peut en donner une idée. Le seul changement apporté à l'édifice auquel nous l'empruntons est le remplacement de l'arceau arabe et indien moderne, avec ses voussoirs en pierres noires et rouges, par la mitre à encorbellement. — Cette similitude, entre les monuments de deux âges très-éloignés l'un de l'autre, étonnera moins, si l'on veut bien se rappeler que l'ornementation dite arabe est berbère, et que les Berbères sont regardés par quelques savants comme des descendants de la race atlante. Leur langue, disent ces savants, n'a aucun rapport avec les idiomes sémitiques ou indo-celtiques; elle se rapproche, au contraire, de la langue parlée par les Guanches des Cana-

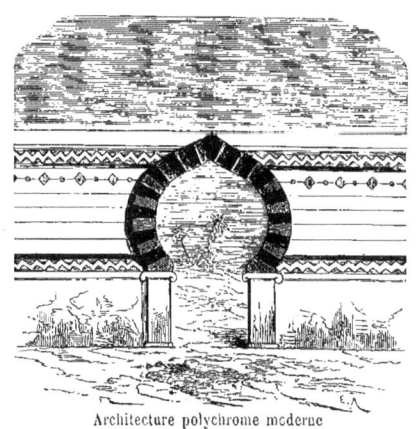

Architecture polychrome moderne

ries, enfants de la race échappée par miracle à l'effondrement de l'Atlantide. Les Numides, aïeux des Berbères actuels, avaient également conservé de leurs ancêtres l'habileté métallurgique des Atlantes.

La polychromie, qui s'est perpétuée sans interruption chez certains peuples, s'est transmise, avec des alternatives diverses, presque partout. En Egypte, en Asie, en Grèce, à Rome, au moyen âge, et jusqu'à notre époque, la polychromie architectonique et plastique s'est continuée [1]. Quelques archéologues, la regardant comme une chose barbare, se refusent à admettre que les artistes helléniques l'aient pratiquée. Il faut cependant se rendre à l'évidence. Pausanias parle de statues peintes; Pline et Vitruve donnent des indications analogues. Les faits sont là pour l'attester : les monuments élevés durant les plus beaux siècles de l'art grec ont été des édifices polychromes. « Toutes les parties du temple étaient détachées par une teinte différente qui rendait encore plus sensible le but de chaque membre d'architecture et qui rehaussait la beauté de l'ornementation, surtout celle des sculptures. Les frises, le fond des frontons, les

[1]. Hittorff, de l'Institut.

moulures, les corniches, etc., étaient animés par des enduits colorants, harmonieusement disposés. Dans les chapiteaux, des couleurs éclatantes détachaient les feuilles des fruits et les côtes des tiges. L'or se mariait avec les couleurs, pour faire ressortir les palmettes, les méandres, les perles, ainsi que les moulures lisses. Quand le monument était de marbre, les substances colorantes s'appliquaient sans aucun intermédiaire. Quand il était de pierre, une légère couche de stuc ou de quelque autre enduit préparait la place qu'elles devaient occuper.

» A l'exemple des Grecs, les Romains cultivèrent la polychromie. Les artistes chrétiens du moyen âge en tirèrent également parti, surtout pendant la période romane et les premiers siècles de la période ogivale. »

Un grand architecte contemporain, Hittorff, a réhabilité de nos jours cet art calomnié. Les spécimens dont il a doté notre Paris moderne, en reproduisant quelques-unes des pratiques de l'art grec, reportent la pensée aux temps les plus reculés de la polychromie.

# VI

LA SCIENCE DES ANCIENS.

Nous avons vu comment on mesurait l'espace; il n'était pas moins utile de savoir mesurer le temps.

La durée du jour offrait une unité naturelle; on s'en servit. La lune, qu'on adorait, accomplissait ses phases en 4 fois 7 jours. On prit cette durée, le *mois lunaire*, pour unité fondamentale, et d'un certain nombre de mois lunaires on fit l'unité supérieure, l'année.

La marche apparente du soleil règle les saisons. On se servit aussi de l'*année solaire* qu'on fit égale au temps qui s'écoule entre l'instant où une étoile, le soleil et la terre sont en ligne droite, et celui où ces trois astres sont de nouveau dans la même position.

Cette année, dite *sidérale*, est plus longue que l'*année tropique* ou *équinoxiale* au bout de laquelle le soleil revient au même tropique ou au même équinoxe, ce qui ramène dans le même ordre le cours successif des saisons. La *précession des équinoxes*, ou, pour mieux dire, la *rétrogradation des points équinoxiaux* qui marchent pour ainsi dire au-devant du soleil, diminue en effet la longueur du chemin que cet astre semble parcourir. Les anciens ne connaissaient probablement pas ce phénomème dont on attribue la première observation à Hipparque (182 av. J.-C.), et dont Newton a reconnu la véritable cause; mais tel était leur esprit d'observation qu'ils arrivaient, par d'ingénieuses corrections, à éviter, jusqu'à un certain point, les inconvénients des *années erratiques* qui eussent promené le printemps à travers toutes les saisons.

L'homme antédiluvien connut donc deux sortes d'années : les années lunaires et les années solaires. On peut se faire une idée des difficultés qu'il eut à surmonter, pour les faire concorder, en jetant les yeux sur les expédients employés, afin d'arriver au même but, dans les temps qui suivirent.

Les Grecs avaient adopté une année de 360 jours, composée de 12 mois de 30 jours chacun. Ayant observé que, d'un côté, la révolution de la lune n'était pas exactement de 30 jours, et que, de l'autre, l'année de 360 jours retardait sur l'année solaire, de telle sorte que les saisons ne tombaient plus dans les mêmes mois, ils cherchèrent à y remédier. Ils formèrent pour cela des mois ayant alternativement 29 et 30 jours, ce qui donnait une année de 354 jours. « Pour mettre cette année en harmonie avec l'année solaire, on ajoutait, tous les deux ans, à la fin du dernier mois, un mois supplémentaire de 30 jours nommé *Posidéon* 2$^e$; ce qui faisait une période de 25 mois lunaires ou de 738 jours. On nomma le cycle de 2 ans la *diétéride* (2 fois l'année). La diétéride ne redressait pas entièrement les erreurs et ne rétablissait pas encore l'égalité entre l'année lunaire et l'année solaire : elle avait 6 h. 21 m. de moins que 25 révolutions de la lune et 7 jours 12 heures 22 minutes de plus que 2 années solaires. Après plusieurs essais de correction, on forma, vers le v$^e$ siècle avant J.-C., un cycle nommé *octaétéride* ou période de 8 années. Supposant l'année solaire de 365 jours 1/4, et l'année lunaire de 354 jours,

8 années solaires = 2922 jours;
8 années lunaires = 2832 jours.

« La différence était donc, au bout de 8 ans, de 90 jours, dont on pouvait faire trois mois de 30 jours. Si donc dans l'espace de 8 années lunaires on intercale ces 3 mois, la totalité sera la même que celle des 8 années solaires. On répartit ces 3 mois dans les 8 années : le 1$^{er}$, au bout de la 3$^e$; le 2$^e$ au bout de la 5$^e$; le 3$^e$, au bout de la 8$^e$; en sorte que ces 3 années avaient chacune 13 mois au lieu de 12, et 384 jours, au lieu 354 [1]. »

Cet exemple fait comprendre la peine que durent se donner les premiers astrologues, afin d'établir, entre les unités employées pour la mesure du temps, une concordance nécessaire.

Le plus grand d'entre eux, disent les traditions indiennes, fut Atlas, roi des temps fabuleux, né d'Uranus. Il enseigna l'évaluation du temps et découvrit la plupart des phénomènes astronomiques enregistrés par les Brahmanes. Les dénominations des principales constellations, difficiles à expliquer sous le ciel des Indes ou de l'Egypte, s'interprètent en effet avec une grande simplicité dans les pays sur lesquels il régna.

Plus attentifs que les peuples auxquels ils transmirent leurs découvertes, les astrologues de l'Occident mettaient leurs observations ou leurs fictions en concordance avec leur ciel. Leurs successeurs, regardant ces symboles comme immuables, quoique le phénomène de la précession des équinoxes amenât d'autres cieux au-dessus de leur tête, gravèrent ces symboles sur leurs monuments. Grossière et précieuse erreur à laquelle nous devons des zodiaques qui se seraient sans doute perdus sans cela!

« Plus tard, la mythologie grecque mêla ses inventions aux symboles et aux allégories dont les Indiens et les Egyptiens avaient enveloppé les connaissances célestes qu'ils avaient acquises, ou que leur avaient enseignées des maîtres antérieurs. Après des siècles de guerre et de dévastation qui avaient interrompu la tradition des connaissances mystérieuses recueillies par les corporations sacrées, les figures et les caractères hiéroglyphiques qui, dans les temples, représentaient l'état du ciel lors de leur édification, ne se rapportent plus aux phénomènes, ni à leur signification primitive. Leurs ignorants gardiens ne pouvant plus interpréter ces allégories, l'imagination païenne leur applique ses fables et ses explications. Ainsi la gerbe d'épis que tenait la Druidesse, symbole de la moisson, devint la chevelure de Bérénice. Le lion qui annonçait les chaleurs, fut le lion de Némée terrassé par Hercule. Les 12 constellations

---

[1]. Bouillet, *Dictionnaire universel des sciences, des lettres et des arts*.

zodiacales représentèrent de même les 12 travaux de ce demidieu et non plus les époques et les circonstances de l'agriculture, quand le soleil parcourait ces constellations dans les temps antérieurs. Les levers ainsi que les couchers des constellations, indiqués par des signes précédant ou suivant une autre figure, furent expliqués par des enlèvements ou des descentes aux enfers, etc., etc [1]. »

Un renseignement fourni par Zoroastre permet, en quelque sorte, de toucher du doigt le point du globe où durent se faire les premières observations. Zoroastre tient ses doctrines astronomiques d'un pays où la durée du plus long jour de l'été est double de celle du jour le plus court de l'hiver. Or, à la latitude de Paris, le plus grand jour est d'environ 16 heures et le plus court, de 8. Que faut-il en conclure? La civilisation n'a pu venir des régions asiatiques situées à cette latitude. Qui pourrait admettre que le berceau des sciences fut la Tartarie? Tournons les yeux vers l'occident.

Les Gaëls, qui furent instruits par les Atlantes, paraissent avoir eu des connaissances scientifiques dont on ne peut s'empêcher de s'étonner. Quand ils parlent des planètes, ils comparent l'espace intermédiaire à des tons musicaux; les astres, disent-ils, exécutent en décrivant leurs orbes des accords harmoniques. « Sur chaque sphère, d'après Platon, il y a une sirène qui, par ses chants, fait les délices des dieux! » Certains nombres, calculés par eux, se retrouvent dans les cycles institués par Manou et par Zoroastre. Tel est celui de 12000 ans qui, périodiquement, doit être suivi d'une révolution terrestre. Nombre mystérieux qu'on retrouve indiqué, dans tous les temps, jusqu'à notre époque même. Les partisans du système de M. Adhemar y voient une période génésiaque qui correspond aux débâcles polaires à la suite desquelles se renouvelle la face du globe.

Calculateurs et astronomes appartiennent à la caste sacerdotale, caste initiée aux secrets des dieux. Le grand Être lui a tout révélé. Elle est en communication perpétuelle avec le feu, parcelle du Soleil, auquel il sert de messager. De là, les fêtes

---

[1] Guyménér.

instituées en l'honneur de cet astre. Elles se célèbrent en allumant de grands feux, aux époques des Solstices et des Équinoxes. Les Phéniciens ont de même leurs fêtes des saisons. Chez eux, le feu sacré s'allume en frottant deux bâtons l'un sur l'autre; *antique usage venu des missionnaires atlantes.*

Il serait curieux de passer en revue toutes les idées religieuses de ces temps et de rechercher la signification des principaux emblèmes. Le Soleil est l'énergie universelle, la puissance fécondante. Ailleurs, la même pensée a pour emblème le *serpent*. Le culte du serpent existe dès l'âge de terre, associé à celui du Soleil. Nous le retrouvons à Palenqué. Le serpent a sa place dans le ciel, où il est diamétralement opposé à un autre emblème de la force génératrice, le *taureau*.

L'univers était peuplé, par l'imagination des premiers hommes, d'une infinité de puissances occultes, les unes bonnes, les autres mauvaises, dont il fallait s'assurer la protection ou calmer la colère. Comment se les concilier ou apaiser leur courroux? On s'ouvre les veines pour arroser de sang les idoles; ce n'est point assez. La meilleure offrande est la plus pure : le couteau du sacrificateur va chercher jusque dans la poitrine de l'homme le cœur d'une victime agréable aux dieux.

# VII

### L'ATLANTIDE DE PLATON.

Plus d'une fois, dans le cours de cette étude, nous avons parlé d'une race puissante qui, avant le déluge, peupla les îles de l'océan Atlantique, parvint à un haut degré de civilisation, envoya au loin ses colonies et transmit, à travers les âges, ses traditions et ses coutumes.

Un des maîtres de l'antiquité parle longuement de cette race. Platon (c'est de lui qu'il s'agit) ne nous en affirme pas seulement l'existence, il nous en décrit les institutions et les mœurs et nous donne jusqu'à la date des temps où elle vécut. Cette date nous fait remonter à près de 11,500 ans, c'est-à-dire à plus de 6,000 ans avant le déluge.

« Un jour, dit-il dans le Timée, Solon s'entretenant avec les prêtres de Saïs sur l'histoire des temps reculés, l'un d'eux lui dit :

— O Solon, vous autres Grecs, vous êtes toujours des enfants. Il n'en est pas un seul parmi vous qui ne soit novice dans la science de l'antiquité. Vous ignorez ce que fit la génération de héros dont vous êtes la faible postérité... Ce que je vais vous raconter remonte à 9,000 ans.

» Nos fastes rapportent comment Athènes détruisit une puissante armée qui, partie de l'Océan atlantique, envahissait insolemment et l'Europe et l'Asie. On pouvait alors traverser cet Océan, car il s'y trouvait une île, située en face du détroit que vous appelez dans votre langue les colonnes d'Hercule. Cette île était plus grande que la Libye et l'Asie réunies ensemble. Les navigateurs passaient de là sur d'autres îles et, de celles-ci, sur le continent qui borde une mer vraiment digne de ce nom. Car, pour tout ce qui est en-deçà du détroit dont nous avons parlé, on dirait un port dont l'entrée est étroite; tandis que le reste est une véritable mer, de même que la terre qui l'entoure a tous les titres pour être appelée un continent.

» Or, dans ces *îles atlantides,* des rois avaient formé une grande et merveilleuse puissance qui dominait sur l'île entière, sur beaucoup d'autres îles, et jusque sur plusieurs parties du continent. De plus, dans nos contrées, en deçà du détroit, ils étaient maîtres de la Libye jusqu'à l'Égypte, et de l'Europe, jusqu'à la Tyrrhénie.

» Cette vaste puissance, réunissant toutes ses forces, entreprit un jour d'asservir, d'un seul coup, notre pays, le vôtre, et tous les peuples situés de ce côté du détroit.

» C'est dans ces conjonctures, ô Solon, que votre ville fit éclater à tous les regards son courage et sa force. Elle l'emportait sur tous les peuples voisins par sa magnanimité comme par son habileté dans les arts de la guerre. A la tête des Grecs d'abord, puis seule par la défection de ses alliés, elle brava les plus grands dangers, triompha des envahisseurs, dressa des trophées, préserva de l'esclavage des peuples qui n'étaient pas encore asservis, et, pour les autres, situés ainsi que nous en deçà des colonnes d'Hercule, elle les rendit à la liberté!

» Dans les temps qui suivirent, il survint des tremblements de terre, des inondations; et, en un seul jour, en une seule nuit fatale, tout ce qu'il y avait de guerriers chez vous fut englouti dans la terre entr'ouverte. »

Dans le Critias, Platon fait la peinture des coutumes et des institutions des deux races dont il n'a fait jusque-là qu'indiquer l'existence et déterminer l'âge : il décrit leurs temples, leurs forteresses, leurs villes, leurs ports de mer, leur religion et leur gouvernement; merveilleux tableau dans lequel on retrouve des coutumes communes à l'ancien et au nouveau continent. Il s'excuse, quand il parle des Atlantes, de ne pas donner aux choses les noms mêmes qu'elles portaient dans la langue de ces peuples, comme les Égyptiens l'avaient fait à Solon; mais il ajoute, et ce point est digne de remarque, que la traduction grecque *conserve la signification primitive*.

« Vulcain et Minerve ont présidé, dit-il, aux destinées des premières tribus helléniques. Les divinités protectrices des races Atlantes sont Neptune et Clito, Atlas et Saturne.

» La postérité d'Atlas demeura toujours en honneur. Le plus âgé était roi et transmettait son autorité au plus âgé de ses fils, de sorte qu'ils conservèrent le pouvoir pendant de longues années. Telle était l'immensité des richesses dont ils étaient possesseurs, qu'aucune maison royale n'en a jamais possédé et n'en possédera jamais davantage...

» Bien des choses étaient importées du dehors, grâce à leur puissance; mais l'île produisait la plupart de celles qui sont nécessaires à la vie, et d'abord, les métaux solides ou fusibles [1]; et celui-là même dont nous n'avons plus que le nom, mais qui existait alors et qu'on extrayait de mille endroits de l'île, l'orichalque, le plus précieux après l'or [2]. Tous les matériaux dont les arts ont besoin, l'île les fournissait en abondance.

» Elle nourrissait aussi beaucoup d'animaux sauvages ou apprivoisés. Les éléphants y étaient nombreux... Ces animaux y trouvaient tous largement leur pâture; et ceux qui vivent dans les marais, les lacs et les fleuves, et ceux qui habitent les montagnes ou les plaines, et l'éléphant comme les autres, malgré sa taille et sa voracité [3].

» Outre cela, tous les parfums que la terre donne aujourd'hui en quelque lieu que ce soit, racines, herbes, plantes, sucs distillés par les fleurs ou les fruits, l'île les produisait. De plus,

---

1. N'est-ce pas liquides, ou en fusion naturelle, qu'il faudrait dire? Ne serait-il pas là question du mercure?
2. L'orichalque semble avoir été, d'après cela, un alliage naturel. Les documents mexicains affirment le même fait pour le guânin.
3. Il est digne de remarque que Platon place l'éléphant dans ces contrées disparues. Les annales américaines font de même. Chez les Cares, l'éléphant est un animal sacré.

les fruits mous et les fruits durs dont nous nous servons pour notre nourriture, tous ceux dont nous faisons des mets et ce que nous appelons généralement des légumes, ces fruits ligneux qui nous fournissent à la fois des breuvages, des aliments, des parfums, ces fruits à écorce, dont les enfants se font un jeu, et qu'il est si difficile de conserver, ceux que nous offrons au dessert, pour réjouir l'estomac rassasié et fatigué, l'Atlantide, qui avait autrefois sa place au soleil, produisait toutes ces merveilles, tous ces trésors en nombre innombrable.

» Mettant donc en usage toutes ces richesses de leur sol, les habitants construisirent des temples, des palais, des ports, des bassins pour les vaisseaux, et embellirent l'île entière dans l'ordre suivant.

» Ils jetèrent des ponts sur les fossés circulaires que la mer emplissait et qui entouraient l'ancienne métropole, mettant ainsi en communication la demeure royale et le reste de l'île. Ce palais, ils l'avaient élevé dès l'origine, aux lieux mêmes habités jadis par le Dieu et par leurs ancêtres. Les rois, en se le transmettant, ne cessaient d'ajouter de nouveaux embellissements aux anciens. Chacun d'eux faisait tous ses efforts pour laisser loin derrière lui ses prédécesseurs, de sorte que l'on ne pouvait, sans être frappé d'admiration, contempler tant de grandeur et de beauté.

» Ils creusèrent, à partir de la mer, un canal de 3 arpents de largeur, de cent pieds de profondeur et d'une longueur de 50 stades, qui aboutissait à l'enceinte extérieure; ils firent en sorte que les vaisseaux qui viendraient de la mer pussent y entrer comme dans un port, en ménageant une embouchure où les plus grands pouvaient se mouvoir sans peine. Dans les enceintes de terre qui séparaient les enceintes de mer, en face des ponts, ils ouvrirent des tranchées assez larges pour livrer passage à une trirème et unirent leurs bords par des toiles, de façon que les navires les traversaient à couvert, car les enceintes de terre s'élevaient fort au-dessus du niveau de la mer. La plus grande enceinte, celle qui correspondait directement avec la mer, était large de 3 stades, et l'enceinte de terre contiguë avait les mêmes dimensions. Des deux enceintes suivantes, celle de la mer était large de 2 stades et celle de terre avait les mêmes dimensions que la précédente. Enfin l'enceinte qui entourait immédiatement l'île intérieure était large d'un stade seulement.

» Quant à l'île intérieure elle-même, où s'élevait le palais du Roi, son diamètre était de 5 stades. Le pourtour de cette île, les enceintes, le port, de 3 arpents de largeur, ils revêtirent tout cela d'un mur de pierres. Ils construisirent des tours et des portes à la tête des ponts et à l'entrée des voûtes sous lesquelles passait la mer.

» Pour mener à fin ces divers ouvrages, ils taillèrent, tout autour de l'île intérieure et de chaque côté des enceintes, des pierres, les unes blanches, les autres noires et d'autres rouges. En taillant çà et là, ils creusèrent à l'intérieur de l'île, deux bassins profonds, avec la roche même pour toiture. Parmi ces constructions, les unes étaient toutes simples; les autres, formées de plusieurs espèces de pierres, pour le plaisir des yeux, présentaient l'aspect le plus agréable.

» Ils recouvrirent d'airain, en guise d'enduit, le mur de l'enceinte extérieure, dans tout son parcours; d'étain, la 2ᵉ enceinte; et l'acropole elle-même, d'orichalque, aux reflets de feu. Enfin, voici comment ils avaient construit le palais des Rois, dans l'intérieur de l'Acropole.

» Au milieu s'élevait le temple consacré à Clito et à Neptune; lieu redoutable, entouré d'une muraille d'or, où ils avaient autrefois engendré et mis au jour les dix chefs des dynasties royales. C'est là que l'on venait chaque année des dix provinces ou nômes de l'Empire offrir à ces deux divinités les prémices des fruits de la terre. Le temple, réduit à lui-même avait un stade de longueur, trois arpents de largeur, et une hauteur proportionnelle. Il y avait dans son aspect quelque chose de barbare. Tout l'extérieur était revêtu d'argent, sauf les extrémités, qui étaient d'or. Au dedans, la voûte, tout entière en ivoire, était ornée d'or, d'argent et d'orichalque. Les murs, les colonnes, les pavages étaient recouverts d'ivoire. On voyait des statues d'or et particulièrement le Dieu, debout sur son char, conduisant six coursiers ailés, et si grand que sa tête touchait la voûte du temple. Autour de lui, cent Néréides étaient assises sur des dauphins. (On croyait alors qu'elles étaient au nombre de cent). Un grand nombre de statues, offertes par des particuliers, s'ajoutaient à celles-ci. Tout autour du temple, se dressaient les statues d'or de toutes les Reines et de tous les Rois descendant des dix enfants de Neptune, ainsi que les offrandes des rois et des particuliers, soit de la ville, soit des pays étrangers soumis à l'obéissance. Par la grandeur et par le travail, l'autel était digne de ces merveilles.

» Le palais des Rois, répondait à la grandeur et à la puissance de l'Empire, à la splendeur du temple.

» Deux sources, l'une froide et l'autre chaude, abondantes et intarissables, donnaient, par la vertu et l'agrément de leurs eaux, satisfaction à tous les besoins.

» On trouvait, aux environs des maisons, les arbres qui aiment l'humidité; des bassins, les uns à ciel ouvert, les autres couverts d'une toiture, pour les bains chauds, dans l'hiver. Ici, ceux des rois; là, ceux des particuliers; ailleurs, ceux des femmes; puis d'autres encore pour les chevaux et, en général, les bêtes de somme; tous, ornés et décorés selon leur destination.

» L'eau qui sortait de là allait arroser le bois de Neptune, où des arbres, d'une grandeur et d'une beauté en quelque sorte divines, s'élevaient sur un terrain gras et fertile. Elle se rendait ensuite dans les enceintes extérieures, par des aqueducs creusés dans la direction des ponts.

» De nombreux temples, consacrés aux divinités, de nombreux jardins, des gymnases pour les hommes, des hippodromes pour les chevaux, avaient été construits sur chacune des enceintes qui formaient comme autant d'îles. Il y avait surtout, au milieu de la plus grande de ces îles, un hippodrome large d'un stade. Il faisait le tour de l'enceinte et livrait aux chevaux et à la lutte une vaste carrière.

» A droite et à gauche étaient des casernes destinées à la plus grande partie de l'armée. Les troupes qui inspiraient plus de confiance que les autres logeaient dans la plus petite des enceintes voisine de l'acropole. Celles dont le dévouement était assuré demeuraient dans l'acropole même, auprès des Rois.

» Les bassins pour les navires étaient pleins de trirèmes et de tous les appareils qu'elles nécessitent. Rien ne manquait; tout était dans un ordre parfait.

» Ainsi étaient disposées les choses autour du palais des Rois.

» Au delà et en dehors des trois ports, un mur circulaire commençait à la mer, suivait la plus vaste enceinte et le plus vaste port à une distance de 50 stades et revenait au même point former l'embouchure du canal, située dans la mer. Des multitudes d'habitations se pressaient les unes contre les autres dans cet intervalle. Le canal et le port principal regorgeaient d'embarcations et de marchands venus de toutes les parties du monde, et de cette foule s'échappait, jour et nuit, un bruit de voix et un tumulte continuels.

» Il faut maintenant essayer d'exposer ce que la nature avait fait pour le reste du pays, et ce que l'art y avait ajouté d'embellissements.

» D'abord, le sol était, dit-on, fort élevé au-dessus du niveau de la mer et les bords de l'île étaient coupés à pic [1]. Tout autour de la ville s'étendait une plaine environnée de montagnes se prolongeant jusqu'à la mer. Cette plaine était uniforme, ayant d'un côté 3,000 stades, et de la mer au centre, plus de 2,000 (124 lieues sur 83). Cette partie de l'île regardait le midi et n'avait rien à craindre des vents du nord [2]. On citait les montagnes qui lui formaient une ceinture. Sans égales aujourd'hui pour le nombre, la grandeur et la beauté, elles renfermaient de riches et populeux villages, des fleuves, des lacs, des prairies, où les animaux sauvages et les animaux domestiques trouvaient une abondante nourriture; de nombreuses et vastes forêts, où les arts puisaient des matériaux de toute espèce pour des ouvrages de toute sorte.

» Telle était cette plaine, grâce aux bienfaits de la nature et aux travaux d'un grand nombre de Rois, pendant une longue série de siècles. Elle avait la forme d'un quadrangle droit et allongé [3], et si elle s'en écartait en quelque endroit, on avait corrigé cette irrégularité en traçant le canal qui l'entourait.

---

1. La hauteur des falaises explique la profondeur des canaux.
2. La distance des îles du Cap-Vert aux Canaries, du N. au S., est de 250 lieues. Il y a la même distance des Canaries aux Açores.
3. Les documents mexicains lui prêtent la même forme et la nomment la *grande terre carrée*, pour la distinguer des autres.

Quant à la profondeur, à la largeur et à la longueur de ce fossé, il est difficile de croire ce qu'on en raconte, quand il s'agit d'un travail fait de main d'homme et qu'on le compare aux autres ouvrages du même genre. Je dois cependant répéter ce que j'ai entendu dire.

» Il était creusé à la profondeur d'un arpent et avait un stade de largeur. Tracé tout autour de la plaine, il n'avait pas moins de 10,000 stades de longueur. Il recevait tous les cours d'eau qui se précipitaient des montagnes, entourait la plaine, aboutissait par ses deux extrémités à la ville et allait communiquer avec la mer. Du bord supérieur de ce fossé partaient des tranchées de 100 pieds de large qui coupaient la plaine en ligne droite et retournaient au fossé dans le voisinage de la mer. Elles étaient distantes les unes des autres de 100 stades. Pour transporter par eau les bois des montagnes et les produits de chaque saison, ils avaient fait communiquer les tranchées entre elles et avec la ville, au moyen de canaux creusés transversalement[1]. Notez que la terre donnait deux récoltes par an, parce qu'elle était arrosée, l'hiver, par les pluies de Jupiter, et fécondée, l'été, par l'eau des tranchées.

» Le nombre des soldats que devaient fournir les habitants de la plaine en état de porter les armes avait été fixé ainsi qu'il suit : chaque division territoriale devait élire un chef. Or, chaque division avait une étendue de 100 stades, et il y avait 60,000 de ces divisions. Quant aux habitants des montagnes et des autres parties du pays, la tradition rapporte qu'ils étaient en nombre infini, distribués suivant les districts ou les villages, par divisions semblables, chacune ayant un chef.

» Le chef devait fournir en temps de guerre :

» La 6ᵉ partie d'un char de guerre (de manière qu'il y en eût 10,000); deux chevaux avec leurs cavaliers; un attelage de deux chevaux, sans char; un combattant armé d'un petit bouclier; un cavalier pour conduire deux chevaux; des fantassins pesamment armés; deux archers et deux frondeurs; trois soldats

---

[1]. Les documents mexicains ne donnent pas tous ces renseignements; mais ils disent que la *grande terre carrée* était entourée et coupée de canaux communiquant avec la mer et en faisant en quelque sorte partie.

armés de pierres et trois armés de javelots; quatre marins pour la flotte, qui comprenait de 1,200 navires.

» Telle était l'organisation des forces militaires dans la capitale. Pour les neuf autres royaumes ou provinces, chacune avait la sienne; il serait trop long d'en parler.

» En ce qui concerne le gouvernement et l'autorité, voici quel fut l'ordre établi dès le principe. — Chacun des dix rois, dans la province qui lui était départie et dans la ville où il résidait, avait tout pouvoir sur les hommes et sur la plupart des lois, infligeant les peines, et même la mort, au gré de sa volonté. Quant au gouvernement général et aux rapports des rois entre eux, les ordres de Neptune étaient leur règle. Ces ordres leur avaient été transmis dans la loi souveraine. Les premiers d'entre eux l'avaient gravée sur une colonne d'orichalque élevée au milieu de l'île, dans le temple du Dieu.

» Les dix rois se réunissaient successivement la 5ᵉ année et la 6ᵉ, en alternant les nombres pairs et impairs. Dans ces assemblées, ils discutaient les intérêts publics; ils recherchaient si quelque infraction à la loi avait été commise et ils rendaient des jugements [1]. Alors, voici comment ils se donnaient mutuellement leur foi.

» On lâchait des taureaux dans le temple de Neptune. Les dix rois, laissés seuls, priaient le Dieu de choisir la victime qui lui serait agréable et se mettaient à les pourchasser sans autres armes que des pieux et des cordes. Lorsqu'ils avaient pris un taureau, ils le conduisaient vers la colonne consacrée et l'égorgeaient à son sommet, conformément aux prescriptions.

» Outre les lois, on avait inscrit, sur cette colonne, un serment redoutable et des imprécations contre quiconque les violerait. Le sacrifice accompli, les membres du taureau consacrés suivant les lois, les rois versaient goutte à goute du sang de la victime dans une coupe, jetaient le reste au feu et purifiaient la colonne. Puisant ensuite dans la coupe, avec des

---

[1]. Il est curieux de rapprocher ce passage d'un fragment des traditions américaines transmises par l'abbé Brasseur : « L'empire de Xibalda, disent ces traditions, était jadis gouverné par deux rois, juges suprêmes de l'empire. Ils avaient sous leurs ordres dix autres rois, toujours nommés deux par deux, souverains chacun d'un grand royaume, et formant entre eux une sorte de conseil. Peu à peu, ils étendirent leur domination sur le monde entier. Mais une inondation soudaine arriva, et ils disparurent tous. »

flacons d'or, et répandant une partie du contenu dans les flammes, ils juraient de juger selon les lois écrites, de punir quiconque les aurait enfreintes, de les observer de tout leur pouvoir, de ne gouverner eux-mêmes et de n'obéir à celui qui gouvernait qu'en conformité des lois de leurs pères.

» Après avoir prononcé ces prières et ces promesses pour eux et leurs descendants, après avoir bu ce qui restait dans les flacons et les avoir déposés dans le temple du Dieu, ils se préparaient aux repas et autres cérémonies nécessaires.

» Les ombres venues, le feu du sacrifice consumé, après avoir revêtu des robes azurées de toute beauté, s'être assis à terre auprès des derniers vestiges du sacrifice, la nuit, le feu partout éteint dans le temple, ils rendaient leurs jugements et les subissaient, si quelqu'un d'entre eux avait violé les lois. Ayant rendu leurs jugements, ils les inscrivaient, au retour de la lumière, sur une table d'or, et les suspendaient avec les robes aux murs du temple, comme des souvenirs et des avertissements.

» Il y avait en outre un grand nombre de lois particulières, relatives aux attributions de chacun des dix rois. Les principales étaient :

De ne point porter les armes les uns contre les autres;

De se prêter main forte, dans le cas où l'un d'eux aurait entrepris de chasser l'une des races royales de ses États;

De délibérer en commun, à l'exemple de leurs ancêtres, sur la guerre et les autres démarches importantes, en laissant le commandement suprême à la race d'Atlas. »

Platon ajoute que, pendant un grand nombre de générations, tant que les rois et les peuples atlantes se conformèrent aux lois de l'équité, l'âge d'or régna parmi eux. Mais, à la longue, leur puissance les enivra; les vices inhérents à l'humanité prirent le dessus; ils dégénérèrent.

« Alors, le Dieu des Dieux, Jupiter, qui gouverne selon la justice, dont les regards discernent partout le bien et le mal, apercevant la dépravation d'une race naguère si généreuse et voulant la châtier... assembla tous les Dieux... Et l'Atlantide disparut sous la mer!

» C'est pourquoi, aujourd'hui encore, on ne peut ni parcourir ni exploiter cette mer, la navigation trouvant un obstacle insurmontable dans la quantité de vase que les terres ont déposée en s'abîmant. »

Voilà ce qu'écrivait Platon il y a plus de vingt-deux siècles! Il est difficile d'entrer dans plus de détails sur la vie d'un peuple. Les mœurs, les coutumes religieuses, les institutions politiques, les arts, le commerce, l'industrie, tout y est décrit avec une merveilleuse précision.

# VIII

L'ATLANTIDE DEVANT LA SCIENCE.

L'histoire abonde en récits de villes qui s'affaissent, d'îles qui disparaissent ou émergent, de terres qui s'abîment sous les eaux.

Le Grand Océan était jadis occupé par une terre immense dont les îles Havaï, les Marquises, la Nouvelle-Zélande, etc. représentent les cimes [1]. De même, il exista autrefois, dans l'océan Atlantique, un vaste continent dont les Açores et les Antilles sont les points culminants.

Mais, il ne suffit pas d'établir qu'une catastrophe a pu engloutir les îles de l'Atlantique; cherchons à démontrer que ces îles ont existé, et, pour cela, consultons les auteurs de tous les temps.

Proclus, qui eut Plutarque pour maître et qui fut versé dans la science de l'antiquité, dit, dans son commentaire du Timée : Les historiens qui parlent de la mer extérieure (l'océan Atlantique), racontent que, de leur temps, il y avait sept îles consacrées à Proserpine, et trois autres, d'une immense étendue, dont la première était consacrée à Pluton, la deuxième à Ammon et la troisième à Neptune. Les habitants de cette dernière conser-

---

1. Dumont d'Urville.

vaient, de leurs ancêtres, la mémoire d'une île extrêmement grande, l'Atlantide, qui exerça, pendant un long espace de temps, sa domination sur toutes les îles de l'Océan, et qui était également consacrée à Neptune.

Bunsen, dont le monde savant consulte la vaste érudition, regarde, après bien des considérations, le récit de Platon comme un fait historique, bien qu'il cherche à en atténuer les conséquences.

Bailly reconnaît au même récit tous les caractères de la vérité; il admet l'existence d'un peuple disparu auquel il faut rapporter une antique civilisation : « La preuve que Platon a raconté et non imaginé, dit-il, c'est que Homère, venu six siècles avant lui, Homère, versé dans la connaissance de la géographie et des mœurs étrangères a parlé, dans l'Odyssée, des Atlantes et de leurs îles... Le nom du peuple atlante retentit chez tous les écrivains de l'antiquité. »

Humboldt, qui n'est point crédule, dit à son tour : « Ce mythe désigne l'époque d'une guerre de peuples qui vivaient hors des colonnes d'Hercule, contre ceux qui sont à l'est. C'est une irruption de l'ouest... Dans la Méropide de Théopompe et dans la terre Saturnienne de Plutarque, nous voyons, comme dans l'Atlantide, un continent en comparaison duquel notre oïcoumène n'est qu'une petite île... La liberté avec laquelle Platon, surtout dans le Critias, traite le sujet de l'Atlantide a rendu douteux le rapport de tout ce mythe avec Solon... Mais la vie de Solon par Plutarque semble rendre au grand législateur d'Athènes le poëme dont on voudrait nier l'existence. Le biographe nous dit, en effet, que Solon conféra avec les prêtres Psenophis et Souchis, d'Héliopolis et de Saïs, desquels il apprit le mythe de l'Atlantide qu'il essaya, ainsi que l'affirme Platon, de mettre en vers et de publier en Grèce. »

Ce n'est pas tout. Platon dit que la plaine de la grande île atlante était carrée; les documents mexicains l'affirment également : la forme symbolique sous laquelle on la représente dans les emblèmes hiéroglyphiques est un siége carré. Un personnage mythique y est assis; à droite, un lion, l'Afrique; à gauche, un tigre ou une panthère, l'Amérique.

Après les hommes, laissons parler la terre.

Interrogeons d'abord les fossiles amassés dans les collections des deux mondes.

Ils nous enseignent que la flore actuelle des Etats-Unis et la flore miocène de l'Europe centrale, flore que nous aurions encore, sans les perturbations qui ont produit sur notre continent les milieux pliocène et quaternaire, offrent entre elles une similitude frappante. Dans nos terrains moyens de la période tertiaire, on trouve des plantes de l'Amérique du Nord : tulipiers, robiniers, pacanes, magnoliás, cyprès de la Louisiane, etc., etc [1]. On est ainsi conduit à admettre l'existence d'un continent qui aurait servi de trait d'union entre l'ancien et le nouveau monde.

La faune n'est pas moins concluante. Le mastodonte, qui caractérise notre période tertiaire moyenne et dont les os se rencontrent dans toute l'Europe centrale, existe également en Amérique. On en a trouvé dans l'Ohio, à côté de têtes de lances et de haches de pierre. Il y eut donc communication zoologique entre les deux continents.

Les dépôts lacustres, qui couvrent l'occident de la péninsule ibérique sur une surface de 150,000 kilomètres, semblent, de leur côté, attester mieux encore. Des fleuves immenses, venant du nord-ouest, auraient versé leurs eaux dans ce vaste bassin. « De tels fleuves supposent eux-mêmes de grands continents qu'on ne peut d'ailleurs, dans cette reconstitution du passé de notre hémisphère, que placer vers le nord-ouest. Au nord, les roches anciennes des Pyrénées; à l'ouest, les granites et les gneiss des monts Carpentaniques, les massifs siluriens de la Sierra-Morena, les monts Lusitaniques, de Salamanque et de Villefranche, barraient déjà le chemin aux eaux douces. Au sud et à l'ouest, les dépôts tertiaires marins d'Andalousie et de Murcie, de Valence et de Catalogne formaient les bords d'une Méditerranée où s'allaient jeter les eaux des lacs. Reste le nord-ouest, où se trouvait sans doute, entre l'Espagne, l'Irlande et les États-Unis, le continent qui fit un pont aux migrations plus ou moins lentes des plantes, des animaux et de l'homme lui-même, à l'époque tertiaire, vers les terres américaines [2]. »

La mer elle-même, par ses bas-fonds, révèle, sinon cette

1. Heer. *Flora tertiaria Helvetiæ*
2. Hamy

jonction de l'une des terres atlantes avec l'Espagne, au moins l'étendue de l'effondrement. Humboldt estime la superficie de la mer de Sargasse à six fois celle de la France. « Les anciens qui tentèrent l'aventure près de ces parages ont tous été saisis d'effroi, à l'aspect de cette eau semi-liquide et semi-végétale. Hérodote, Pindare, Platon, Pline, Strabon, Eschyle, Denys d'Halicarnasse sont unanimes à ce sujet. D'énormes couches de plantes marines et de boue entravaient la navigation au sortir des colonnes d'Hercule. Des algues gigantesques saisissaient les embarcations, et des milliers d'écueils à fleur d'eau les entouraient. Aristote nous parle de navires de Gadès qui, dévoyés par un vent impétueux, arrivèrent à un endroit couvert de champs d'herbes submergés pendant la marée et à découvert lors du reflux. On dirait, écrit le grand naturaliste, des rives affaissées; et, parmi ces prairies flottantes, venaient s'ébattre les thons et mille poissons. Scylax de Caryandie, dans son *périple*, n'oublie pas de parler de ces bancs de varechs qui rendaient la navigation impossible à partir de Cerné. Théophraste admire, en vrai botaniste, la forme et la taille de ces algues. Avienus, qui avait à sa disposition les récits de nombreux voyages phéniciens, s'étend sur ces obstacles, et Platon y fait allusion en nous disant que, du temps de l'Atlantide, la mer était navigable...

» Cet état s'est modifié peu à peu, et les courants océaniques, après avoir entraîné une énorme quantité de terre à peine immergée, se frayèrent un cours plus calme. Quelques îlots, échappés à l'effondrement général, durent disparaître après coup, et, pendant des siècles, le déblaiement de ces couches sédimentaires donna à l'Atlantique un aspect tout à fait caractéristique. On ne saurait attribuer une autre cause aux immenses bancs des îles Lucayes et de Terre-Neuve...

» La chute de l'Atlantide, qui fut si subite, semble donc se continuer lentement et les bas-fonds subir une certaine transformation. Non-seulement les herbes y sont beaucoup moins abondantes, mais les anciennes cartes du xvie et du xviie siècle indiquent, entre les Bermudes et les Açores, une suite de rochers dont les navigateurs modernes n'ont pas trouvé trace. Il en est de même entre les îles du Cap Vert et les Antilles. Ces deux séries de récifs délimitaient nettement, sur ces vieilles cartes, la mer de Sargasse, et, bien que les Espagnols qui s'y hasardèrent en 1802 prétendirent y avoir encore rencontré plusieurs brisants, il n'en est pas moins vrai que leur nombre est aujourd'hui singulièrement diminué. Les anciens écueils ne sont plus indiqués que par le cours du Gulf-Stream qui les contourne exactement [1]. »

Le travail souterrain n'est pas terminé; il se manifeste encore par de violentes secousses. Évidemment le fond de l'Océan, dans ces parages, est le siége de bouleversements qui se continuent. La pensée du marin qui ressent ces commotions mystérieuses se reporte aux temps où, mille ans avant notre ère, Hannon côtoyait une terre d'où sortaient des torrents de lave qui retombaient tumultueusement dans la mer [2].

S'il était permis d'ajouter à ces preuves le souvenir d'une antique légende, nous rappellerions le mythe des Amakonas :

En ce temps-là, dit cette légende, le fond de la mer était un pays nommé Kassipi, terre si féconde, qu'une année, les greniers étant pleins, on sabla les chemins avec des grains de maïs. Cependant, une affreuse disette désolait les contrées voisines, et les habitants de Kassipi refusaient de leur venir en aide. Mouloukou, le Dieu bon, en fut irrité et résolut de les punir. Il envoya des démons dans le pays. Mais Kassipi s'entendit avec les démons, et Mouloukou ensevelit le pays sous la mer. Les Esprits malfaisants sont encore sous les eaux qu'ils secouent au-dessus de leurs demeures.

L'existence d'un continent disparu ne se reconnaît pas seulement aux végétaux qu'il a produits, aux animaux qui l'ont peuplé, aux bas-fonds qu'il a donnés en s'affaissant ou aux pics qui en figurent les cimes. Sur ce continent, un peuple a existé; il a eu sa civilisation et ses mœurs, son outillage et son armement, son industrie, sa vie en un mot. S'il a été grand, il s'est répandu au dehors, il a, pour ainsi dire, essaimé et laissé, dans ses colonies, le souvenir et la trace de son passage; autre genre de diagnostic, non moins certain que celui qu'on peut tirer de l'observation des roches, de la flore et de la faune.

1. Roisel. *Les Atlantes*.
2. Voyage d'Hannon.

Dans le Yucatan, antique terre couverte de tant de ruines, dans toute l'Amérique centrale, bien des coutumes, disent les traditions, ont pour berceau l'Orient. Les documents mexicains tracent l'itinéraire qu'elles ont suivi. Lizana et Torquemala, ces documents à la main, affirment qu'elles vinrent de Cuba et des grandes îles orientales de l'Océan. Mes aïeux, disait Montezuma à ses bourreaux, n'étaient pas originaires de ce pays, mais d'une île située du côté du Levant! Aztlan, patrie primitive des Aztèques, a, comme l'indique son signe hiéroglyphique, l'eau pour origine. « C'est du milieu des mers que vint s'y établir une puissante colonie. »

D'un autre côté, en Europe, les Gaëls, les Scandinaves, les Égyptiens, accusent, par des monuments et des usages qu'on retrouve en Amérique, l'influence atlante. Les Égyptiens entre autres gardent un souvenir vivace de la mère-patrie. Ils disaient que leurs âmes iraient reposer, près de celles de leurs aïeux, dans la grande terre occidentale, et, pour ce long voyage, ils se représentaient naviguant sur des barques funéraires.

Les îles inter-océaniques furent à la fois un foyer d'où la civilisation rayonna sur les deux mondes et un pont jeté sur la mer pour les mettre en communication. En Europe et en Amérique, sauf des modifications imposées par la persistance du génie particulier des races primitives, on retrouve la preuve d'antiques relations. Mêmes modes de sépulture, des tumuli; même armement primitif, des haches et des pointes de flèches en silex, d'abord naturelles, puis taillées par éclats, puis polies; mêmes métaux ou mêmes alliages succédant à la pierre : l'or, l'argent, le cuivre, l'airain, le bronze. A chaque instant, dans le cours de cette étude, nous avons signalé les rapports qui existent entre l'armement, l'outillage, l'architecture, l'art militaire, la navigation, les institutions et les croyances des deux continents. La similitude s'étend jusqu'aux signes hiéroglyphiques; nous avons donné plusieurs spécimens qui en témoignent. La pierre découverte près de Tawnston river, pierre plus ancienne que le cours actuel du fleuve et couverte de figures symboliques, nous fournit un argument de plus. Les savants qui l'ont étudiée affirment que les caractères qui y sont gravés sont ceux dont se servent encore les Touaregs, dans le Sahara!

# CHAPITRE V

LA CATASTROPHE.

I

OROGRAPHIE ANTÉDILUVIENNE.

Depuis plus de quarante siècles (c'est le chiffre qu'indique de Humboldt d'après le manuscrit du Vatican [1]), la terre jouissait d'un calme relatif. Il y avait bien eu, il y avait bien encore çà et là des mouvements d'exhaussement et d'affaissement, des oscillations, des tressaillements du sol, des éruptions volcaniques, mais ces phénomènes, localisés dans certaines contrées, n'altéraient plus sensiblement, si ce n'est dans quelques détails, la configuration du globe. On pouvait croire apaisée, « la fureur des divinités malfaisantes. »

De vastes territoires s'étendaient vers l'ouest. « Nous tous, dit Platon, qui remplissons l'espace compris entre le Phase et les colonnes d'Hercule, nous ne possédons qu'une partie de la terre, groupés autour de la mer Méditerranée comme des fourmis ou des grenouilles autour d'un marais [2]. »

L'observateur qui aurait pris pour poste l'isthme qui devait être un jour le détroit de Gibraltar, digue naturelle séparant l'un des bassins méditerranéens de l'étroit bras de mer situé au

---

[1] Humboldt. *Monuments des peuples indigènes de l'Amérique.* Pedro de los Rios, religieux dominicain, copia sur les lieux, chez les Indiens de Cholula, en 1566, toutes les peintures hiéroglyphiques qu'il put se procurer.

[2] *Le Phédon.*

pied des pentes ibères, aurait aperçu, au milieu des lignes que dessinaient à l'horizon les côtes des îles, la silhouette onduleuse de la terre des Rouges [1]. Près de là, une vallée courait d'est en ouest, limitée par deux chaînes de montagnes s'écartant et s'élevant progressivement, à mesure qu'elles s'éloignaient des frontières de l'Ibérie [2]; vallée immense aux débris de laquelle une cité, plus tard célèbre, Gadès, devait donner son nom. Elle était richement cultivée, semée de villes et de villages groupés dans la vallée même, sur les versants et jusque sur les cimes « où affleuraient les métaux. »

Vers le nord, de l'autre côté de la chaîne septentrionale, le golfe d'Œstrymnis [3] découpait ses contours. Au sud de la chaîne méridionale, le lac Triton baignait les côtes occidentales de la Libye.

La vallée, en s'avançant vers l'ouest, s'étendait en une vaste plaine. Puis brusquement les montagnes, par un double coude, s'élançaient vers le septentrion et vers le midi. La chaîne du nord se bifurquait et projetait un de ses rameaux vers le cap Finistère d'Espagne, tandis que l'autre, celle du sud, courait vers l'Equateur. Aux sommets des angles, s'élevaient des pics gigantesques.

Par ses cratères, la chaîne méridionale, dont les cimes n'avaient pas moins de 6000 mètres (le pic le plus élevé du mont Blanc n'en a guère plus de 4,800), lançait des gerbes de roches en fusion. Tel était le volcan Ma-Daïra.

En suivant cette chaîne, on arrivait à un autre groupe de montagnes se rapprochant des côtes de la Libye. Là, se trouvaient des pics plus hauts encore; ils ouvraient leurs cratères à près de 8000 mètres. C'était, disait-on, le séjour favori de Vulcain et de ses cyclopes [4], l'ardente fournaise dans laquelle se préparaient les foudres du père des dieux; c'était Atlas, fils de la terre, portant le ciel sur ses épaules.

1. Hérodote, Diodore, Pomponius Mela, Plutarque, etc.
2. L'étymologie d'*Iberia* paraît se trouver dans un mot des langues mortes Indo-mexicaines, *Ibuera*, « berceau des êtres de la grande vie. »
3. Festus Avienus, Pomponius Mela.
4. Les Canaries, le pic de Ténériffe. — Les auteurs anciens disent aussi que les Cyclopes habitaient la Sicile ou Lemnos, où ils travaillaient, comme forgerons, sous les ordres de Vulcain.

A 80 lieues environ, vers les rives libyennes, dominée par de hautes falaises, une mer étroite, aux ondes agitées, livrait un passage entre le golfe Tritonide et l'Océan. En face, sur le littoral libyen, d'autres montagnes. Dans l'imagination des anciens, la passe était une néréide enchaînée entre deux Titans, ses gardiens.

Aux pieds du Géant atlante était une ville opulente, entourée d'un territoire d'une fertilité proverbiale, renommée pour la félicité et la sagesse de ses habitants, Nysa, nourrice de Bacchus, patrie de Minerve et de Silène. Là, coulaient les flots d'un vin généreux. La ville donnait son nom au détroit : les portes Nyséennes.

« Nysa, dit Thymœtès, qui parcourut ce séjour fortuné, est située dans une île formée par la mer Triton. Elle est prodigieusement escarpée de tous côtés, et l'on ne peut y entrer que par un passage étroit qu'on nomme les portes Nyséennes. L'île est féconde; il y a d'agréables prairies et des jardins délicieux arrosés d'eaux vives. Elle est couverte d'arbres de toute espèce et de vignes qui viennent d'elles-mêmes. Il y règne un vent frais qui la rend extrêmement saine; aussi ceux qui l'habitent vivent beaucoup plus longtemps que leurs voisins.

» On trouve d'abord une vallée étroite, remplie de grands arbres si touffus qu'ils ne laissent aucun passage aux rayons du soleil; on s'y conduit comme par un faux jour. La vallée est entrecoupée par des sources d'une eau excellente qui invite les passants à s'arrêter en ce lieu.

» On trouve ensuite une caverne de forme ronde, d'une beauté et d'une grandeur extraordinaires. Elle est couverte d'une voûte naturelle fort élevée, dont les pierres brillent des nuances les plus éclatantes, comme le pourpre, le bleu et autres semblables. Chaque pierre a sa couleur et l'on ne saurait en imaginer aucune qui ne s'y rencontre. A l'entrée de cette caverne, de grands arbres étendent leurs rameaux, les uns portant des fruits; les autres, stériles, mais toujours verts, comme s'ils se trouvaient là pour le plaisir de la vue. Ces arbres abritent les nids d'un grand nombre d'oiseaux remarquables par la rareté de leur plumage et par la douceur de leurs chants dont l'agréable mélange surpasse l'art et les accords de la musique humaine.

Plus avant, la caverne est entièrement découverte et reçoit les rayons du soleil. Il y croît une infinité d'espèces de plantes, mais surtout la canelle et plusieurs autres dont l'odeur ne se perd jamais. Le sol de cette grotte semble former des lits faits de toutes sortes de fleurs, non par la main des hommes, mais par les soins de la nature... Impossible de voir dans l'île une fleur flétrie ou une feuille tombée. C'est pourquoi, outre le plaisir des yeux, on y a toute l'année celui de l'odorat [1]. »

Le voyageur qui parle ainsi, Thymœtès le Pélasge, décrit ensuite une série d'éruptions volcaniques qui eurent lieu en Phrygie [2], au mont Taurus; en Phénicie, où une partie des forêts du Liban fut incendiée; en Afrique, et, au delà de la mer et de l'Afrique, en occident, sur les monts Kérauniens. L'éruption y causa, dit-il, tant de ravages, qu'une partie des habitants émigrèrent dans des contrées lointaines; cela remonte à bien des siècles. Depuis ce temps, les terres se sont repeuplées et leur fertilité est devenue aussi grande qu'auparavant. Le volcan qui a ravagé l'île est nommé Œgidos, et la chaîne de montagnes, couronnée de cratères depuis l'isthme de Gibraltar, Keraunès [3], c'est-à-dire monts de la foudre... Les versants étaient semés de pierres de foudre, pyrites ou sulfures de fer radiés faisant feu sous le briquet. On les utilisait pour orner les poteries et pour faire des pointes de lances, des pointes de flèches, et des haches en grande réputation.

Une mer étroite, sorte de canal maritime, séparait la vallée Gaditane du continent. D'un point élevé, le regard embrassait un majestueux horizon. En face, une terre immense, aux falaises abruptes, fertile, cultivée, prodigieusement populeuse. Les directions des chaînes de montagnes lui avaient donné la forme d'un triangle irrégulier dont la base, au sud, avait 850 lieues, et la hauteur, du nord au midi, 1400 [4].

Cette contrée n'était pas uniformément plane; elle était coupée, à intervalles inégaux, par les contre-forts des montagnes princi-

---

1. Hérodote, liv. II, § CXLVI, place aussi Nysa au delà de l'Egypte et de l'Afrique. Plusieurs villes antiques ont porté ce nom de Nysa.
2. De Φρύγω, je brûle.
3. De Κεραυνός, foudre.
4. Sondages du *Challenger*.

palcs. Des bras de mer de diverses largeurs la morcelaient. Les chaînes secondaires, s'effaçant pour ainsi dire devant les reliefs des grandes masses, rompaient à peine l'uniformité de l'espace qui s'étendait à perte de vue. On eût dit un géant couché dans la mer, les jambes écartées, la tête au pôle, le buste au Groënland, le pied gauche sur l'Afrique, et le pied droit sur l'Amérique du Sud, l'Équateur lui servant d'escabeau.

Thymœtès nomme la jambe gauche « la chaîne Kéraunienne; » l'autre, était la chaîne du Tollan. Celle-ci descendait vers le sud, pour aboutir, sous l'Équateur, au continent américain, où elle se soudait aux monts de Tumucuraqua, près de l'embouchure du fleuve des Amazones. La chaîne du Tollan était double, presque dans toute sa longueur, et produite par deux soulèvements parallèles. Le plus rapproché des Amériques s'interrompait tout à coup; les deux lignes s'écartaient vers les Antilles; de là, des plaines inégales d'étendue et de niveau. Parmi les points culminants, un, remarquable entre tous, atteignait une hauteur prodigieuse [1]. Ses volcans vomissaient des torrents de flammes, et leur existence s'annonçait, à de grandes distances, par de sourds grondements.

A l'ouest, commençaient les plaines formées par l'interruption de la chaîne américaine, plaines bizarrement découpées par les contre-forts. Elles s'étendaient dans la direction du continent (Floride, Caroline). Un canal maritime, aux eaux chaudes, les en séparait. Le canal rejoignait l'Océan du nord, dont la forme d'ensemble, découpée par les dentelures des terres, ressemblait à une grande main.

L'autre chaîne faisait un coude, comme celle du nord, et se hérissait de pics. L'un d'eux avait plus de 4500 mètres de hauteur. Il dominait un magnifique amphithéâtre formé par le retour de la chaîne; vaste cirque de 500 lieues de rayon, qui s'étendait jusqu'à l'Amérique du Sud, à la latitude des Guyanes.

Aux deux tiers à peu près de cette plaine demi-circulaire, apparaissait encore une série de hauteurs. A leur place, disaient les anciens, il y avait autrefois quatre ouvertures, gouffres immenses d'une incalculable profondeur, et ayant plusieurs

---

[1]. Documents américains traduits par l'abbé Brasseur.

kilomètres de diamètre. Par ces soupiraux, s'échappaient tantôt des tourbillons d'une chaleur intense, tantôt des éjections, des flots tumultueux, des boues noires et bouillantes. Du fond de ces abîmes, quatre montagnes s'élevèrent ensuite, lançant dans les airs des blocs de grès et des torrents de lave dont les Antilles sont des débris.

La mer du Mexique n'était pas alors ce qu'elle est de nos jours. Plus étendue au nord, beaucoup moins au sud, elle doit sa forme actuelle à une convulsion dont le pôle fut, dit-on, le siége. Une formidable débâcle de glaces, partie de ce point, semble s'être arrêtée sur le bassin du Mississipi, refoulant les eaux marines qui, par les terres basses, se seraient écoulées dans l'Océan [1].

Mais qui nous dit que ce panorama de l'Océan avant le déluge n'est pas un mirage de l'imagination? La mer n'a-t-elle pas enseveli sous ses eaux le secret des mondes disparus?

Vers le commencement du xvi° siècle, deux voyageurs exploraient le pied du Vésuve, un moine et un étudiant. Le moine décrivait à son jeune compagnon une éruption du volcan. Tout à coup, il se tut.

— Qu'avez-vous, mon père, dit le jeune homme? Quelle pensée suspend votre discours?

— Enfant, répondit le vieillard, je suis du pays où l'on ne voit pas seulement avec les yeux, mais avec la pensée; du pays où l'on devine et où l'on croit. Regarde le sol que tu foules aux pieds; il n'est plus le même que tout à l'heure; la cendre se mêle à la lave et s'étend en couches profondes. Qui sait si elle ne cache pas quelque ville ensevelie avec ses palais et ses temples?

— Les pentes de la montagne suivent leur cours vers la mer, dit l'étudiant; nul n'a interrogé la terre en ces lieux. D'où vous vient cette vision?

— Tu as raison, enfant, reprit le moine en continuant sa route; passons... J'ai rêvé...

A cette place on a retrouvé Pompeï.

Nous avons, pour restituer la configuration des terres atlantes,

[1]. Le Méropide de Théopompe. Le Popol-Vuh. Cicéron.

Les ruines sous-marines.

autre chose que l'intuition vague du vieux moine. Nous avons les allusions fréquentes des légendes, des chants populaires et des antiques annales; les signes que la science contemporaine a su interpréter sur les monuments américains; la tradition qui parle, quand l'histoire se tait. Nous avons mieux encore : les reliefs de la mer donnés par les sondages du *Challenger* qui a relevé les inflexions du sol au fond des eaux, ses montagnes, ses vallées et ses plaines. Les divinités marines ont pu se bâtir des palais, avec les ruines englouties.

## II

LA GRANDE ILE.

Après avoir fait émerger du fond de l'Océan les reliefs des terres disparues, essayons de restituer la plus importante de ces terres, la *grande île,* et sa capitale, *Menès,* patrie des Dieux et mère des Rois.

« Il faut savoir, dit Las Casas, en parlant des anciennes tribus indiennes et de leur extrême antiquité, il faut savoir que, dans toutes ces contrées et ailleurs, entre autres professions et gens qui en avaient la charge, était l'état de chroniqueurs et d'historiens. Ils avaient la connaissance des origines et de toutes choses, touchant la religion, les dieux, le culte, comme aussi les fondateurs des villes et des cités. Ils savaient comment avaient commencé les rois et les royaumes...; quelles avaient été les coutumes antiques et les premières populations, les changements, les cataclysmes, et tout ce qui appartient à l'histoire, afin qu'il y eût mémoire et raison des choses passées.

» Ces chroniqueurs tenaient le comput des jours, des mois et des années. Quoiqu'ils n'eussent pas une écriture comme nous, ils avaient toutefois leurs figures et caractères, à l'aide desquels ils disaient ce qu'ils voulaient. De cette manière, ils avaient leurs grands livres, composés avec un art si ingénieux et si habile, que nous pouvons dire que nos lettres ne leur furent pas d'une grande utilité. Nos religieux ont vu ces livres; j'en ai vu moi-même, bien qu'il y en ait eu beaucoup de brûlés... Le métier de chroniqueur composait une profession qui passait de père en fils et qui était très-estimée [1]. »

C'était alors le plus grand, dit le P. Lizana, qu'on prenait pour chef. « D'où je crois que c'est ce qui arriva dans la loi naturelle et ce qui se continua longtemps après le déluge, jusqu'à ce que la tyrannie eut donné lieu à ce qu'il existât des Rois et des chefs qui assujettirent les familles, fondant des royaumes auxquels ils donnèrent ce nom [2]. »

Diego de Landa fournit des renseignements empruntés aux traditions auxquelles font allusion des hiéroglyphes dont on ne saurait fixer la date, tant ils remontent loin dans la nuit des temps.

Diodore, parmi les anciens, nous prête encore une fois son secours. Les détails qu'il nous transmet sont puisés aux sources mêmes, s'il est vrai, comme il l'affirme, qu'ils viennent d'un voyageur qui visita les terres atlantes [3].

Des coutumes contemporaines aident de leur côté à retrouver la vie primitive. Rien ne se perd en ce monde; certains usages se sont à peine transformés. Quelques exemples peuvent en fournir la preuve :

| | |
|---|---|
| Autrefois, en Amérique, les hommes et les femmes se teignaient le corps et le visage. — A la guerre, dans leurs excursions, ils se reconnaissaient de cette manière. | Aujourd'hui, en Afrique, les tribus se tatouent le corps et le visage et se reconnaissent à ce signe. |
| La plupart des femmes avaient pour vêtement un sac ouvert sur les côtés et fermé sur les hanches par une ceinture. | Tel est encore le vêtement des femmes africaines dans les tribus. |

---

1. *Histoire des Indes occidentales. Popol-Vuh.*
2. *Historia de Yucatan i conquista espiritual*, 1660.
3. Diodore. Liv. V, § 1.

| | |
|---|---|
| Les prêtres exerçaient une grande influence et accompagnaient les guerriers dans leurs expéditions. | Les imans, les kadis ont de même une grande autorité sur les tribus qu'elles accompagnent à la guerre. |
| Par excès d'ascétisme, il n'était pas rare que l'on se mutilât. | Les peuples orientaux et les Berbères ont conservé le même usage dans les zawonias. |
| Le corps sacerdotal et la noblesse guerrière formaient des classes privilégiées, héréditaires. | Le corps sacerdotal et la noblesse de grande tente, dans les tribus du nord de l'Afrique, composent des classes privilégiées, héréditaires. |
| L'année était lunaire. | La lune sert à mesurer le cours du temps. |
| Durant le mois de jeûne, une lune entière, on s'abstenait de boire et de manger pendant le jour; on éteignait les feux. | Le jeûne des arabes rappelle ces antiques coutumes. |
| Le vainqueur coupait les têtes de ses ennemis et s'en faisait des trophées. | Les guerriers des tribus coupent les têtes des vaincus et s'en font un trophée. |
| Après un meurtre, volontaire ou non, on pouvait racheter le sang versé par un marché amiable; sinon, il y avait peine du talion. | Après un meurtre volontaire ou non, on rachète le sang versé par un marché amiable avec les parents du défunt, qui ont, sans cela, le droit de tuer le meurtrier. |

L'analogie, mieux que cela, très-souvent l'identité des coutumes montre quelles ressources offre à l'historien des premiers âges l'examen attentif de la vie des tribus actuelles, sur les deux continents. Le présent prête ainsi son aide au passé.

Les terres atlantes dont nous avons rapidement esquissé les grandes lignes, les plaines, les vallées immenses, n'étaient pas continues; elles étaient entrecoupées par des mers étroites, peu profondes, sortes de canaux naturels utilisés par les indigènes. A ce réseau providentiel s'ajoutait un réseau fait de main d'homme, voies navigables, de largeurs diverses, communiquant entre elles et avec les mers; de telle sorte que partout, de nord en sud comme d'est en ouest, un nombre infini de vaisseaux, de galères, de pirogues, de radeaux, circulaient à travers les terres, transportant les produits de l'une dans l'autre et répandant la richesse sur tous les points [1]. De petits golfes, des anses, des criques, des baies ouvertes, des caps escarpés, servaient d'abri à la multitude des navires.

Sur les pentes et jusqu'aux sommets des pics, au milieu de forêts profondes, toute une population travaillait à dépouiller le sous-sol de ses richesses, métaux et pierres précieuses. Les villages étaient tantôt situés à mi-côte, tantôt perchés, comme des nids d'aigles, aux faîtes des escarpements. D'autres étaient étagés en gradins, sur des roches en saillie, ou étouffés dans des gorges dont les parois dépassaient les nues. Là, se préparaient les métaux arrachés aux entrailles de la montagne; là, grouillaient des êtres misérables qui remuaient des trésors. Mineurs et forgerons, hommes et femmes, étaient vêtus, quand ils étaient vêtus, de lambeaux de peaux et de débris d'étoffes. Un homme commandait au nom du maître, armé du fouet ou du bâton, poussant devant lui, sans pitié, ces troupeaux de condamnés et d'esclaves. Véritable enfer de l'humanité vivante!

Dans d'autres lieux, sur des lignes de niveau qu'il était dangereux de franchir, la vue se reposait au spectacle du travail respecté, presque honoré. Ici, plus de parias, des artisans. On faisait du charbon; on préparait le minerai; on fondait les métaux; on martelait, sur des enclumes de pierre, les plaques qui devaient servir au revêtement des palais et des temples; on façonnait des instruments d'airain ou de bronze, des armures d'or et d'argent pour les chefs et les rois; on fabriquait pour eux des meubles enrichis de pierreries; on construisait pour les prêtres des autels, des trépieds, des tables de sacrifice, des vases précieux et des trônes. Les marteaux résonnaient sur les enclumes; les burins en silex criaient en fouillant les ornements des bijoux, bracelets, anneaux de jambe, colliers et pendants d'oreilles, ou des sculptures sur les monuments qui devaient transmettre l'histoire de la tribu. Dans des moules de sable fin,

---

1. Documents américains. — Platon.

on coulait les images de divinités monstrueuses dont on s'explique avec peine le culte au milieu d'une civilisation aussi avancée!

Les profondeurs des forêts étaient peuplées de bêtes fauves et de reptiles appartenant encore à la vieille faune; de troupeaux d'éléphants errant à la lisière des bois; de ruminants gigantesques; d'oiseaux écailleux et « d'hommes à quatre

L'oiseau écailleux des temps antiques.

mains. » Les guerriers s'aventuraient dans quelques-unes de ces forêts, à travers les lianes, s'exerçant par la chasse aux périls de la guerre; tandis que les bûcherons abattaient de grands arbres « vieux comme le monde, » les ébranchaient et les précipitaient, comme des avalanches, vers la plaine d'où les canaux les emportaient dans les chantiers.

Sur le littoral, on se livrait à la pêche, car on vivait surtout de poisson[1]; on ramassait des coquillages; on élevait le bétail; on construisait des navires; on échangeait les produits du travail, etc., etc.

L'ensemble des pays ainsi peuplés formait sept îles principales; « en tout dix terres, îles ou royaumes, si l'on y comprend

---

1. Diodore. Liv. V, § 1.

les plus importantes colonies, telles que l'Ibérie, l'Ammonie, etc. »
Chacune de ces divisions territoriales avait son gouvernement
et son roi, relevant, comme nous l'apprend Platon de celui
qui résidait dans la plus grande des îles; chef suprême, descendant des Dieux, grand-prêtre et roi des rois.

L'île où s'élevait la métropole terminait au sud et sous
l'équateur l'ensemble des terres atlantes. Sa forme était celle
d'un parallélogramme ayant 750 lieues environ, d'est en ouest, sur
500 de nord en sud. C'est là, dans cette île découpée par de
nombreux canaux, sur cette terre d'une fertilité restée célèbre,
au centre d'une plaine de 140 lieues de long et entourée de
tous côtés par de hautes montagnes, que se trouvait, à une
centaine de lieues de la mer, *Men* ou *Menès*, la cité de la lune,
ville sainte, capitale des Atlantes, foyer de la civilisation, astre
inondant le monde de sa lumière.

L'antique cité était de forme à peu près circulaire. Une
puissante muraille l'entourait ainsi qu'un large fossé. Au milieu
de la ville, sur une éminence, près du temple dédié à Neptune,
à côté du bois sacré, était le palais des rois; temple et palais,
précédés d'une triple enceinte de remparts. Un canal venant
de la mer amenait l'eau dans les fossés de la forteresse et en
faisait un port dans l'intérieur des terres.

Entre la citadelle et le mur d'enceinte de la ville étaient
diversement groupés les habitations des grands, les familles de
condition intermédiaire, et tout un monde d'artisans. Entourées
de jardins, ces habitations laissaient entre elles un dédale indescriptible de ruelles, de carrefours et de culs de sac. Les maisons
étaient couvertes d'un chaume épais porté par des solives et faisant
saillie sur les ruelles, sortes d'auvents protégeant contre la pluie
et contre les rayons du soleil. Cet avant-toit était si bas sur le
devant, qu'il fallait se baisser pour entrer dans les habitations.
Un mur intérieur divisait chaque maison en deux parties. Le
toit prenait son point d'appui sur la crête de ce mur et s'inclinait en pente assez raide des deux côtés. Le devant de la
maison était à jour, sorte de vestibule de l'habitation. Le soir,
on en fermait les ouvertures avec des claies. De l'autre côté du
mur de refend, se trouvaient deux chambres, l'une destinée
aux hommes qui reposaient sur des lits en jonc tressé pourvus

de nattes ; l'autre, aux femmes. En arrière, une cour, un jardin, un puits.

Les artisans habitaient des huttes, semblables aux gourbis des Berbères : un trou plus ou moins spacieux ; autour, une clôture de jonc, de tresses de branches flexibles, bourrées, dans les interstices, d'un torchis de terre mêlée de paille hachée ; au milieu, un tronc d'arbre, une poutre supportant un toit en forme de cône et percé d'une ouverture pour laisser passer la fumée ; le toit était fait en feuilles superposées de palmier, de bananier, de cocotier, etc.

A l'heure du repas, les aliments étaient servis sur un plat de terre cuite, dans lequel chacun plongeait les doigts, comme on le fait encore dans les tribus africaines. Avant et après le repas, chez les gens de qualité, on se lavait les mains et la bouche.

Lorsqu'on voulait se rendre au temple ou au palais du roi, il fallait s'embarquer sur un navire, traverser les ports et les fossés de la citadelle. Le pied de l'escarpe plongeait dans l'eau à une certaine profondeur ; le mur avait environ 20 mètres de hauteur. En retraite se dressait un rempart, circulaire comme la citadelle, et haut de 8 mètres. Sur la plate-forme ou courtine, les soldats de la garnison faisaient sentinelle à une cinquantaine de pas de distance les uns des autres.

Le rempart, d'une épaisseur considérable, n'était pas massif. Le plein extérieur avait 10 mètres environ. Il était formé de grosses pierres dans lesquelles étaient percées des meurtrières à évasement. L'autre partie du mur était creuse : les blocs avaient été disposés en galeries analogues à celle des ruines de Tyrinthe. On allait par là sur le chemin de ronde de la citadelle, chemin large d'une vingtaine de mètres, qui suivait le rempart, entre les galeries et le pied des murs de la terrasse sur laquelle se trouvait le palais ; un escalier taillé dans le roc conduisait à la citadelle.

Le palais s'élevait sur une vaste plate-forme, sorte de cône tronqué de 16 mètres de hauteur, et de 950 mètres de diamètre au sommet. Le revêtement extérieur de cette terrasse était formé de plaques métalliques. De loin, quand le soleil dardait ses rayons sur ces lames polies, on eût dit une ceinture de flammes.

De grands escaliers, très-raides, à larges et hauts degrés, comme s'ils avaient été faits pour des géants, conduisaient sur la plate-forme, en face du palais.

L'aspect du monument était étrange. C'était un immense édifice à base carrée dont les côtés regardaient les points cardinaux. En avant de chaque face du carré se dressait un obélisque de granit, haut d'une cinquantaine de mètres [1]. Chacun de ces monolithes était placé entre deux autres plus petits, chargés de cartouches hiéroglyphiques contenant l'histoire des rois qui les avaient élevés.

Devant chacune des façades du palais était un jardin où abondaient des fleurs tropicales. Des arbres y donnaient de mystérieux ombrages d'où le regard plongeait sur la ville, sur les ports et sur la plaine.

Les quatre façades étaient presque identiques, quoique datant d'époques différentes. Au centre et près des angles, les corps de logis formaient saillie. Les bâtiments principaux étaient reliés entre eux par des galeries doubles que divisaient, dans le sens longitudinal, d'épaisses murailles sans baies; de telle sorte que ceux qui se promenaient sous la galerie extérieure étaient séparés de l'intérieur de l'édifice.

Le palais, comme les habitations privées, était divisé en deux parties par un mur servant à supporter le toit formé de grandes pierres plates disposées en encorbellement [2]. Les salles donnant sur les cours étaient destinées aux réceptions, au mouvement journalier de la vie publique; les autres, à la vie intime.

De solides piliers monolithes supportaient les pierres du toit au-dessus desquels régnait l'entablement surmonté lui-même d'une sorte d'attique à créneaux. Les plates-bandes en relief formant le haut et le bas de l'entablement étaient en pierres de couleur. De même, la frise était ornementée de pierres bleues, noires ou rouges, formant des grecques, des postes, des

---

1. Les premiers obélisques dont il est fait mention remontent à plus de 12,600 ans de nos jours, soit 6,500 avant le déluge (Hérodote).
2. *Édifices antiques du Yucatan et du Mexique.* Diego de Landa, Stephens, comte de Waldeck, etc.

losanges symboliques, qui se détachaient sur le fond blanc du reste de la muraille.

Les portes étaient à écartement dans le bas; le linteau supérieur, ainsi que les deux jambages, en pierres de couleur. Au dedans et au dehors, les murs étaient garnis d'hiéroglyphes peints ou gravés. A l'intérieur des salles, les plinthes faisaient saillie et présentaient des espèces de banquettes recouvertes de nattes.

Dans la grande salle, où le roi des rois donnait audience, le fond était plus élevé que le sol et disposé en amphithéâtre, Des gradins incrustés d'ivoire donnaient accès sur l'estrade. La rampe était formée par deux serpents en or massif dont les sept têtes semblaient siffler dans l'air; image des sept volcans qui avaient produit le dernier cataclysme.

Le palais communiquait avec l'enclos sacré. Un mur épais, haut de 3 mètres, construit en blocs polygonaux à faces lisses et si merveilleusement jointes sans ciment que l'œil pouvait à peine en distinguer les assemblages, séparait l'esplanade du bois mystérieux.

L'unique entrée de cet enclos était monumentale. Trois énormes pierres en porphyre couvertes d'hiéroglyphes la composaient. La baie, plus large en bas qu'en haut, avait 8 mètres de hauteur. De chaque côté, deux lions, également en porphyre s'appuyaient contre les jambages, la gueule ouverte, la crinière hérissée. Au-dessus du linteau, un monstrueux serpent, en jade, se penchait en avant et semblait menacer celui qui serait assez audacieux pour tenter de pénétrer. Deux portes massives, en bronze, semées de clous d'argent dont la tête était taillée en étoile, présentaient des groupements cabalistiques, donnaient accès dans le bois sacré dont les arbres gigantesques et serrés produisaient la nuit en plein jour.

Enfin, on arrivait au temple. Il était formé de quartiers de roches dont les interstices étaient remplis de fragments plus petits; on eût dit une masse taillée dans le roc. Un vaste soubassement pyramidal haut de 14 à 15 mètres le supportait. Quatre escaliers aux degrés gigantesques conduisaient sur une terrasse ayant 230 mètres sur 150. Le temple qui la couronnait mesurait 186 mètres sur 112. Son aspect témoignait de l'âge reculé auquel il remontait. Ceux qui l'avaient construit avaient employé des matériaux venus de loin. Les pierres étaient dressées dans leur état naturel, comme on avait fait autrefois pour les dolmens. Des piliers prismatiques en basalte supportaient les grandes pierres plates de la toiture. La porte du temple, à peu près semblable à celle de l'enclos, regardait l'orient. A l'autre extrémité était l'abside dans laquelle habitait le dieu, Neptune Hippius, sur un char en forme de coquille attelé de six chevaux ailés, les ailes étendues. Autour de lui, des néréides portées par des dauphins. Le tout en or, et les flots simulés par des lignes onduleuses de jade vert. L'idole touchait de la tête le plafond du temple.

En avant, l'autel, masse de granite de 5 à 6 mètres de diamètres sur 2 de hauteur, avec parement en orichalque, portait les lois écrites en signes hiératiques. A côté, une grande pierre légèrement creusée et percée de trous. Sous cette pierre, une fosse dans laquelle on allait recevoir, sur le corps et sur le visage, le sang de la victime. Le *taurobole*, sacrifice expiatoire, était une sorte de baptême antédiluvien.

Le décor intérieur du sanctuaire, œuvre de plusieurs dynasties, était d'une richesse inouïe. Le dôme était revêtu de plaques d'ivoire, semé d'étoiles d'or et d'argent, image des cieux. Partout des métaux précieux. Le sol lui-même était une mosaïque d'or, d'argent, d'orichalque et d'ivoire... Les palais des fées ne sont pas ornés avec plus de magnificence.

Telle était Menès, avec les habitations de son peuple, le palais de ses rois et le temple de son dieu.

# III

### L'ORACLE D'AMMON

Un navire apparut un jour vers l'Orient. Quand il fut assez près de la côte, on put voir que sa proue était ornée de cornes enroulées. Il venait du continent. Au sommet du plus haut de ses mâts, un pilote, la lance à la main, guidait la manœuvre.

Le navire s'avança jusque dans les fossés du palais et jeta l'ancre. Deux Éthiopiens en descendirent. Ils demandaient à parler au roi des rois.

A travers le dédale des ruelles, des escaliers, des plates-formes, des galeries, on les conduisit au palais du souverain des Atlantes.

Le monarque était étendu sur des peaux de panthères rappelant son caractère sacré. Près de lui étaient couchés deux lions familiers. Son vêtement, d'un bleu d'azur, était semé d'étoiles d'or; il portait, attaché sur une épaule, le manteau de pourpre et d'hermine, et, au front, une espèce de tiare enrichie de trois couronnes, la première d'azur, la seconde d'or, et la troisième de pierreries, symbole du pouvoir suprême.

Le roi se leva. Les prêtres se rangèrent autour de lui et commencèrent les chants sacrés auxquels les néophytes répondaient en versets rythmés.

Les envoyés étaient porteurs d'un message pour le roi des

rois. Le chef des grands prêtres le reçut de leurs mains, le déroula au-dessus d'un trépied où brûlait l'encens qui conjure les maléfices, puis le remit au roi des Atlantes.

L'oracle d'Ammon a parlé, disait le message. Il prédit un grand désastre qui menace les terres Atlantes. Jamais ses prédictions ne sont vaines. Le souverain de l'Ammonie envoie l'oracle à son frère de l'Atlantide, afin que celui-ci puisse apaiser la colère des divinités.

Le roi des rois prit connaissance du message et répondit aux envoyés :

— Que mon frère soit loué ! Les Atlantes ont aussi leur Dieu puissant. Nous irons consulter dans son temple ce Dieu protecteur des îles et lui demander le secours du *Cœur du ciel*. Les prêtres et les devins nous accompagneront. Que l'Esprit les inspire pour interpréter la réponse de Neptune.

Il dit. Le cortége se met en marche et gravit les degrés du temple. Sur le seuil, les prêtres se revêtent des étoffes sacrées, puis pénétrant dans le sanctuaire, ils commencent leurs invocations. Un taureau, le front orné de bandelettes vertes, couleur de la mer, les yeux voilés d'un bandeau, est amené du bois sacré et conduit par des plans inclinés sur l'autel de Neptune, devant la statue du dieu.

Le roi prend de ses mains augustes le couteau des sacrifices.

Couteau des sacrifices (musée de Mexico).

La lame est en obsidienne, et le manche, enrichi d'émaux et de pierres précieuses, représente une figure humaine. Le roi remet le couteau sacré aux mains du chef des sacrificateurs qui, l'ayant baisé trois fois, le plonge dans le corps du taureau. Les aides achèvent la victime.

Le premier jet de sang a été recueilli dans une coupe d'or,

Le roi la porte à ses lèvres et la présente aux assistants qui y trempent le doigt et s'en marquent le front et la langue.

Les sacrificateurs cependant ont détaché la tête du taureau; ils l'ont placée sur une large pierre où le grand prêtre la charge d'imprécations, accumulant sur elle tous les crimes et méfaits qui peuvent provoquer la fureur des dieux. Le sang coule sur un expié et l'on consulte les entrailles de la victime, pendant que les vierges du feu exécutent devant l'autel des chants et des danses.

Le grand-prêtre, levant alors les mains et les yeux vers la statue de Neptune :

— Que le dieu des Atlantes parle à son tour, s'écrie-t-il !

La brise du soir s'était élevée. Elle pénètre, en se jouant, à travers les colonnes de l'édifice, jusque dans le sanctuaire, et, au milieu du silence, dans le temple éclairé par les feux sacrés, on entend des vibrations harmonieuses qui sortent de la bouche du dieu dont le visage s'est illuminé tout à coup. Puis, les accords se taisent, les feux s'éteignent, et le temple retombe dans le silence et dans l'obscurité.

— Fils de l'Océan, qui venez consulter le maître de la mer et des îles, dit alors le Grand-prêtre, vous avez entendu les voix mystérieuses. Neptune, ô roi des rois, te couvre de sa protection !

— Qu'il soit à jamais vénéré, répond le monarque; et que demain, dans l'antique cité de Menès, une fête soit donnée en l'honneur de Neptune et de mon frère d'Ammonie. Étrangers et Atlantes y sont conviés.

Le lendemain une troupe nombreuse part du palais. Elle franchit les larges fossés, et, se formant en longues files, se dirige vers le tertre sacré.

Ce tertre, qui remonte aux temps les plus éloignés, a la forme d'un anneau. Au centre s'élève un autre tertre circulaire plus élevé que la couronne extérieure, image du soleil. Un autel y est dressé; un groupe d'hommes vêtus de casaques en peaux de tigres, s'y tient; l'un d'eux a le couteau d'obsidienne à la main. Attaché à un pieu, les mains chargées d'entraves, un homme d'une haute stature est debout. Il porte sur la tête une plume rouge, signe du commandement. C'est le chef d'une tribu ennemie dont le supplice va inaugurer la fête.

Le cortége s'avance. En tête marche une troupe de guerriers armés de pierres de foudre, brillantes comme l'or. Au bras droit, en guise de bracelets, ils portent des mâchoires humaines; au bras gauche, le bouclier.

Les prêtres viennent ensuite. Sur leurs épaules sont jetées des peaux de panthères.

Casque en forme de tête d'oiseau (antiquités mexicaines).

Ils ont la tête nue et rasée.

Derrière eux, montés sur des chars, sont les chefs des guerriers. Ils portent des casques imitant des têtes d'oiseaux avec une crête de plumes.

Leurs casaques de cuir sont peintes de couleurs éclatantes et couvertes de figures et d'emblèmes. A leurs boucliers pendent de longues franges, lanières ornées de perles, de coraux, d'écailles d'or et d'argent. Dans la lame de bois dur de leurs épées sont enchassés des éclats d'obsidienne et de silex. Leur visage est peint en rouge. Au milieu d'eux est le porte-étendard, personnage sacré, dont la tête est ensevelie sous un casque étrange.

Le roi est porté par un éléphant dans une espèce de tour revêtue de lames étincelantes. Il a sur la tête le casque de combat. Un masque,

Le porte-étendard.

représentant une tête de mort incrustée d'ivoire et de pierreries, lui garantit le bas-ventre.

Près de lui, sur une litière richement ornée, est la reine, la tête couverte d'un voile transparent. Ses cheveux, relevés en avant, retombent par derrière en longues tresses d'or. Une jupe de plumes retenue par une ceinture étincelante, lui descend jusqu'à mi-jambes. Ses pieds sont chaussés de sandales. Sa litière est portée par ses suivantes et escortée par une troupe de femmes guerrières armées du glaive et du bouclier. Après la reine viennent les vierges, gardiennes du feu sacré, et les guerriers composant la garde du palais. Ceux-ci ferment la marche, montés sur des chars.

Costume de combat.

Le cortége s'arrête devant le tertre. Là, tous mettent pied à terre. Le roi monte lentement les degrés de la plate-forme circulaire. La reine et les prêtresses du feu se rangent à ses côtés, tandis que le reste du cortége se distribue en cercle sur le tertre annulaire où chacun prend place, suivant son rang.

On procède alors au sacrifice. La victime est débarrassée de ses liens et jetée à terre. En un clin d'œil, sa poitrine est ouverte, son cœur est présenté au roi sur un plateau de cristal de roche. Une vapeur de sang l'enveloppe. Des deux mains le roi élève le plateau au-dessus de sa tête et l'offre à la divinité. Puis les vierges le reçoivent et jettent le cœur de la victime dans le trépied où brûle le feu sacré.

Le sacrifice accompli, le roi impose les mains à la multitude prosternée et donne le signal de la fête. Les jeux, les danses, les chants, les courses, les joûtes, les combats commencent. La foule s'enivre de plaisirs, de cris et de sang.

— Maintenant, dit le chef des grands prêtres d'une voix

Un hippodrome antédiluvien.

puissante, que les Messagers soient chargés de présents; qu'une escorte les conduise jusqu'à leurs vaisseaux, et qu'ils rapportent au maître de l'Ammonie l'accueil du roi des rois et la réponse du dieu des Atlantes.

A ces mots, une clameur favorable accueille les Messagers; cent guerriers les accompagnent; des esclaves portent les présents, pendant que des prêtres et des néophytes chantent les louanges des Dieux. On arrive au port. Les Éthiopiens montent sur leurs navires; le pilote donne le signal du départ; un vent propice gonfle les voiles et bientôt on n'aperçoit plus, vers l'orient, que le haut du grand mât qui disparaît à son tour.

## IV

MOEURS ET COUTUMES DES ATLANTES.

Tel est, aussi fidèlement que nos souvenirs nous permettent de la reproduire, l'une des traditions que rappellent les chants des rhapsodes du Nouveau-Monde. « On ne saurait traiter l'histoire sous un point de vue philosophique, dit Humboldt, en ensevelissant dans un oubli absolu les temps héroïques [1]. » Les mythes des peuples, ajoute-t-il, mêlés à l'histoire et à la géographie n'appartiennent pas en entier au monde idéal. Si le vague est un de leurs traits distinctifs, si le symbole y couvre la réalité d'un voile plus ou moins épais, les mythes, intimement liés entre eux, n'en révèlent pas moins la souche antique des premières connaissances humaines.

D'autres chants non moins anciens, non moins curieux, nous permettent, aidés des récits des vieux auteurs, de concevoir quelques détails de la vie et des mœurs des pays disparus.

Ils nous apprennent que la culture est en honneur; que l'activité règne dans les villes; qu'une forêt de mâts couvre les ports où s'abritent côte à côte des embarcations de toutes formes, vaisseaux de guerre, navires en peaux, pirogues creusées dans des troncs d'arbres; que, sur les quais, une multitude

---

[1]. Humboldt. *Cosmos.* Notes.

de marins, venant de tous pays, le corps tatoué ou peint de toutes les couleurs, s'agitent, se heurtent, échangent leurs produits. Leurs cris, leurs gestes, — car la pantomime est souvent le seul moyen qu'ils aient de communiquer entre eux, — leurs langages faits de sons monosyllabiques et gutturaux, cette animation, ce tumulte, cette confusion, offrent le plus étrange spectacle. C'est un choc perpétuel d'hommes courant à leurs affaires; un cliquetis de voix auxquelles se mêlent le clapotement des flots du port et, dans le lointain, les mugissements de la mer.

A travers les groupes, des femmes au corsage nu, portent des fardeaux [1], distribuent la nourriture ou attachent au cou des marins l'amulette préservatrice.

Isolés des autres, redoutés, réprouvés, sont les *magiciens* [2]. Ils se tiennent à l'écart, petits, grêles, jaunes de peau. Les uns viennent, dit-on, du continent qui longe la mer occidentale [3]; les autres, des régions polaires. Ils ont apporté, sur leurs vaisseaux, les produits de leurs terres lointaines. Leurs mains et leurs regards sont pleins de maléfices. Les hommes rouges redoutent, comme une souillure et un mauvais présage, le contact de ces « premiers habitants de la terre. » Ainsi l'on voit de nos jours les Indiens de race cuivrée avoir un sentiment mêlé de crainte et de mépris pour les Esquimaux.

Menès est la ville par excellence. Sa puissance, sa haute renommée, son industrie, son commerce, en ont fait le centre du globe. Elle est comme le miroir dans lequel se réfléchissent les coutumes et les mœurs de tous les peuples antédiluviens. Sa civilisation, dit Humboldt, résume cent quatre-vingts siècles d'efforts et de luttes du génie humain.

Sa population autrefois si altière et si passionnée pour l'indépendance, indomptable, se courbe maintenant sous le pouvoir suprême. Le roi des rois, fils du ciel, inspire le respect et la crainte dus à sa divine origine. Il ordonne et l'on obéit;

---

1. Chez les Basques, ce sont encore les femmes qui portent les fardeaux. Ceux qui, comme nous, se sont embarqués au Socoa pour Saint-Sébastien ont pu voir des jeunes filles charger sur leur tête, avec une vigueur surprenante, des masses d'un poids considérable.
2. Documents mexicains. — Hérodote.
3. L'Océan Pacifique.

il frappe, et l'on célèbre la vigueur de ses coups; il tue, et les survivants se prosternent devant lui. Nul n'oserait lever la tête en sa présence; la mort serait le châtiment du coupable.

Les litières se croisent dans Menès. Celle du roi est d'une richesse incomparable; elle est portée par huit des chefs les plus puissants. Ceux-ci à leur tour ont pour porteurs des seigneurs de moindre importance. Les chefs de guerre, généraux de lance, d'arc, de fronde ou de hache, ainsi que les femmes des grands, ont également les honneurs de la litière.

A la guerre, les chefs sont montés sur des chars d'où ils

Chars de guerre.

dirigent le combat. Les guerriers placés sous leurs ordres portent une casaque de cuir ou d'une étoffe épaisse et double. Entre les deux plis de l'étoffe est une couche de sel que retiennent d'adroites piqûres. Cette casaque garantit des flèches, des pierres de fronde et des coups de lances. Ils marchent sous des enseignes composées d'une hampe qui porte l'animal ou l'objet consacré dans la tribu. Les troupes vont en silence, afin de pouvoir vaincre par surprise. Pour enfoncer les rangs de l'ennemi, on lance sur lui des chars à quatre chevaux attelés de front dont les timons sont armés de cornes. Sur ces timons, en avant, près de la tête des chevaux, sont assises les femmes guerrières qui guident les coursiers. Une hache de silex est passée à leur ceinture. Quand un cheval est tué dans le combat, elles tranchent les traits à coups de hache, reprennent leurs places sur les timons et se jettent dans la mêlée.

On lance aussi sur l'ennemi, pour rompre ses lignes, des

Les chars atlantes.

MŒURS ET COUTUMES DES ATLANTES.    357

éléphants, machines vivantes, dont la peau forme un bouclier naturel sur lequel les pierres rebondissent et qu'une blessure exaspère. Leur trompe est une arme terrible : fronde, lasso et massue. Ce qui a résisté à leur choc succombe sous leurs coups.

Dans l'ordre hiérarchique, les guerriers ne viennent qu'au second rang. Au-dessus d'eux sont les prêtres, qui ont la clef des caractères sacrés, la science des mystères, le secret des dieux. La divinité parle par leur bouche; ils composent le conseil des Rois. Ils rendent leurs oracles dans les forêts et reconnaissent un dieu suprême, maître de l'univers et des autres dieux. Ils enseignent le culte des éléments dont les combats bouleversent le monde; celui des astres, qui sont la manifestation la plus éclatante du pouvoir du dieu créateur. Ils admettent deux sortes de divinités secondaires, les unes favorables, les autres malfaisantes. C'est l'éternelle histoire des deux principes du bien et du mal, du bon et du mauvais ange, de Vichnou et de Siva, etc. La terre qui nourrit, la chaleur qui vivifie, sont des puissances protectrices; le feu du ciel, le feu de la terre, foudre et volcans, sont les armes des dieux malfaisants. Tout, dans

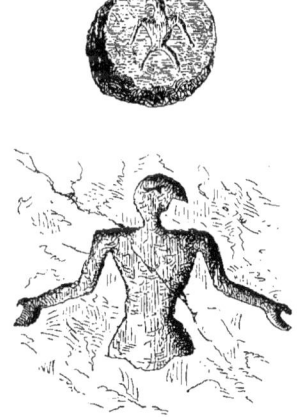

Anciens symboles (antiquités mexicaines).

ce système, est personnifié : les montagnes, les fleuves, les grands courants marins, les vagues, l'Océan. Les traces de cette personnification universelle se retrouvent dans les traditions et sur les monuments américains, comme dans les Indes, dans la Chine et au Japon.

Cette foi primitive s'épure avec le temps. Avant l'effondrement du monde atlante, on reconnaît l'unité divine, l'existence de l'âme, son immortalité; mais les croyances des vieux âges ont pénétré si profondément dans l'esprit des masses, que nul n'ose toucher aux idoles et que les grandes vérités ne sont révélées qu'aux initiés au nombre desquels se trouvent les rois, les grands, les chefs du sacerdoce et de l'armée. Nul ne doit en livrer le secret.

Les fêtes religieuses sont nombreuses; on y déploie un grand faste. Elles se donnent dans les enceintes sacrées, sortes de places de défense qui occupent généralement les sommets des hautes collines.

Telles sont les enceintes qui furent établies plus tard en Amérique, sur les modèles atlantes. On a retrouvé dans le Highland, sous d'antiques châtaigniers, une fortification de ce genre. « Lorsque nous songeons à la période qui a dû s'écouler depuis le temps où l'ouvrage a été construit jusqu'à son abandon, puis à la période nécessaire pour son envahissement par la forêt; lorsque nous savons que les troncs pourris sont à demi ensevelis sous les détritus végétaux, nous sommes effrayés du nombre de siècles qui se sont écoulés depuis que les peuples indigènes élevèrent ces enceintes dont quelques-unes ont exigé le déplacement de plus de 3 millions de pieds cubes de terre... D'autres monuments plus considérables, appartenant à la période atlante, ont excité l'admiration de tous les explorateurs. — Le groupe de Newark a plus d'une lieue carrée de superficie. Une forêt recouvre encore cette ruine, la plus grande des deux continents, et dont la masse gigantesque inspirait à M. Squier une sorte de crainte respectueuse. L'enceinte de Circleville est d'autant plus curieuse qu'elle contient, dans la simplicité de sa construction, tous les éléments architecturaux des monuments du Mexique... Aucune de ces ruines ne se rencontre dans l'Amérique du nord et de l'ouest; mais dès que l'on arrive chez les Creeks, chez les Natchez et autres tribus voisines de la Floride, on en trouve des traces nombreuses. Ces peuples paraissent également avoir été plus civilisés que ceux de l'ouest

et du nord, par suite de leur proximité avec l'Atlantide. Les chunkyards ou enceintes fortifiées sont encore en usage chez les Creeks, et la description que nous donne M. Squier se rapporte, bien qu'en beaucoup plus petite proportion, aux antiques fortifications dites sacrées.
— C'est particulièrement dans les enceintes d'origine étrangère, que l'on remarque des autels à sacrifices humains. Les Atlantes paraissent avoir répandu cette coutume au Mexique comme dans les Gaules.

Tertre à sacrifice.

Les Aztèques affirment encore que ces sacrifices sont les seuls acceptés par leurs divinités sanguinaires [1]. »

L'une des fêtes les plus célèbres, à Menès, est celle des labours. Le roi des rois en donne lui-même le signal. Une charrue ornée de plumes est amenée au monarque. Six des plus grands personnages y sont attelés. Le roi la dirige et trace le premier sillon, au milieu de la foule qui s'écarte et s'incline. Quatre coureurs partent alors aux quatre points cardinaux et répandent la nouvelle que l'heure est venue de labourer la terre. Une victime est immolée pour conjurer les fléaux, et la fête commence.

Sur les routes, larges chaussées que suivent les coureurs, se trouvent des relais de distance en distance. Des navires sous voiles s'élancent en même temps vers les îles voisines, et la nouvelle se répand de proche en proche. Quand on veut qu'elle parvienne plus vite, on se sert de signaux préparés sur des tours, ou de feux de bois résineux allumés sur des obélisques et sur des pyramides. Le jour, on voit la fumée de ces feux; la nuit, on en voit la flamme.

Sépulture antique.

La disposition des brasiers, leur jeu continu ou intermittent, composent la *télégraphie* antédiluvienne.

1. Roisel. *Les Atlantes*.

Les auteurs qui se sont occupés de l'Atlantide s'accordent à dire que, dans les temps les plus reculés, les morts étaient

Nécropole antique.

assis dans leurs sépultures, comme ceux que l'on trouve dans les tombeaux du Pérou, où les squelettes sont accroupis. Les tumuli de l'Amérique du Nord en offrent de nombreux exemples. Dans certaines tribus sauvages, c'est encore la pos-

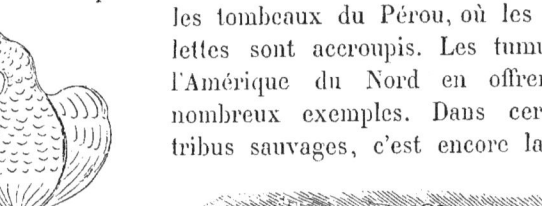

Aigle simple. — Aigles à deux têtes.

ture qu'on donne aux morts, comme étant la plus convenable pour se présenter devant le Grand-Être.

## MŒURS ET COUTUMES DES ATLANTES. 361

Au surplus, les usages funéraires varient selon les temps : une antique coutume suspend les corps à la cime des arbres, les étend sur des claies, dans de vastes charniers; à l'âge du bronze, on les brûle; à l'âge du fer, on les couche dans des tumuli.

Le monde atlante a pour ainsi dire ses signes héraldiques dont les symboles trouvés dans les tombeaux américains paraissent être des imitations. L'aigle, simple ou double, est un des emblèmes que l'on y rencontre. L'aigle à deux têtes ressemble à celui qui figure dans les armes de certains peuples contemporains.

De même, on peut se faire une idée de l'ornementation atlante, en se reportant aux modèles que nous conservent les musées mexicains.

Modèle d'ornementation mexicaine imitée de l'architecture atlante.

Dans quelques îles se dressent encore des menhirs. Des hameaux, composés de tentes de peaux, se groupent autour de ces pierres sacrées qui gardent la mémoire des temps primitifs.

Les villes sont protégées par des enceintes. Les plus antiques n'ont qu'une porte; les plus modernes en ont jusqu'à quatre que défendent des ouvrages fortifiés. On met à profit les dispositions du terrain. Tantôt la cité s'élève sur plusieurs plateaux qui dominent une plaine, chaque plateau ayant son enceinte. En cas d'attaque, si l'un succombe, il faut faire successivement le siége des autres. Tantôt la ville, dominée par une acropole, s'adosse à une forêt ou à une montagne.

Les guerriers ne résident pas toujours dans les citadelles des villes; ils ont des camps, entourés de fossés, protégés par de hautes palissades ou par des enceintes de pierre. Une porte unique, défendue en avant par une sorte de demi-lune palissadée, donne accès dans le camp auquel conduit un chemin sinueux débouchant vers le centre; l'assaillant est exposé de tous côtés au tir des flèches et au jet des frondes. Dans ces camps, on exerce la jeunesse aux fatigues de la guerre et l'on endurcit les vétérans.

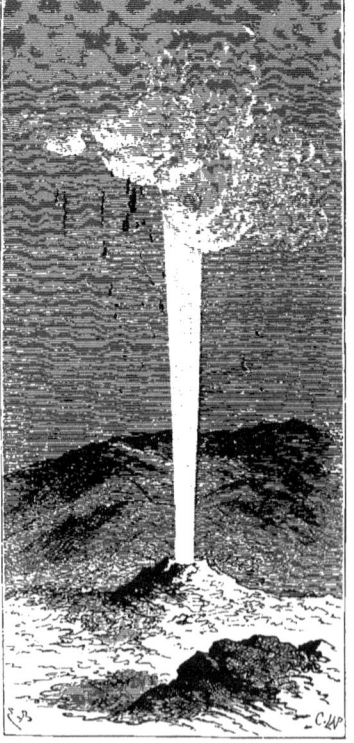
Fumarolle.

Dans les plaines, la terre, naturellement généreuse, est encore fertilisée par la culture. « Les procédés agronomiques des ouvriers atlantes nous fournissent de précieux renseignements. M. Laphan a trouvé, près des grands gisements de cuivre américain, les traces d'une culture de maïs plus rationnelle que celle dont on se sert aujourd'hui et qui consiste en lignes parallèles, comme si les grains avaient été semés en ligne. Ces sillons, de quatre pieds de large, se rencontrent dans les divers états du Wisconsin, précisément près des endroits où les mineurs atlantes ont dû séjourner le plus longtemps; ils indiquent un système de beaucoup supérieur à celui des Indiens actuels qui ne paraissent plus avoir les mêmes idées d'ordre et de goût nécessaires pour pratiquer les anciennes méthodes [1]. »

Les agriculteurs sont respectés : même en temps de guerre, ils n'ont rien à craindre des soldats, car toutes les lois et coutumes regardent leur travail comme sacré. Soit qu'ils cultivent pour leur compte, soit qu'ils fassent la corvée pour le maître, ils se prêtent une mutuelle assistance. La terre leur donne deux récoltes par an.

Le sol se ressent du voisinage des montagnes et des cratères qui s'ouvrent sur leurs pics. Des *fumarolles* s'échappent, en colonnes de vapeurs, des chaudières intérieures du globe; leurs produits retombent en pluies corrosives. Des *geysers*, sources thermales intermittentes, lancent leurs jets bouillants à d'incroyables hauteurs.

Dans les forêts, la végétation est puissante. Elle regorge de séve et de vie. Les plantes aux larges feuilles, les arbres aux troncs gigantesques abondent et rappellent la flore de la période houillère.

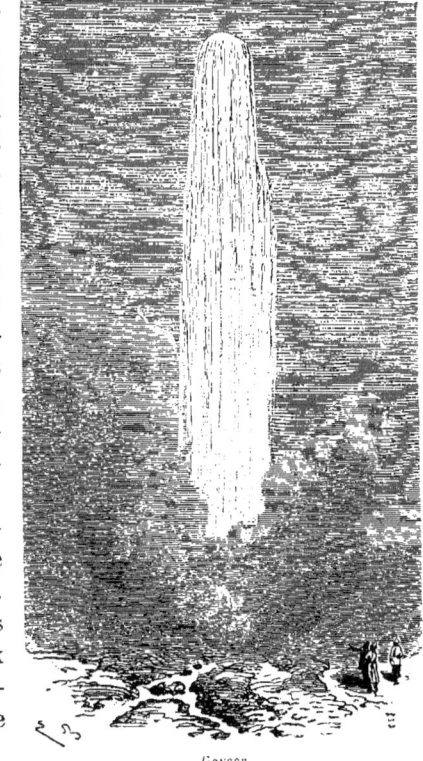

Geyser.

Au milieu des richesses que prodigue la terre et que donne l'industrie, les tribus s'endorment dans la sécurité. Elles oublient, au sein de l'abondance, la menace des oracles de l'Orient.

Le réveil fut terrible.

1. Roisel. *Les Atlantes.*

## V

LA CATASTROPHE.

Des signes précurseurs avaient annoncé l'approche de grands événements. De sourds grondements, des convulsions du sol, des tremblements de terre, la suspension momentanée du cours des fleuves, de violentes tempêtes, d'épaisses ténèbres, d'effroyables éruptions volcaniques avaient été les avant-coureurs de révolutions prochaines.

Ces fléaux, autrefois isolés, se rattachent maintenant les uns aux autres par un lien manifeste. Le mouvement se produit en croix, d'abord de nord en sud et d'est en ouest, puis d'ouest-nord en sud-est, redoublant de fréquence et d'intensité. Toutes les puissances infernales semblent déchaînées. Des îles disparaissent; d'autres sortent du sein des eaux; les continents se déchirent; des mers sont mises à sec; des plaines sont transformées en mers; des montagnes surgissent, et leurs crêtes, largement ouvertes, donnent passage à des torrents de feu...

L'épouvante fut grande parmi les hommes. « On les vit courir en se poussant, remplis de désespoir. Ils voulaient monter sur les maisons, et les maisons s'écroulaient. Ils voulaient monter sur les arbres, et les arbres secouaient leurs branches pour faire tomber ces grappes humaines. Ils voulaient entrer dans les cavernes et les cavernes se fermaient devant eux [1]. »

Bientôt la tempête de feu atteignit toute sa fureur. Trois lignes de déchirements et d'explosions ébranlèrent la terre jusque dans ses fondements, comme si elle allait voler en éclats : près du pôle septentrional; dans l'Amérique centrale, aux Antilles; et, à travers les terres atlantes, de l'Amérique au Vésuve. Des glaces, détachées des continents polaires, se précipitèrent vers l'équateur, lancées par des forces sans nom comme sans limite, avec une rapidité vertigineuse et un fracas épouvantable, se heurtant aux saillies des montagnes qu'elles pulvérisaient, broyant les peuples et les débris de leurs cités. Les cratères des volcans, vomissant les entrailles de la terre, mêlaient aux glaces errantes des fleuves de roches en fusion. « Tout ce qui existait brûla. Et il tomba une pluie de pierres de grès. Et tandis que le grès se répandait et que bouillonnait le tetzontli [2], les roches de couleur rouge se soulevèrent [3]. »

Près de Mexico, dit l'abbé Brasseur, un large ruisseau roule des fragments de poteries antiques provenant des habitations enfouies sous les masses de roches fondues qui coulèrent dans la vallée, et sous lesquelles le ruisseau prend sa source [4]. A l'époque de la découverte de l'Amérique, dit le même auteur, les populations qui habitaient les îles du golfe du Mexique s'accordaient unanimement à dire qu'elles avaient ouï de leurs ancêtres que toutes les Antilles, grandes et petites, avaient été très-anciennement reliées au sol américain. Une légende haïtienne conservée par les contemporains de Christophe Colomb explique ainsi l'origine de ces îles :

« Il y avait alors un homme puissant appelé Iaïa, lequel ayant perdu son fils unique, voulut l'ensevelir. Ne sachant où le mettre, il l'enferma dans une grande calebasse qu'il plaça ensuite au pied d'une montagne très-élevée, située à peu de

---

1. *Popol-Vuh.*
2. Amygdaloïde poreuse qui a servi à bâtir la plupart des édifices de Mexico.
3. *Codex Chimalpopoca.*
4. Brasseur de Bourbourg. *S'il existe des sources de l'histoire primitive du Mexique* dans les monuments égyptiens et de l'histoire primitive de l'ancien monde dans les monuments américains.

distance du lieu qu'il habitait. Or, il allait souvent la voir, à cause de l'amour qu'il éprouvait pour son fils. Un jour, entre autres, l'ayant ouverte, il en sortit des baleines et d'autres poissons fort grands; de quoi Iaia rempli d'épouvante, étant retourné chez lui, raconta à ses voisins ce qui était arrivé, disant que cette calebasse était pleine d'eau et de poissons à l'infini. La nouvelle s'étant divulguée, quatre frères jumeaux, amateurs de poissons, s'en allèrent où était la calebasse. Comme ils l'avaient prise en main pour l'ouvrir, Iaia survint, et eux l'ayant aperçu, dans la crainte qu'ils eurent de lui, jetèrent par terre la calebasse. Celle-ci s'étant brisée à cause du grand poids qu'elle renfermait, la mer sortit par ses ruptures et toute la plaine qu'on voyait s'étendre au loin, sans fin ni terme d'aucun côté, fut submergée. Les montagnes seulement restèrent, à cause de leur élévation, à l'abri de cette immense inondation. Et ainsi, ils croient que ces montagnes sont les îles et les autres parties de la terre qui se voient dans le monde [1]. »

Chose curieuse, fait encore observer l'abbé Brasseur, les quatre frères jumeaux de la légende haïtienne rappellent les quatre génies de l'enfer qui soutiennent la vasque ou le cercueil d'Osiris. On les retrouve dans les mythes héroïques du *Livre sacré* des Quichés, représentés comme les symboles de la nature et de ses forces souterraines, avant l'explosion des volcans.

Les convulsions du sol agitèrent si violemment les eaux de la mer et des lacs qu'elles sortirent de leurs limites et inondèrent le continent, emportant, sur leur passage, jusqu'aux forêts que le feu avait épargnées et qu'elles arrachaient comme des herbes sans racines.

La terre fournit d'autres aliments au vaste incendie qui la consumait. Des torrents de liquides, pétroles et bitumes enflammés, s'échappant par les fissures des roches calcinées, roulèrent en nappes immenses à la surface des eaux et formèrent de véritables mers de feu. Les mondes répandus dans l'espace durent croire à l'apparition de quelque nouveau soleil! Les flammes fuligineuses enveloppèrent ensuite la terre d'épaisses

---

1. Voir l'écrit du frère romain Passe, à la fin de Landa

ténèbres à travers lesquelles retombaient, en gouttes dévorantes, des pluies acides qui rongeaient les rochers et les marquaient de cicatrices profondes. « Et une résine épaisse descendit du ciel... Et la face de la terre s'obscurcit... Et il se faisait un grand bruit de feu au-dessus de leurs têtes [1]. »

La terre, disent les Yuracares, avait commencé au sein de sombres forêts. « Sararuma, génie du mal, embrasa toute la campagne. Aucun arbre, aucun être vivant n'échappa à l'incendie. Un homme cependant, s'étant creusé dans le sol une retraite profonde, survécut au désastre. Pour s'assurer si le feu brûlait toujours, il sortait de temps en temps de sa caverne une longue baguette. Les deux premières fois, il la ramena enflammée. La troisième, elle était froide. Il attendit quatre jours avant de sortir. Alors, seul, sans aliment, sur cette terre désolée, il se répandit en gémissements. Sararuma, tout vêtu de rouge, lui apparut : c'est moi qui ai fait tout cela, dit-il; mais j'ai compassion de ta misère. Prends ces graines; ce sont les plantes les plus nécessaires à la vie. L'homme les sema, et une puissante végétation sortit de la terre [2]. »

Comme dans la légende, l'immense brasier s'éteignit peu à peu. La terre et les mers cessèrent enfin d'éclairer l'espace de lueurs sinistres. Les volcans fermèrent leurs cratères; les roches cessèrent de bouillonner dans les creusets intérieurs; le sol se raffermit; les eaux marines rentrèrent dans leur lit et les fleuves qui avaient reflué vers leurs sources reprirent leurs cours vers l'Océan. La nature sembla se recueillir pour mesurer l'étendue du désastre.

Cependant, les ténèbres causées par les matières en suspension dans l'air et les produits gazeux du formidable incendie durèrent longtemps encore. L'horrible nuit se prolongea pendant des jours, pendant des mois, pendant des années. Pendant vingt-cinq ans, dit le codex Chimalpopoca, cette sombre enveloppe intercepta les rayons du soleil. A une température de fournaise ardente succéda un froid humide et glacial [3].

---

1. *Popol-Vuh.*
2. A. d'Orbigny. — *Voyage dans l'Amérique méridionale.*
3. *Popol-Vuh.* — Brasseur de Bourbourg. *Quatre lettres sur le Mexique.*

Les rares humains échappés à tant de désastres quittèrent les antres dans lesquels ils avaient pu se réfugier. Ils se mirent en marche dans ces ténèbres et arrivèrent les uns dans des marais, dans des massifs boueux; les autres sur des glaces errantes, où ils périrent pour la plupart. D'autres gagnèrent les îles flottantes [1] qui parcouraient les mers ou se confièrent à des radeaux construits avec quelques débris, « mourant de faim, mourant de froid; quelques-uns passant sur des rochers roulés sur le sable, comme s'il n'y avait pas eu de mer [2]. » Éperdus, ils n'avaient qu'une idée : fuir les lieux maudits; gagner les terres du nord (Groënland, Islande, Norwége).

Leurs épreuves n'étaient pas terminées.

Tandis que les vapeurs de l'atmosphère se condensaient en nuages, les derniers mouvements convulsifs du sol poussant les eaux par dessus leurs digues naturelles produisirent un nouveau déluge. Les réservoirs du ciel et les soupiraux des abîmes de la terre s'ouvrirent. Les rivières, les fleuves grossis par une pluie torrentielle sortirent de leur lit et les eaux s'élevèrent encore une fois au-dessus des montagnes. « Elles furent gonflées par la volonté du *Cœur du ciel;* et il se fit une grande inondation qui vint au-dessus de leurs têtes... Et ainsi fut la destruction des hommes. »

Tous ne périrent pas dans ce déluge. La chaîne des traditions ne fut pas interrompue. On connaît le récit de la Bible.

« La famille humaine s'était multipliée. Ses diverses branches séparées d'abord par l'éloignement de Caïn avaient fini par se rapprocher et se confondre; et ce mélange des enfants de Dieu (race de Seth) avec les enfants des hommes, d'où sortirent ceux que la Bible appelle les géants, n'avait fait que répandre davantage l'orgueil et le crime sur la terre. Dieu, voyant la malice de l'homme, et que toute sa pensée se tournait au mal, se repentit de l'avoir créé et résolut de le détruire avec toute la nature animée. Cependant Noé, de la race de Seth, trouva grâce devant le Seigneur. Dieu lui dit : « Voici bientôt la fin de

---

1. L'Océan fut longtemps semé de marais flottants et de hauts fucus qui interceptèrent la navigation. — Platon, *Critias.* — *Périple* d'Hannon.

2. *Popol-Vuh.*

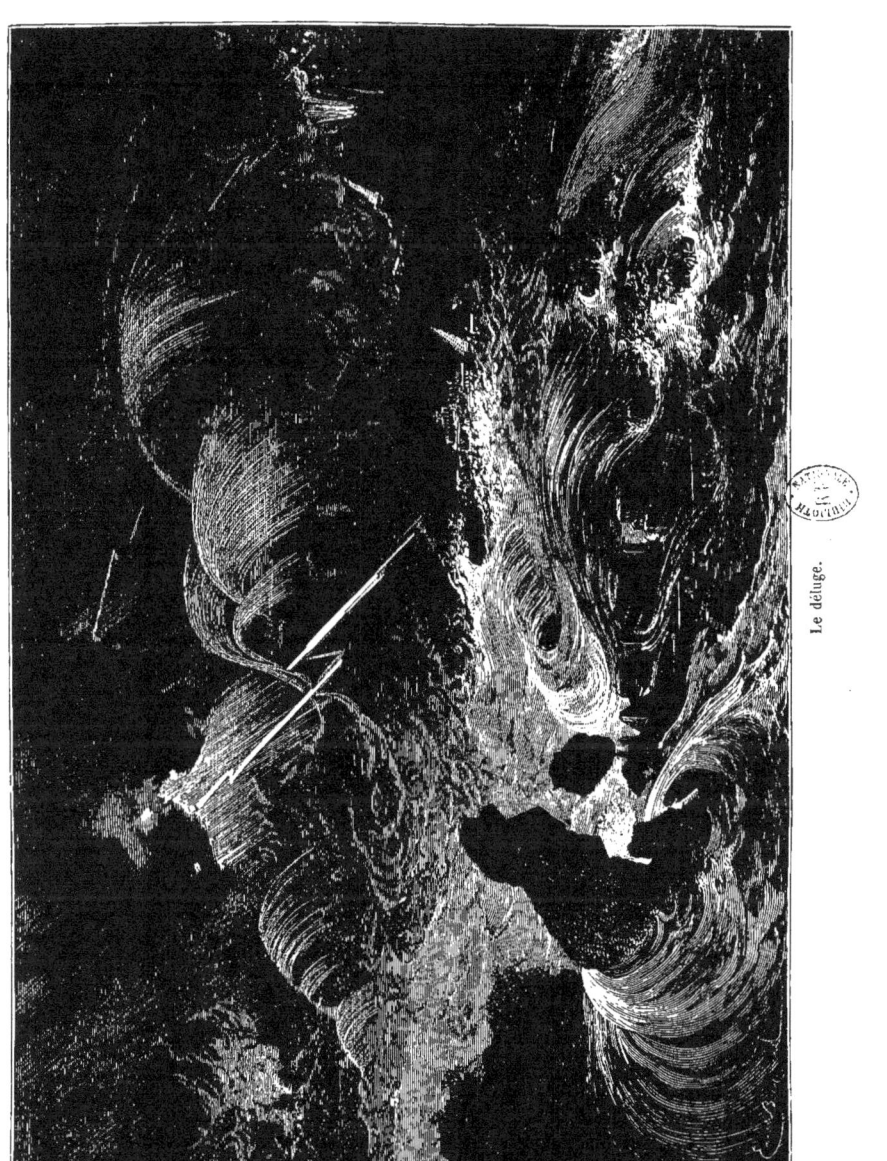

Le déluge.

toute chair. La terre est pleine d'iniquités. Je la perdrai et les coupables avec elle. » Il lui annonça le déluge, lui prescrivit de construire une arche dont il lui marqua les dimensions et la forme (un carré long, à trois étages, de 300 coudées de longueur, sur 50 de large et 30 de haut); puis il lui ordonna d'y entrer avec sa femme, ses fils et les femmes de ses fils, et d'y introduire en même temps des mâles et des femelles de toutes les espèces d'animaux qui vivent sur la terre ou dans les airs : sept couples des animaux purs, deux des impurs, et sept couples des oiseaux.

» Noé entra dans l'arche avec ses fils, Sem, Cham et Japhet, sa femme et les femmes de ses fils, et les animaux de chaque espèce, deux à deux, mâle et femelle; et, au temps marqué, l'eau se fit jour violemment par toutes les sources du grand abîme, et les cataractes du ciel s'ouvrirent, et la pluie tomba pendant quarante jours et quarante nuits. Les eaux s'accumulaient et soulevaient l'arche vers les nues, car elles débordaient avec furie, remplissant tout à la surface de la terre; et l'arche était portée sur les eaux. L'humide élément avait repris son empire : partout sous la voûte du ciel il couvrit les plus hautes montagnes, dépassant leur cime de 15 coudées.

» Ce fut l'anéantissement de toute chair : oiseaux, bêtes, reptiles qui rampent sur le sol, hommes et tout ce qui respire à la surface de la terre, tout fut effacé du monde[1]. »

Le déluge décrit par Ovide donne une idée du spectacle dont la terre fut le théâtre. « Le Notus presse de sa large main les nuages suspendus; un fracas épouvantable se fait entendre, et une pluie épaisse se précipite du haut des airs... Neptune prête le secours de ses eaux... Les fleuves ouvrent leurs sources et s'élancent vers la mer d'une course effrénée... Moissons, arbres, troupeaux, hommes, maisons, sanctuaires et statues des dieux, tout est emporté... Tout était mer, et mer sans rivage... Là, où naguère la chèvre légère broutait le gazon, s'étend maintenant le phoque hideux... Les dauphins occupent les forêts, courent sur les branches élevées, heurtent et ébranlent les chênes. Le loup nage au milieu des brebis. L'eau

---

[1]. Wallon. *La Sainte Bible*, résumée dans son histoire et dans ses enseignements.

emporte le lion fauve et le tigre... L'oiseau vagabond cherche longtemps une terre où il puisse se poser. Ses ailes sont vaincues par la fatigue et il tombe dans la mer. Sous les eaux débordées, les hauteurs ont disparu; les flots battent les sommets des montagnes [1]. »

Quel contraste avec la paix de l'Éden, que la Bible place au berceau de l'humanité!

L'Éden.

« Dieu alors se souvint de Noé. Il envoya un souffle qui fit décroître l'inondation. En même temps furent fermées les sources de l'abîme et les cataractes du ciel. Les eaux du ciel furent contenues, et celles de la terre s'en allaient en sens divers,

---

1. Ovide. *Métamorphoses*. Liv. I.

regagnant leur ancienne demeure. Le vingt-septième jour du septième mois, l'arche s'arrêta sur les montagnes de l'Arménie. Les eaux décrurent jusqu'au dixième mois. Le premier jour de ce mois, on vit paraître les sommets des montagnes. Après quarante jours, Noé, ouvrant la fenêtre, fit partir le corbeau. Il prit son vol, allant et venant tant que les eaux ne furent pas retirées. Noé lâcha ensuite la colombe, afin de voir si le déluge avait cessé de couvrir la terre ; mais elle, ne trouvant pas où se poser, rentra dans l'arche. Il attendit sept jours et la renvoya pour la seconde fois ; elle revint à lui vers le soir portant en son bec un rameau d'olivier verdoyant. Noé reconnut par là que les eaux s'étaient retirées ; il attendit pourtant sept autres jours et lâcha encore la colombe. Elle ne revint plus. Noé ouvrit alors le toit de l'arche, regarda, et vit que la surface de la terre était à sec. Il sortit, éleva un autel au Seigneur, et choisit, parmi les animaux purs, les victimes d'un sacrifice [1]. »

La version chaldéenne du déluge offre avec le récit biblique de grandes ressemblances :

Le sixième et dernier roi antédiluvien fut Xixouthros. Kronos lui apparut en songe et l'avertit qu'un déluge allait détruire les hommes. « Prends les écrits qui traitent du commencement, du milieu et de la fin de toutes choses, dit Kronos, et enterre-les dans la ville du Soleil, Sisparis. Puis, construis un navire ; fais-y entrer tes parents et tes amis, et abandonne-toi à la mer, après avoir rassemblé des provisions. »

Ainsi fit Xixouthros : il fabriqua un navire long de 5 stades et large de deux.

Sa femme, ses enfants, ses amis y montèrent.

— Et maintenant, dit-il, vers quels lieux faut-il naviguer ?

— Vers les Dieux, répondit Kronos.

Le déluge vint. Vers la fin, Xixouthros lâcha plusieurs oiseaux qui, faute de trouver un lieu pour se reposer, revinrent au navire. Quelques jours après, il les lâcha de nouveau ; ils revinrent les pattes pleines de boue. La troisième fois, ils ne revinrent plus.

1. Wallon. *La sainte Bible.*

Xixouthros, voyant que la terre se dégageait et se trouvant près d'une montagne, y descendit avec sa femme, sa fille et le pilote. Il adora la terre, éleva un autel... et disparut avec ses compagnons.

Les Hindous ont également un mythe qui présente une analogie frappante avec celui de Xixouthros et le récit de la Bible.

« D'après le *Mahabharata*, Vaivaswata, fils du Soleil, pieux serviteur de Brahma, trouva un petit poisson dans la rivière Critamala où il faisait ses ablutions. Ce petit poisson grossit peu à peu entre ses mains, et il atteignit une telle dimension que le radjah fut obligé de le placer dans l'Océan. L'animal n'était autre que Brahma qui se cachait sous cette forme. Vaivaswata reconnut le dieu, qui lui adressa alors ces paroles :

— Encore sept jours, et toutes choses seront plongées dans une mer de destruction; mais, au milieu de vagues meurtrières, un grand vaisseau envoyé par moi paraîtra devant toi. Tu prendras alors toutes les plantes médicinales, toute la multitude des graines, et accompagné des sept *richis* (les sept saints), entouré de couples de tous les animaux, tu entreras dans cette arche spacieuse et y demeureras.

» Au bout du temps marqué, la mer franchit ses rivages, inonda toute la terre, et bientôt elle fut accrue par les pluies que versaient des nuages immenses. Vaivaswata exécuta les ordres de Vichnou et attacha sa barque à la corne du poisson gigantesque sous la forme duquel le second membre de la Trimourti se manifestait... Le vaisseau de Vaivaswata finit par aborder au sommet de l'Himalaya.

» Selon les *Pourana*, lorsque le déluge fut fini, Vichnou tua le démon Hayagriva et recouvra les Védas que celui-ci avait dérobés [1]. »

De l'autre côté de l'Océan, l'Amérique abonde en mythes analogues.

« Le Noé du déluge mexicain, dit M. Maury, est Coxcox,

---

1. A. Maury. *Encyclopédie du XIX⁰ siècle.*

appelé par certaines populations, Teo Cipactli ou Tezpi. Il se sauva, conjointement avec sa femme, dans une barque, ou, selon d'autres traditions, dans un radeau d'ahuahuete (*cupressus disticha*). Des peintures représentant le déluge de Coxcox ont été retrouvées chez les Aztèques, les Miztèques, les Zapotèques, les Tlascaltèques et les Méchoacanèses. La tradition de ces derniers en particulier offre une ressemblance plus frappante encore avec le mythe biblique. Il y est dit que Tezpi s'embarqua dans un *acalli* spacieux, avec sa femme, ses enfants, plusieurs animaux et des graines dont la conservation était chère au genre humain. Lorsque le Grand-Esprit Tezcatlipoca ordonna que les eaux se retirassent, Tezpi fit sortir de la barque un vautour, le Zopilote. L'oiseau qui se nourrit de chair morte ne revint pas, à cause du grand nombre de cadavres dont était jonchée la terre récemment desséchée. Tezpi envoya d'autres oiseaux, parmi lesquels le colibri seul revint, tenant dans son bec un rameau garni de feuilles. Alors Tezpi voyant que le sol commençait à se couvrir d'une verdure nouvelle, quitta sa barque près de la montagne de Colhuacan [1]. »

La dernière catastrophe, le déluge, ne détruisit pas la tradition, cette grande ombre, tantôt exacte, tantôt déformée de l'histoire. L'eût-elle détruite, il resterait encore à l'historien de l'industrie et des mœurs primitives de quoi poursuivre son œuvre. Les débris de l'âge de pierre, les anciens terrassements, les ruines antiques composent d'indestructibles chroniques. Il peut, avec quelques silex naturels, taillés ou polis, quelques blocs dressés, quelques outils et quelques armes, reconstruire le monde antédiluvien, comme Cuvier reconstituait, à l'aide de quelques ossements, le squelette de races disparues !

---

1. Humboldt. *Monuments des peuples indigènes de l'Amérique*

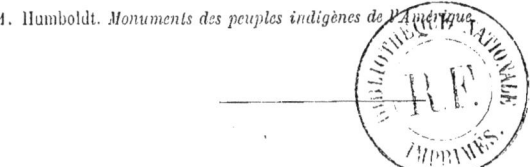

# NOTES

# NOTES

## I

### OSCILLATIONS DU SOL.

Les changements de niveau à la surface du sol, si fréquents et si considérables dans les premiers âges, sont mis en évidence, même de nos jours, par les exhaussements et les affaissements qui se produisent encore. Sur certains points de la côte scandinave, l'élévation observée atteint une hauteur de 600 pieds, ce qui, d'après la moyenne annuelle des oscillations actuelles, permet d'évaluer à quelque chose comme 24,000 ans le temps nécessaire pour produire un semblable effet.

Les exhaussements de la côte scandinave sont rendus sensibles par les lignes horizontales que l'on voit sur le roc vif et dans les couches meubles situées beaucoup plus haut que le niveau actuel de la mer. Les terrasses qui s'élèvent par degrés à l'embouchure des rivières, les dépôts de coquilles marines rencontrées à de grandes hauteurs en fournissent autant d'autres preuves.

Il y a quelques années, on a fait, sur des rochers, un certain nombre de marques au niveau de la Baltique. Ces marques sont aujourd'hui bien au-dessus des eaux.

## II

### LES FOYERS ANTIQUES.

Les foyers des anciens, généralement placés au centre de leurs habitations, se trouvaient au-dessous d'une assez large ouverture pratiquée dans le toit. Cette disposition est encore en usage chez les Esquimaux.

Les Romains avaient conservé cette coutume antique. Les habitations n'étant pas hermétiquement closes, l'air extérieur affluait de la circonférence au centre, et le courant, chargé de vapeurs délétères, s'échappait par le toit.

... Jam procul villarum tegmina fumant.

La partie de l'habitation où l'on faisait habituellement du feu était noircie par la fumée; on l'appelait *atrium* (de *ater*, noir).

A l'âge des métaux, on a des foyers portatifs ou *réchauds*. On y emploie des combustibles brûlant sans fumée ou donnant une fumée odoriférante. Les *réchauds*, dans les maisons opulentes, sont un objet de luxe : il y en a en bronze, en argent sculpté, etc. Les *trépieds* sur lesquels on les pose ne sont pas moins élégants. — Le *tanamir* des orientaux et les *braseros* espagnols sont comme un souvenir des plus anciens foyers portatifs.

Un passage de Sénèque parle de tuyaux pratiqués dans les murs et servant à distribuer la chaleur d'une espèce de four dans les diverses parties de l'édifice. Il s'agit d'un palais qui aurait été chauffé, si cette description est exacte, par une sorte de *calorifère*.

Quant aux *cheminées*, elles sont d'invention toute moderne; elles ne paraissent pas remonter au delà du XIIIe siècle.

## III

SUR LES RAPPORTS DE L'ANCIEN ET DU NOUVEAU CONTINENT.

« Dans un siècle d'héroïsme et d'érudition renaissante, Christophe Colomb se plaisait dans les souvenirs de l'Atlantide de Platon et de la célèbre prophétie de Sénèque, dans un chœur de *Médée*. Il rapprochait constamment lui-même ses découvertes des mythes géographiques de l'antiquité et du moyen âge[1], auxquels il fait plus d'une fois allusion dans sa correspondance[2].

1. Humboldt. *Histoire de la géographie du nouveau continent.*
2. Brasseur de Bourbourg. *S'il existe des sources de l'histoire primitive du Mexique dans les monuments égyptiens, et de l'histoire primitive de l'ancien monde dans les monuments américains.*

# TABLE DES MATIÈRES

## DES GRAVURES ET DES DESSINS

# TABLE DES MATIÈRES

Introduction . . . . . . . . . . . . . . . . . . . . . . . 1-21

## CHAPITRE PREMIER

### LA TERRE ET L'HOMME.

I. L'âge d'or et la vie sauvage. . . . . . . . . . . . . . . 25-31
II. La naissance et la mort des mondes. . . . . . . . . . . 32-39
III. L'anatomie de la terre. . . . . . . . . . . . . . . . . 40-59
IV. La période tertiaire. . . . . . . . . . . . . . . . . . 60-68
V. L'homme fossile. . . . . . . . . . . . . . . . . . . . . 69-88
VI. Les annales de l'humanité. . . . . . . . . . . . . . . . 89-97
VII. Le roman des premières sociétés. . . . . . . . . . . . 98-101

## CHAPITRE II

### LES ORIGINES DE L'INDUSTRIE.

I. La vie primitive. . . . . . . . . . . . . . . . . . . . 105-121
II. Les enceintes de feu et les enceintes de pierres. . . . 122-136
III. La légende du tarabit. . . . . . . . . . . . . . . . . 137-142
IV. La vie en tribus. . . . . . . . . . . . . . . . . . . . 143-152
V. La découverte d'un nouveau monde. . . . . . . . . . . . 153-156
VI. Les constructions lacustres. . . . . . . . . . . . . . . 157-162
VII. Les tumuli et les kjökkenmöddings. . . . . . . . . . . 163-169

# TABLE DES MATIÈRES.

## CHAPITRE III

### LA CIVILISATION ANTÉDILUVIENNE.

| | | |
|---|---|---|
| I. | L'art de la guerre. | 173-177 |
| II. | L'architecture de terre. | 178-185 |
| III. | L'industrie. | 186-196 |
| IV. | L'agriculture. | 197-206 |
| V. | Les mesures et l'arithmétique des anciens. | 207-213 |
| VI. | Les navires. | 214-223 |
| VII. | Les migrations maritimes. | 224-228 |
| VIII. | Le vêtement. | 229-234 |
| IX. | Le casque et le bouclier. | 235-246 |
| X. | Les arts graphiques. | 247-256 |

## CHAPITRE IV

### L'AGE DES MÉTAUX.

| | | |
|---|---|---|
| I. | Les premières exploitations. | 259-266 |
| II. | Les métaux et leurs alliages. Le verre. | 267-275 |
| III. | Les palafittes de l'âge du bronze. | 276-281 |
| IV. | Les constructions en pierre. | 282-294 |
| V. | La sculpture et l'ornementation. | 295-306 |
| VI. | La science des anciens. | 307-311 |
| VII. | L'Atlantide de Platon. | 312-322 |
| VIII. | L'Atlantide devant la science. | 323-328 |

## CHAPITRE V

### LA CATASTROPHE.

| | | |
|---|---|---|
| I. | Orographie antédiluvienne. | 331-337 |
| II. | La grande île. | 338-347 |
| III. | L'oracle d'Ammon. | 348-353 |
| IV. | Mœurs et coutumes des Atlantes. | 354-363 |
| V. | La catastrophe. | 364-373 |

# GRAVURES

L'obus du fort de Water-Town . . . . . . . . . . . . . . . . 20
Un paysage à Taïti . . . . . . . . . . . . . . . . . . . . . 26
La Terre de Feu . . . . . . . . . . . . . . . . . . . . . . 30
L'invocation . . . . . . . . . . . . . . . . . . . . . . . . 99
Les demeures aériennes . . . . . . . . . . . . . . . . . . . 112
Les cavernes des falaises . . . . . . . . . . . . . . . . . . 116
La légende du levier . . . . . . . . . . . . . . . . . . . . 118
L'époque glaciaire . . . . . . . . . . . . . . . . . . . . . 120
Les premières enceintes de pierre . . . . . . . . . . . . . . 126
La construction des canots . . . . . . . . . . . . . . . . . 134
La légende du tarabit . . . . . . . . . . . . . . . . . . . . 142
Incendie d'un village lacustre . . . . . . . . . . . . . . . 158
L'architecture de terre . . . . . . . . . . . . . . . . . . . 176
Un hameau et son menhir . . . . . . . . . . . . . . . . . . . 198
Les trois âges de la navigation . . . . . . . . . . . . . . . 222
L'exploitation des mines . . . . . . . . . . . . . . . . . . 264
Les ruines sous-marines . . . . . . . . . . . . . . . . . . . 336
Les chars atlantes . . . . . . . . . . . . . . . . . . . . . 356
Un hippodrome antédiluvien . . . . . . . . . . . . . . . . . 353
Le déluge . . . . . . . . . . . . . . . . . . . . . . . . . 368

# DESSINS

## INTERCALÉS DANS LE TEXTE

L'entrée d'une caverne. . . . . . . . . . . . . . . . . . . . . 29
Déchirement du sol. . . . . . . . . . . . . . . . . . . . . . . 31
La terre dans l'espace. . . . . . . . . . . . . . . . . . . . . 33
Nébuleuses. . . . . . . . . . . . . . . . . . . . . . . . . . . 34
L'anneau de Saturne. . . . . . . . . . . . . . . . . . . . . . 35
Pluie de matières cosmiques. . . . . . . . . . . . . . . . . . 36
Un coin d'un astre mort vu au télescope. . . . . . . . . . . . 37
La terre tombant en morceaux. . . . . . . . . . . . . . . . . 38
Une gorge alpestre. . . . . . . . . . . . . . . . . . . . . . . 42
Arbres fossiles dans les mines de Treuille. . . . . . . . . . . 43
Empreintes de pecopteris. . . . . . . . . . . . . . . . . . . . 44
Empreintes de nevropteris. . . . . . . . . . . . . . . . . . . 44
Traces de pluie. . . . . . . . . . . . . . . . . . . . . . . . 44
Un paysage houiller. . . . . . . . . . . . . . . . . . . . . . 50
Lepidodendron. . . . . . . . . . . . . . . . . . . . . . . . . 51
Un batracien restauré (le labyrinthodon). . . . . . . . . . . . 54
L'ichthyosaure. . . . . . . . . . . . . . . . . . . . . . . . . 55
Le plésiosaure. . . . . . . . . . . . . . . . . . . . . . . . . 55
Le ptérodactyle. . . . . . . . . . . . . . . . . . . . . . . . 56
Tête du mosasaure de Maëstricht. . . . . . . . . . . . . . . . 58
Une falaise sur les côtes de l'Océan. . . . . . . . . . . . . . 61
L'hipparion et l'anaplotherium. . . . . . . . . . . . . . . . . 63
Le mastodonte et le dinotherium. . . . . . . . . . . . . . . . 64
L'invasion des glaces. . . . . . . . . . . . . . . . . . . . . 66
Une tête fossile restaurée. . . . . . . . . . . . . . . . . . . 70
La Canée. . . . . . . . . . . . . . . . . . . . . . . . . . . 73
L'ours des cavernes. . . . . . . . . . . . . . . . . . . . . . 77
Le mammouth. . . . . . . . . . . . . . . . . . . . . . . . . . 78
Le renne. . . . . . . . . . . . . . . . . . . . . . . . . . . 79

386    DESSINS INTERCALÉS DANS LE TEXTE.

| | |
|---|---|
| L'aurochs. | 79 |
| Gravure de l'âge de la Madeleine. | 81 |
| La grotte d'Aurignac. | 83 |
| Coupe de la grotte. | 84 |
| Le megatherium restauré. | 85 |
| Invasion des eaux. | 86 |
| Premières inscriptions. | 90 |
| Incendie de la bibliothèque d'Alexandrie. | 91 |
| L'initiation. | 94 |
| Un sacrifice humain. | 100 |
| Le bâton et la massue. | 107 |
| Dent de squale. | 108 |
| Maxillaire-massue. | 108 |
| Nécropoles aériennes. | 112 |
| Les vivants se débarrassant des morts. | 115 |
| Les cavernes nécropoles. | 116 |
| Les grandes cavernes après la découverte du feu. | 119 |
| Les vierges du feu. | 120 |
| Berceau primitif. | 124 |
| Le rouleau. | 125 |
| Le bélier. | 125 |
| Dolmens primitifs. | 126 |
| Construction d'un dolmen. | 127 |
| Armes de pierre taillée. | 131 |
| Casse-tête et pique. | 131 |
| Armes et outils de bois, d'os et de pierre. | 132 |
| La hutte d'un chef. | 133 |
| Mortier primitif. | 134 |
| Harpons et hameçon. | 134 |
| Femmes du village des spartes. | 139 |
| Le collier d'un chef de tribu. | 143 |
| Aiguilles percées d'un œil. | 145 |
| Arc à percer. | 145 |
| Poinçon et outils à percer et à graver. | 146 |
| L'archet et le feu. | 146 |
| Manches et outils. | 147 |
| Armes et outils. | 148 |
| Araire antique. | 150 |
| Habitations lacustres. | 157 |
| Antiques tumuli. | 164 |
| Tumulus à dolmen. | 165 |
| Armes et outils de l'âge de pierre. | 167 |
| Couteaux. | 167 |
| Corne restaurée. | 167 |
| Pelle antique. | 175 |
| Fort de l'Ohio. | 176 |
| Tertre carré antique. | 178 |
| Tertre circulaire. | 179 |
| Tertre solaire. | 179 |
| Tertre lunaire. | 180 |
| Tertre emblème. | 180 |
| Tertre humain. | 181 |
| Tertres en forme de croix. | 181 |

## DESSINS INTERCALÉS DANS LE TEXTE.

| | |
|---|---|
| Tertre symbolique. | 182 |
| Tertre commémoratif. | 182 |
| Autre tertre commémoratif. | 183 |
| Enceinte fortifiée. | 184 |
| Nécropole de l'âge de terre. | 185 |
| Haches doubles restaurées. | 186 |
| Outils affutés et polis. | 187 |
| Premier verre. Vases de pierre. | 187 |
| Poteries antiques. | 188 |
| Tour à percer. | 188 |
| Tour à poterie. | 189 |
| Poterie à gorge. | 189 |
| La cuisine chez les anciens. | 190 |
| Vases antiques (musée de Mexico). | 190 |
| Fragment de poterie. | 190 |
| Pot antique (musée de Mexico). | 191 |
| Fragment de poterie. | 191 |
| Bât à paniers. | 191 |
| Première charrette. | 192 |
| Premier tombereau. | 192 |
| Première brouette. | 192 |
| Palanquin. | 193 |
| Galère espagnole. | 193 |
| Attelage ancien. | 194 |
| Jupe en plumes d'oiseaux. | 195 |
| Charrue antique. | 197 |
| Plateau à battre. | 198 |
| Femme vannant le grain. | 199 |
| Silos. | 199 |
| La meule primitive. | 201 |
| Pilons antiques. | 202 |
| Femme écrasant le grain. | 202 |
| La meule tournante. | 203 |
| Meules romaines. | 203 |
| Lac artificiel et citerne. | 205 |
| Lettres numérales des Grecs. | 211 |
| Chiffres arabes. | 212 |
| Chiffres de Pythagore, d'après Boëce. | 212 |
| Ecriture des nombres, d'après d'antiques inscriptions. | 213 |
| Radeau. | 215 |
| Radeau à voile. | 216 |
| Radeau à parapets. | 216 |
| Navire de Thésée (mosaïque). | 217 |
| Embarcation à proue et à poupe relevées. | 218 |
| Galères antiques (dessins scandinaves). | 218 |
| Embarcation à fausse-quille. | 219 |
| Dessins de navires relevés sur les rochers de la Scandinavie. | 219 |
| Dessins d'embarcations relevés sur les rochers de la Scandinavie. | 220 |
| Dessin de navire à ancre (rochers du Nord). | 221 |
| Navire à ancre et à sac à lest. | 222 |
| Navire de peaux. | 222 |
| Ceintures primitives. | 229 |
| Blouse primitive. | 233 |

## 388 DESSINS INTERCALÉS DANS LE TEXTE.

| | |
|---|---|
| Costume des Kabyles. | 234 |
| Bâtons de commandement. | 236 |
| Casque à cimier de plumes (monuments mexicains). | 237 |
| Boucliers de peaux à carcasses d'osier. | 238 |
| Bouclier antique. | 239 |
| Bouclier à lanières de peau. | 243 |
| Bouclier orné du double triangle. | 244 |
| Bouclier à la clef. | 245 |
| Bouclier au scorpion. | 245 |
| Monnaie berbère. | 245 |
| Rocher gravé. | 247 |
| Tableau comparé d'hiéroglyphes égyptiens et mexicains, d'après le comte de Waldeck. | 249 |
| Quatre lignes d'un texte américain. | 251 |
| Caractères américains et runiques. | 253 |
| Carte gravée sur un rocher. | 255 |
| Vase antique servant de mesure. | 263 |
| Haut-fourneau antique. | 271 |
| Soufflet antique. | 273 |
| Bracelet de bronze. | 278 |
| Pendant d'oreilles. | 279 |
| Fortification celtique. | 283 |
| Pyramide observatoire à rampes centrales (monuments américains). | 284 |
| Pyramide observatoire à gradins latéraux. | 285 |
| Pyramide mexicaine. | 286 |
| Modèle de pyramide-temple. | 287 |
| Porte mexicaine antique. | 287 |
| Porte à jambages inclinés. | 288 |
| Porte en mitre d'une enceinte fortifiée. | 288 |
| Porte de rempart. | 289 |
| Porte américaine antique. | 289 |
| Galerie en pierres sèches. | 290 |
| Les portiques de Chichen-Itza. | 290 |
| La porte ronde des anciennes constructions. | 291 |
| Porte en arc à encorbellement. | 291 |
| Voûte à claveau. | 292 |
| Porte cyclopéenne. | 292 |
| Ruines de Tyrinthe. | 293 |
| Porte aux lions de Mycènes. | 293 |
| Rocher gravé de l'Amérique du Nord. | 295 |
| Rocher gravé de l'Amérique du Nord. | 296 |
| Fragment de bas-relief de la pyramide de Hachichalco. | 296 |
| Modèle d'un édifice antique. | 298 |
| Tête d'éléphant au frontispice d'un temple. | 299 |
| Modèle de sculpture antique. | 299 |
| Caryatide de la crypte du temple de la Croix. | 300 |
| Le globe ailé du temple de la Croix. | 301 |
| La croix mexicaine. | 302 |
| L'homme-singe des monuments mexicains. | 303 |
| Modèle d'architecture polychrome antique. | 304 |
| Architecture polychrome moderne. | 305 |
| L'oiseau écailleux des temps antiques. | 342 |

## DESSINS INTERCALÉS DANS LE TEXTE.

| | |
|---|---|
| Couteau des sacrifices (antiquités mexicaines). | 349 |
| Casque en forme de tête d'oiseau. | 351 |
| Le porte-étendard. | 351 |
| Costume de combat. | 352 |
| Chars de guerre. | 356 |
| Symboles (antiquités mexicaines). | 357 |
| Tertre à sacrifices. | 359 |
| Sépulture antique. | 359 |
| Nécropole. | 360 |
| Aigle simple, aigles à deux têtes. | 360 |
| Modèle d'ornementation mexicaine imitée de l'architecture atlante. | 361 |
| Fumarolle. | 362 |
| Geyser. | 363 |
| L'Eden. | 373 |

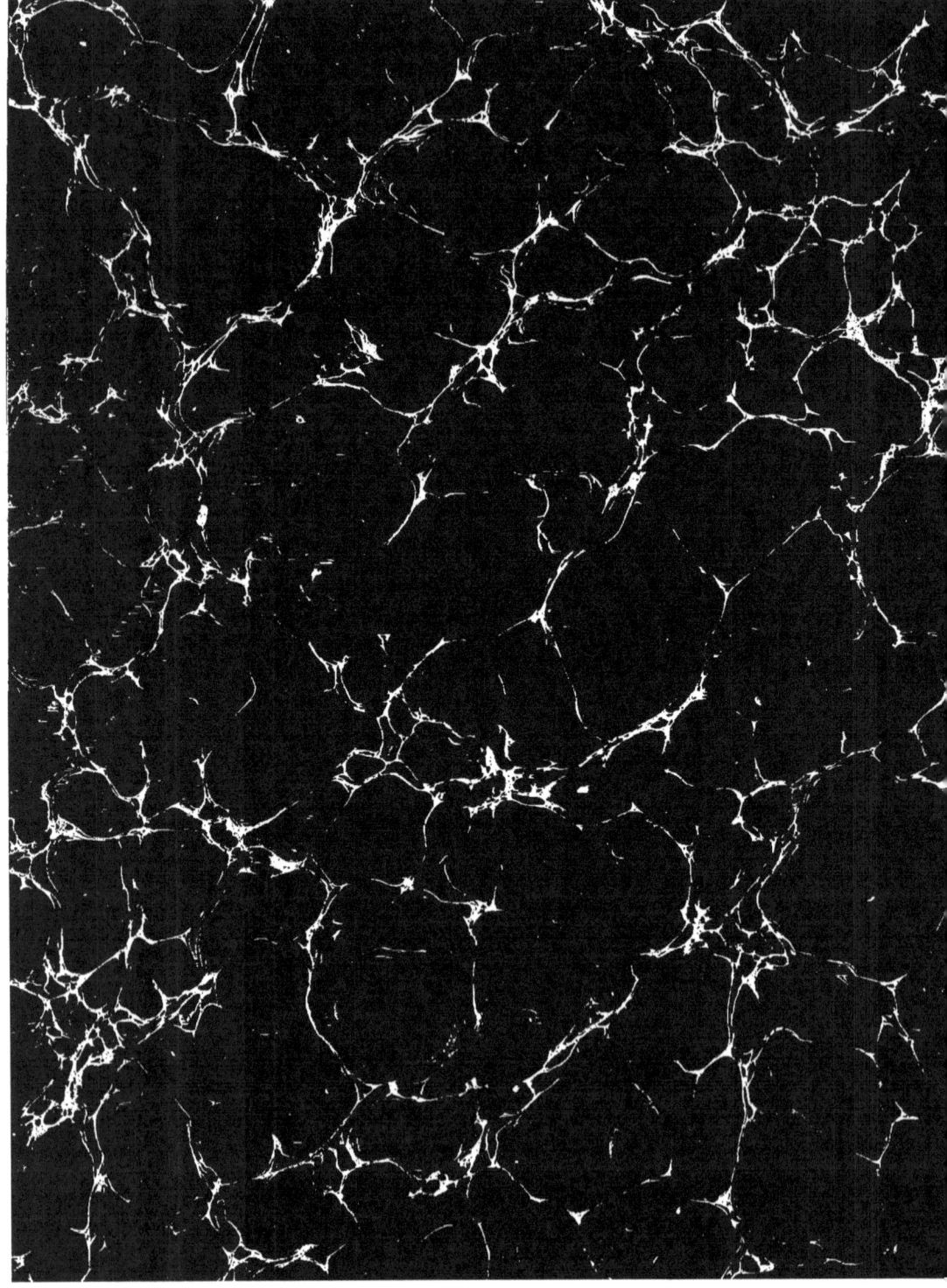

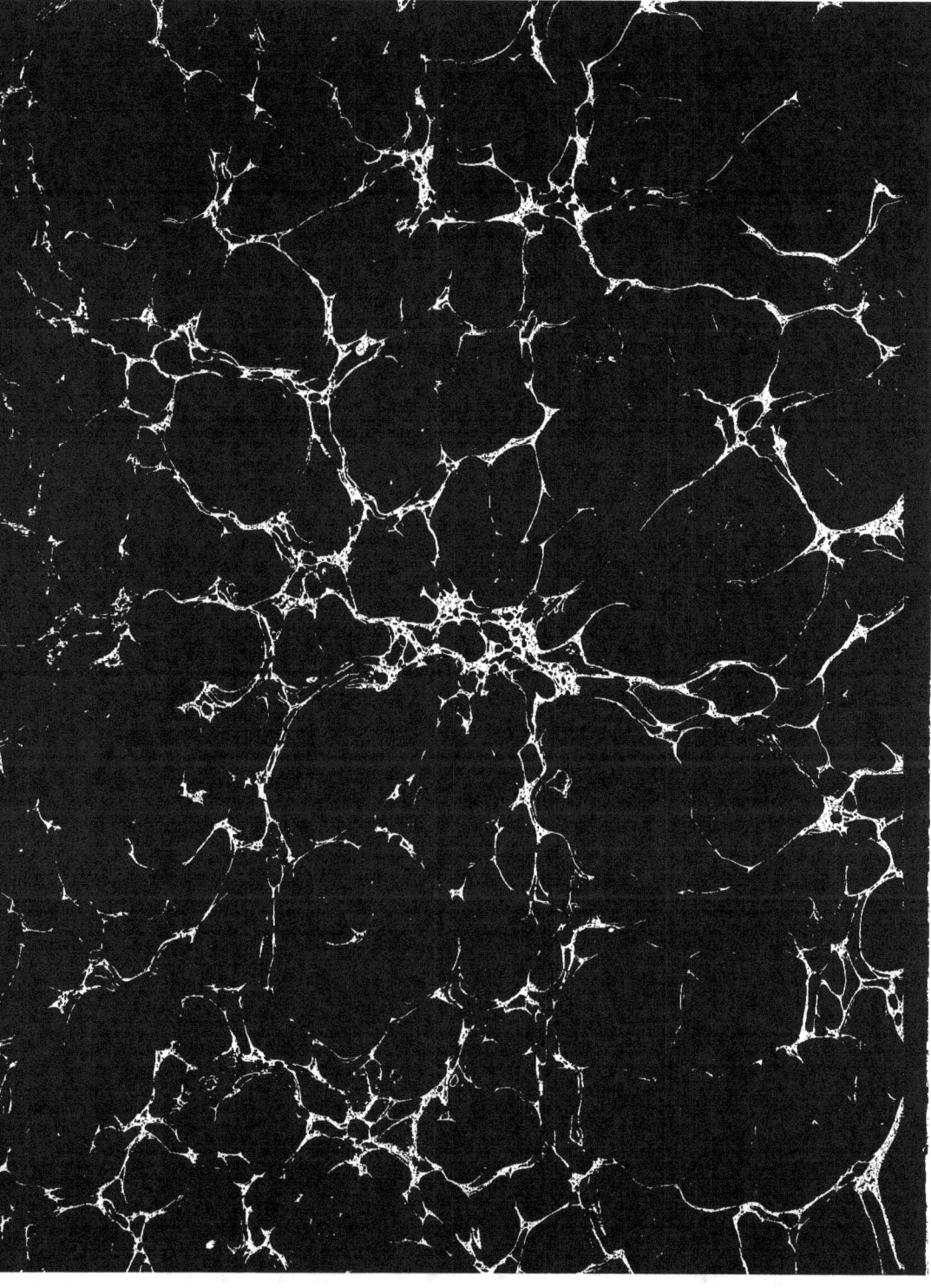

www.ingramcontent.com/pod-product-compliance
Lightning Source LLC
Chambersburg PA
CBHW070604230426
43670CB00010B/1403